高等职业教育房地产类专业精品教材

房地产开发与营销
（第 2 版）

主　编　王　辉　魏国安
副主编　魏华洁　徐合芳　林海羽
参　编　张丽红　王　岩　时　萍　李叔炎

北京理工大学出版社
BEIJING INSTITUTE OF TECHNOLOGY PRESS

内 容 提 要

本书按照高等院校人才培养目标以及专业教学改革的需要，依据我国房地产市场营销内容进行编写。全书主要内容包括房地产开发与营销概述、房地产市场、房地产开发项目可行性研究、房地产开发项目融资、房地产项目规划设计及评价、房地产开发项目的前期工作、房地产开发项目建设管理和房地产营销管理。

本书可作为高等院校房地产类专业的教学用书，也可作为房地产开发经营、房地产营销管理人员的参考用书。

版权专有　侵权必究

图书在版编目（CIP）数据

房地产开发与营销 / 王辉，魏国安主编. -- 2版.
-- 北京：北京理工大学出版社，2021.10（2021.11重印）
ISBN 978-7-5763-0589-0

Ⅰ. ①房⋯　Ⅱ. ①王⋯　②魏⋯　Ⅲ. ①房地产开发
②房地产市场－市场营销学　Ⅳ. ①F293.3

中国版本图书馆CIP数据核字（2021）第220391号

出版发行 / 北京理工大学出版社有限责任公司	
社　　址 / 北京市海淀区中关村南大街5号	
邮　　编 / 100081	
电　　话 /（010）68914775（总编室）	
（010）82562903（教材售后服务热线）	
（010）68944723（其他图书服务热线）	
网　　址 / http://www.bitpress.com.cn	
经　　销 / 全国各地新华书店	
印　　刷 / 河北鑫彩博图印刷有限公司	
开　　本 / 787毫米×1092毫米　1/16	
印　　张 / 13	责任编辑 / 钟　博
字　　数 / 295千字	文案编辑 / 钟　博
版　　次 / 2021年10月第2版　2021年11月第2次印刷	责任校对 / 周瑞红
定　　价 / 39.00元	责任印制 / 边心超

图书出现印装质量问题，请拨打售后服务热线，本社负责调换

出版说明

Publisher's Note

房地产业是我国经济建设和发展中的重要组成部分，是拉动国民经济持续增长的主导产业之一。改革开放近 40 年来，我国的房地产业快速发展，取得了巨大成就，尤其在改善广大城镇居民住房条件、改变城镇面貌、促进经济增长、扩大就业等方面，更是发挥了其他行业所无法替代的巨大作用。随着我国经济的发展、居民收入水平的提高、城市化进程的加快以及改善性住房市场需求的增加，房地产消费者对产品的需求由"有"到"优"，房地产需求总量不断攀升，房地产行业仍然有着巨大的发展潜力，房地产业需要大量房地产专业人才。

高等职业教育以培养生产、建设、管理、服务第一线的高素质技术技能人才为根本任务，在建设人力资源强国和高等教育强国的伟大进程中发挥着不可替代的作用。为全面推进高等职业教育教材建设工作，将教学改革的成果和教学实践的积累体现到教材建设和教学资源统合的实际工作中去，以满足不断深化的教学改革需要，更好地为学校教学改革、人才培养与课程建设服务，北京理工大学出版社搭建平台，组织国内多所建设类高职院校，包括四川建筑职业技术学院、重庆建筑科技职业学院、广西建设职业技术学院、河南建筑职业技术学院、甘肃建筑职业技术学院、湖南城建职业技术学院、广东建设职业技术学院、山东城市建设职业学院等，共同组织编写了本套"高等职业教育房地产类专业精品教材（房地产经营与管理专业系列）"。该系列教材由参与院校院系领导、专业带头人组织编写团队，参照教育部《高等职业学校专业教学标准》要求，以创新、合作、融合、共赢、整合跨院校优质资源的工作方式，结合高职院校教学实际以及当前房地产行业的形势和发展编写完成。

本系列教材共包括以下分册：

1. 《房地产基本制度与政策》
2. 《房地产建设项目管理概论（第 2 版）》
3. 《房地产开发经营与管理》
4. 《房地产开发与营销（第 2 版）》

5.《房地产市场营销》

6.《房地产投资分析》

7.《房地产经济学》

8.《房地产估价》

9.《房地产经纪》

10.《房地产金融》

11.《房地产企业会计》

12.《房地产统计》

13.《房地产测绘》

本系列教材,从酝酿、策划到完稿,进行了大量的市场调研和院校走访,很多院校老师给我们提供了宝贵意见和建议,在此特表示诚挚的感谢!教材在编写体例、内容组织、案例引用等,做了一定创新探索。教材编写紧跟房地产行业发展趋势,突出应用,贴近院校教学实践需求。希望本系列教材的出版,能在优化房地产经营与管理及相关专业培养方案、完善课程体系、丰富课程内容、传播交流有效教学方法,培养房地产行业专业人才,为我国房地产业的持续健康发展做出贡献!

北京理工大学出版社

第 2 版前言

房地产是一种稀缺的资源、重要的生产要素和基本的生活资料。在市场经济中，房地产还是一种商品，是人们良好的投资对象。随着经济的发展、社会的进步和人口的增长，人们对房地产的需求也日益增加。房地产开发是具备房地产开发资质的企业在依法取得土地使用权的土地上进行基础设施建设、房屋建筑安装，以及为此而进行规划、设计和管理活动的整个过程。房地产营销是以房地产为营销对象，通过研究房地产市场需求，进行市场预测、选择项目类别，而进行的投资、建造、买卖租赁、信托、交换、维修、管理以及相关产权转让等经济活动，其目标是实现经济效益的最优化。

本书根据高等技术教育培养目标和教学要求，针对高等院校房地产等相关专业进行编写。本书的编写是对基本理论的讲授，以应用为目的，教学内容以必需、够用为度，力求体现高职高专、应用型教育注重职业能力培养的特点。

本书为突出教学重点，每个模块均设置了知识目标与能力目标，对本模块内容进行重点提示和教学引导，对相关内容和重点进行解析，模块小结以学习重点为依据，对各单元内容进行归纳和总结，思考与练习以填空题、选择题及简答题的形式，更深层次地对学习的知识进行巩固。通过对本书的学习能够熟悉房地产开发与营销的概念、特征等相关内容；了解房地产市场细分的原则和标准、选择与定位；掌握房地产开发项目可行性研究的内容；掌握房地产开发项目的前期工作和建设管理；掌握房地产市场营销的各种策略的选择与实施。全书共分为八个模块，第一模块由王辉编写，第二、第三模块由徐合芳编写，第四模块由张丽红编写，第五模块由魏国安编写，第六模块由魏华洁编写，第七模块由王岩编写，第八模块由林海羽编写，全书由王辉和魏国安负责统稿、定稿和校稿工作。在本书编写过程中，得到时萍和李叔炎的帮助和指导，并提出许多宝贵意见和建议，在此表示衷心的感谢。

本书在修订过程中参阅了大量的文献，在此向这些文献的作者致以诚挚的谢意！由于编写时间仓促，编者的经验和水平有限，书中难免有不妥和错误之处，恳请广大读者和专家批评指正。

编　者

第1版前言

房地产开发是指通过多种资源的组合利用而为人类提供生产生活空间，并改变人类生存环境的活动；房地产营销是指房地产开发商为实现预期目标，确定实现目标的战略和策略，并有意识、有计划加以实施的经济活动。房地产开发与房地产营销是两项相互独立又相互联系的经济活动，一般将其视为一个整体。

"房地产开发与营销"是一门综合性应用学科，是运用现代经营管理原理讨论房地产运动规律并探讨以较小代价取得较好房地产开发利用效益或效果的科学经营方法的学科。要掌握好本学科的知识，首先应注重以经济学理论和现代经营管理理论为基础和指导，并将相关理论灵活运用到房地产开发与营销过程中，同时也应注重理论联系实践，分析研究房地产开发与营销的特点和运动规律。

本教材在内容体系上充分体现了高等职业教育项目化教学的需要，不仅传授给学生理论知识和操作技能，更重要的是培养他们的职业能力。教材各项目前均设置了"能力目标"和"知识要点"，给学生学习和老师教学作出了引导；在各项目后面设置了"项目小结"和"思考与练习"，"项目小结"以学习重点为框架，对各项目知识作了精要的点评，"思考与练习"以简答题的形式，从更深的层次给学生以思考、复习的要点；从而构建了一个"以项目为主线、教师为引导、学生为主体"的教学过程，使学生在学习过程中能主动参与、自主协作、探索创新，学完后具备一定的分析问题和解决问题的能力。

本书由湖南铁道职业技术学院黄国辉担任主编，河北女子职业技术学院王小伟、沧州职业技术学院任晓芳、衡水职业技术学院魏荣担任副主编，贵州工业职业技术学院刘源担任参编。具体编写分工如下：黄国辉编写项目1、项目4、项目5；王小伟编写项目2与项目3；任晓芳编写项目7与项目8；魏荣编写项目9与项目10；刘源编写项目6。

教材编写过程中，参考了大量的著作及资料，在此向原著作者表示最诚挚的谢意。同时教材的出版得到了北京理工大学出版社各位编辑的大力支持，在此一并表示感谢！

本教材虽经推敲核证，但限于编者的专业水平和实践经验，书中仍难免有疏漏或不妥之处，恳请广大读者指正。

编　者

本书课程思政方案

本书课程思政元素以"习近平新时代中国特色社会主义思想"为指导，从社会主义核心价值观出发，结合以改革创新为核心的时代精神，致力于培养恪守法治精神，具备良好的职业道德修养的新时代大学生。

本书的课程思政元素设计遵循学生认知发展规律，适应"课程思政"教学改革发展需求，充分反映新时代经济社会发展对国民素质、创新人才的新要求。其主要特点有：

1. 依托"课程思政"教学体系改革，将习近平新时代中国特色社会主义思想有效融入教材和教学过程，同时加强提升教师"课程思政"综合能力，使思想政治教育有机融入高校学生学习过程，让课程更多发挥育人功能。

2. 教材的编写注重学生实践创新能力培养。加强校企合作以及与出版社的合作，摒弃传统的知识灌输和强化训练，将知识点化解为相应的问题进行启发式、研讨式等教学，注重对学生创造精神和实践能力的培养。

每个思政元素的教学活动过程包括内容导读、展开讨论（思政内涵）、课程思政元素等几个环节。教学过程中，师生共同参与，在课堂教学中教师可结合下表中的内容，有针对性地引导学生进行思考或积极讨论。

模块分布	内容导读	展开讨论（思政内涵）	课程思政元素
模块一 房地产开发与营销概述	两会政策内容	房地产项目开发与营销需遵循国家宏观政策	专业素养，法律意识，职业精神
模块二 房地产市场	房地产经纪服务	房地产市场乱象局面下，政府如何以行政手段进行干预	专业素养，法律意识
模块三 房地产开发项目可行性研究	可行性研究报告的重要性	房地产开发项目可行性研究报告在前期的重要性	互帮互助、团队协作、乐业敬业的职业素养；工匠精神
模块四 房地产开发项目融资	房地产开发企业融资方式及风险	房地产开发企业融资的条件是什么	专业知识能力、法律意识、风险意识
模块五 房地产项目规划设计及评价	房地产规划设计的重要性	房地产项目规划设计的重要性有哪些	专业知识能力、创新精神
模块六 房地产开发项目的前期工作	房地产开发流程及前期工作的重要性	通过分组模拟，熟悉前期工作流程，了解政府审批工作程序是怎样的	专业知识能力，团队精神，规则意识
模块七 房地产开发项目建设管理	房地产开发项目质量控制案例	房地产开发项目质量控制的重要性和控制方法	专业知识能力能力，法制意识，职业精神
模块八 房地产营销管理	全球疫情形势下房地产营销的方式和策略	房地产企业和项目在常用营销方式的基础上如何应对疫情环境下的挑战以及策略改变	专业知识能力，创新精神，风险意识

目录 CONTENTS

模块一 房地产开发与营销概述 ……… 1
- 单元一 房地产的概念、分类和特征 …… 1
- 单元二 房地产开发与营销的含义及特点 …… 4
- 单元三 房地产开发与营销的程序与原则 …… 6
- 单元四 房地产开发与营销的形式 …… 6
- 单元五 房地产开发企业 …… 8

模块二 房地产市场 ……… 18
- 单元一 房地产市场概述 …… 18
- 单元二 房地产市场细分及定位 …… 20
- 单元三 房地产市场的运行 …… 22
- 单元四 房地产市场环境的影响因素 …… 25
- 单元五 政府对房地产市场的调控 …… 27

模块三 房地产开发项目可行性研究 ……… 32
- 单元一 可行性研究概述 …… 32
- 单元二 房地产市场调查 …… 36
- 单元三 房地产开发项目投资估算与收入估算 …… 44

- 单元四 房地产开发项目财务评价 …… 48

模块四 房地产开发项目融资 ……… 65
- 单元一 房地产融资及其目的、原则 …… 65
- 单元二 房地产融资方式与渠道 …… 67
- 单元三 房地产项目融资管理 …… 74

模块五 房地产项目规划设计及评价 ……… 79
- 单元一 城市规划 …… 79
- 单元二 房地产项目规划设计 …… 83
- 单元三 房地产项目规划方案评价 …… 95

模块六 房地产开发项目的前期工作 ……… 100
- 单元一 土地使用权的取得 …… 100
- 单元二 房地产开发项目立项与报批 …… 111
- 单元三 房地产开发项目的勘察设计 …… 112
- 单元四 房地产开发项目的招标 …… 114
- 单元五 施工许可证的申领 …… 116
- 单元六 房地产开发项目基础设施建设与管理 …… 117

目 录

模块七　房地产开发项目建设管理………123
  单元一　房地产开发项目建设管理
　　　　概述………124
  单元二　房地产开发项目施工准备………126
  单元三　房地产开发项目质量管理………128
  单元四　房地产开发项目进度控制
　　　　管理………132
  单元五　房地产开发项目成本管理………136
  单元六　房地产开发项目合同管理………138
  单元七　房地产开发项目安全管理………140
  单元八　房地产开发项目的竣工验收………142

模块八　房地产营销管理………147
  单元一　房地产营销的影响因素………148

  单元二　房地产营销渠道………149
  单元三　房地产价格策略………152
  单元四　房地产市场营销计划………158
  单元五　房地产市场营销组织管理………163
  单元六　房地产市场营销执行与
　　　　控制………167
  单元七　房地产营销流程………179
  单元八　房地产销售的实施………182
  单元九　房地产促销策略………185
  单元十　房地产营销技巧………188

参考文献………194

模块一 房地产开发与营销概述

模块导读

2021年两会政府工作报告中提出,保障好群众住房需求。坚持房子是用来住的、不是用来炒的定位,稳地价、稳房价、稳预期。解决好大城市住房突出问题,通过增加土地供应、安排专项资金、集中建设等办法,切实增加保障性租赁住房和共有产权住房供给,规范发展长租房市场,降低租赁住房税费负担,尽最大努力帮助新市民、青年人等缓解住房困难。"十四五"时期要"实施城市更新行动,完善住房市场体系和住房保障体系,提升城镇化发展质量",未来城市更新的力度将进一步加大。

知识目标

通过本模块内容的学习,掌握房地产的概念,分类和特征,掌握房地产开发与营销的内涵,原则与程序,了解房地产企业的特征及其在国民经济中的作用和房地产市场的地位;熟悉房地产企业的类型,了解房地产企业的机构设置及其建立、经营与管理。

能力目标

通过本模块内容的学习,能够理解房地产在国民经济和社会发展中的地位,掌握房地产基本概念,熟悉市场中房地产项目及类别划分,对房地产开发与营销课程建立初步认识,了解房地产企业的类型、特征、组织机构形式及企业组建的基本条件,了解相关法律法规。

单元一 房地产的概念、分类和特征

房地产是一种稀缺的资源、重要的生产要素和基本的生活资料。在市场经济中,房地

模块一　房地产开发与营销概述

产还是一种商品，是人们良好的投资对象。随着经济的发展、社会的进步和人口的增长，人们对房地产的需求也在日益增加。

1. 房地产的概念

房地产是指土地及固着在土地之上的建筑物和其他附属物的总称。房地产由于自身的特点即位置的固定性和不可移动性，在经济学上又被称为不动产。其有土地、建筑物、房地合一三种存在状态。在房地产拍卖中，其拍卖标的也有三种存在形态，即土地（或土地使用权）、建筑物和房地合一状态下的物质实体及其权益。

土地是指地球表面具有固定位置的空间客体，一般是指地面、地面以上和地面以下的一定空间范围。

建筑物是指人工建筑而成，由建筑材料、建筑构配件和设备等组成的整体物。建筑物可分为房屋和构筑物两大类。房屋是指能够遮风避雨并供人居住、生产、储藏物品或进行其他活动的工程建筑；构筑物则是除房屋外的工程建筑，人们一般不直接在内进行生产和生活。在现实生活中有时狭义地将建筑物特指为房屋。

其他附属物是指为提高房地产的使用价值或功能而建造的附属物体，包括种植在土地上的花草、树木，人工建造的假山、抽水井，埋设在地下的管线、设施等附属物体。

2. 房地产的分类

对房地产进行分类的标准很多，根据不同的标准分类会有不同的分类结果。具体分类见表1-1。

表1-1　房地产的分类

划分方式	类　　别
按开发程度划分	(1)生地，是指不具有城市基础设施的土地，如农地、荒地。 (2)毛地，是指具有一定城市基础设施，但地上有待拆迁房屋的土地。 (3)熟地，是指具有完善的城市基础设施、土地平整、能直接在其上进行房屋建设的土地。 (4)在建工程，是指地上建筑物已开始建设但尚未建成、不具备使用条件的房地产。该房地产不一定正在建设，也可能停工了多年。 (5)现房，是指地上建筑已建成、可直接使用的房地产
按用途划分	(1)居住房地产，包括普通住宅、高档公寓、别墅等。 (2)商业房地产，包括百货商场、购物中心、超级市场、批发市场等。 (3)办公房地产，包括商务办公楼、政府办公楼等。 (4)旅馆房地产，包括饭店、酒店、宾馆、旅店、招待所、度假村等。 (5)餐饮房地产，包括酒楼、美食城、餐馆、快餐店等。 (6)娱乐房地产，包括游乐场、娱乐城、俱乐部、夜总会、影剧院、高尔夫球场等。 (7)工业和仓储房地产，包括工业厂房、仓库等。 (8)农用房地产，包括农地、农场、林场、牧地等。 (9)特殊用途房地产，包括医院、学校、教堂、寺院、墓地等。 (10)综合房地产，是指具有两种或两种以上用途的房地产

续表

划分方式	类　　别
按是否产生收益划分	(1)收益性房地产,是指能直接产生租赁或者其他经济收益的房地产,包括商店、商务办公楼、公寓、旅馆、餐馆、影剧院、游乐场、加油站、厂房、农地等。 (2)非收益性房地产,是指不能直接产生经济收益的房地产,如私人宅邸、未开发的土地、政府办公楼、教堂、寺院等
按经营使用方式划分	(1)出售型房地产。 (2)出租型房地产。 (3)营业型房地产。 (4)自用型房地产

3. 房地产的特性

房地产与其他经济物品相比,具有许多不同点,而这些不同点又取决于房地产的特有属性。

(1)位置的固定性和不可移动性。由于房地产必须定着在一定的土地上,因此其具有空间上的不可移动性,使得房地产的利用具有鲜明的地域特点。每一处房地产所处的位置直接关系到其利用价值。所谓位置不仅指房地产的自然区位,也指房地产所处的经济与社会关系的网络。因此,任何房地产都是独一无二的。

(2)使用长期性。若土地不会毁损,投资者在其上所拥有的权益通常在 40 年以上,而且拥有该权益的期限还可以依法延长;地上建筑物及其附属物也具有很好的耐久性。因此,房地产具有寿命周期长的特点。

(3)独特性(异质性)。由于房地产位置固定加上不同区位的自然、社会、经济条件各不相同,建筑物在式样、朝向、规模、装饰、设备等方面千差万别,以及使用过程中的老化或翻新改造所造成的特征变化不同,使得房地产成为一种典型的异质商品或差异化商品,因此,可以说没有完全相同的两宗房地产。

(4)适应性。房地产收益是在使用过程中产生的。适应性是为了适应市场环境的变化,投资者对房地产使用功能的方便程度进行调整。置业投资者可以及时调整房地产的使用功能,使之既适合房地产市场的需求特征,又能增加置业投资的收益。

按照租户的意见及时调整房地产的使用功能可以极大地提高对租户的吸引力。对置业投资者来说,如果其投资的房地产适应性很差,则意味着它面临着较大的投资风险。因此,投资者一般很重视房地产的适应性。

(5)投资与消费的双重性。房地产可以作为一种生产要素用于生产消费,也可以用于生活消费,但由于房地产的固定性、耐久性及稀缺性,使之也成为一种重要的投资品。虽然房地产的变现能力较差,流动性较低,但在通货膨胀情况下,投资房地产比投资其他资产更具有保值功能。

(6)政策影响性。由于房地产在社会经济活动中的重要地位,各国政府均对房地产市场倍加关注,经常会有新的政策、法规措施出台,以调整房地产开发建设、交易和使用过程

中的法律关系和经济利益关系。而房地产不可移动等特性的存在，使房地产很难避免这些政策调整所带来的影响。

(7)不易变现性。房地产有着巨大的价值，以及不可移动性和独一无二性，使得同一宗房地产的买卖并不频繁，一旦需要买卖，要花费相当长的时间来寻找合适的买者并进行讨价还价。因此，当急需资金或有其他特殊情况时，不易将房地产变成现款。

(8)外部性。房地产的价值既与其本身的状况有直接关系，又受其周围房地产利用及环境变动的影响，称为溢出效应或外部性。

(9)易受限制性。政府对房地产的限制一般通过下列四种特权来实现：

1)管制。政府为增进公众安全、健康、道德和一般福利，可以直接限制某些房地产的使用，如通过城市规划对土地用途、建筑高度、容积率、建筑密度、绿地率等作出规定。

2)征收。为了公共利益的需要，国家可以征收国有土地上单位和个人的房屋，并依法给予拆迁补偿，维护被征收人的合法权益；征收个人住宅的，还应当保障被征收人的居住条件，具体办法由国务院规定。

3)征税。政府为了提高财政收入，可以对房地产征税或提高房地产税收。

4)充公。政府可以在房地产业主死亡或消灭而无继承人或亲属的情况下，无偿收回房地产。

另外，房地产因不可移动及不可隐藏，所以逃避不了未来制度、政策变化的影响。这一点不仅说明了房地产投资的风险性，而且也说明了政府制定长远房地产政策的重要性。

单元二　房地产开发与营销的含义及特点

1. 房地产开发与营销的含义

房地产开发是具备房地产开发资质的企业在依法取得土地使用权的土地上进行基础设施建设、房屋建筑安装，以及为此而进行规划、设计和管理活动的整个过程。房地产开发通过土地、建筑材料、城市基础设施、城市配套设施、劳动力、资金多种资源的组合使用为人类社会提供生产和生活空间，促进城市空间开发和利用效率，改变城市景观，并起着人类社会城镇化的现行作用。

房地产营销是以房地产为营销对象，通过研究房地产市场需求、进行市场预测、选择项目类别，而进行的投资、建造、买卖租赁、信托、交换、维修、管理以及相关产权转让等经济活动，其目标是实现经济效益的最优化。

房地产开发营销主体在国家的法律允许范围内，通过对土地、建材、基础设施、劳动力、信息等多种资源的优化组合利用，进行基础设施、房屋建设和土地开发，并对开发成果进行转移、运营、管理等一系列经济活动。

房地产开发与营销的关系如下：

(1)相互独立、侧重点不同。房地产开发是对土地及建筑物进行投资、建设、管理的过程，是投资、建设行为，强调的是房地产产品的生产；而房地产营销是通过开发建设和管理获取经济利益的过程，强调的是投资的盈利。

（2）房地产开发是房地产营销的基础。一切房地产营销活动都要体现在房地产产品的实体上。房地产开发就是形成房地产产品实体的过程，没有这个过程，就没有房地产营销的对象，营销活动也就无从谈起。如果房地产开发阶段对市场分析不够准确，开发完成的房地产不能出售或出租，或者出售、出租达不到预期水平，就会影响房地产营销效益；如果产品建设质量不高，不能达到预定的营销寿命，也会影响房地产的营销效果。因此，适应市场需求，开发出高质量的房地产产品，是保证房地产营销成功的基本前提。

（3）房地产营销是房地产开发的核心。房地产开发的目的是获取投资利益，开发完成以后的产品是通过营销来体现其价值，从而实现投资效益。从这个意义上说，现代房地产开发已经突破了过去以使用为目的的建筑生产含义，而围绕着房地产营销进行开发。为了尽可能提高开发完成后的产品营销价值，从市场调研、选择房地产开发项目，到前期的可行性分析，以及建设招标和建设过程中的质量管理、成本控制，每一个阶段工作要从经营这个核心目标出发，使开发与营销真正融为一体。

2. 房地产开发与营销的特点

（1）房地产开发与营销难度较大。这主要是由房地产商品本身的特点所决定的。房地产商品不同于一般商品，其价值量巨大，形成周期长，需要通过多次投入形成，且具有延续性和增值性。同理，由于房地产价值量大，不可能一次性实现全部价值，而必要采取预售、出租或抵押信托等形式分期实现其价值。房地产价值的巨大性、延续性和增值性，以及价值实现的先期性、多样性和逐步性，大大增加了房地产开发与营销的复杂性和难度。

同样，由于房地产商品本身的空间不可移动性，加之影响房地产价格的因素复杂多样，因此同类商品的可比性较差，个案性强，这无疑也增加了房地产开发与营销的复杂性和难度。

（2）房地产开发与营销风险大。这是由房地产商品的特殊性所决定的。房地产开发与营销活动的运行周期长，少则两三年，多则四五年。较长的运行周期使房地产业资金垫付时间长，与生产周期短的行业相比，无疑需要承担更大的时间价值风险。而房地产资金投放量也大，一个开发项目，动辄要几百万元，甚至几千万元或上亿元，因此要承担的风险也大。同时，房地产运行和资金流程环节较多，每一个环节都影响着整个开发与营销活动的正常运转，无形中也增加了房地产营销的风险。除此之外，房地产开发与营销还受到社会政治、经济、消费心理、市政建设等各种外在因素的影响，从而比一般商品营销具有更大的风险性。

（3）房地产开发与营销政策性强。房地产业的特点、地位和作用决定了房地产开发与营销的政策性强，或者说受政策的影响比较大。房地产业是国民经济的龙头产业，房地产资源的分配与使用，房地产商品的生产、流通与分配，直接关系到国计民生。为了使房地产业纳入社会主义市场经济轨道，除强调运用市场机制指导房地产运作外，更要强调政府宏观作用，并通过立法、制订政策等措施，使房地产业坚持正确的营销方向，力求在营销活动的各个环节、各个方面都自觉遵守国家现有的政策法令、规章制度。

模块一　房地产开发与营销概述

单元三　房地产开发与营销的程序与原则

1. 房地产开发与营销的程序

房地产开发与营销是一项复杂的系统工程。在这一复杂活动过程中，涉及很多环节与工作内容，这些工作不是杂乱无章的，而是按一定的先后顺序展开的。房地产开发与营销的基本程序是项目开发的客观规律，是项目从设想、选择、评估、决策、设计、施工到竣工验收、市场销售、物业管理整个开发经营过程中，各项工作必须遵循的先后顺序。各项工作不可任意颠倒，但可以合理交叉，如市场销售往往是在项目的建设过程中就已经开始，而不必等到项目竣工完成以后。开发商必须遵循项目开发的基本程序，遵循这一程序是确保房地产开发取得成功的关键之一。在房地产开发的实际工作中出现的事故和失败，许多就是违背了基本程序而导致的。一般来说，房地产开发的基本程序包括五个阶段，即投资决策阶段、前期工作阶段、建设阶段、租售阶段和物业管理阶段。

2. 房地产开发与营销的原则

(1) 房地产开发的原则。房地产开发的原则是指在城市规划区、国有土地范围内从事房地产开发并实施房地产开发管理中应依法遵守的基本原则。依据我国法律的规定，我国房地产开发的基本原则主要包括：依法在取得土地使用权的城市规划区、国有土地范围内从事房地产开发的原则；房地产开发必须严格执行城市规划的原则；坚持经济效益、社会效益和环境效益相统一的原则；坚持全面规划、合理布局、综合开发、配套建设的原则；符合国家产业政策、国民经济与社会发展计划的原则。

(2) 房地产营销的原则。房地产营销受多种市场环境因素的影响，风险性较高。政治、经济、法律、社会、人文、自然环境等因素会影响房地产营销目标和营销策略的实现，加之房地产这种特殊商品具有位置固定性、价值昂贵性和使用价值的耐久性，因而，对其营销也应该谨慎遵循相应的专业运营原则。纵观我国房地产市场的发展历程，房地产营销应该遵循政府干预房地产市场的原则、营销环境分析的原则、项目市场定位的原则、成本核算的原则、科学营销的原则和保护消费者权益的原则等基本原则。

单元四　房地产开发与营销的形式

1. 房地产开发的形式

房地产开发有多种形式，较为常见的有：以签署联合经营协议的合伙制联建；房屋参建(合建)；组建具有独立法人资格的项目公司开发三种形式。这三种开发形式在法律上的性质、所需要承担的风险及运作方式等方面都有着相当大的区别。

采用合作方式联建或合建时，不用新设开发公司，联建或合建各方之间以联建或合建合同、协议相互约束。

若是由若干个投资者（即股东）新设立房地产开发公司（包括综合性房地产开发公司和房地产开发项目公司），则需要就开发商的股东情况、公司形式或合建方式、注册资本、经营范围等方面的内容以公司章程等文件形式来加以明确。

房地产联建是指提供资金、技术、劳务一方与提供土地的一方合作进行房地产开发，双方在合同中明确约定按比例分配房屋和土地使用权，并以各自所有或者经营管理的财产承担民事责任的房地产合作开发行为。一般适用于提供土地方与房地产开发公司之间签立。

房屋参建是指参建人以参建名义对已经成立的房地产项目参与投资或预购房屋的行为。一般表现为参建人通过投资或参与房地产建设而获得部分房产的所有权，适用于房地产项目已进行，但开发方资金不足的情况。

项目开发公司是指提供资金、技术、劳务一方与提供土地的一方以组建法人资格的经济实体来合作进行房地产开发的行为。在这种情形下，房地产合作开发的合作人即成为项目公司的股东。一般适用于合作双方都不是房地产开发公司而进行商品房开发的情形。

采用合作方式联建或合建时，开发商都需要承担无限责任，且合作投资者之间复杂的关系往往无法通过合作协议统一调整，合作投资者之间容易产生纠纷。所以，组建房地产企业进行项目开发，应该是房地产开发较为优越的形式，特别是对于一些大型项目的房地产开发。

2. 房地产营销的形式

房地产的营销包括出售和出租两种形式。

(1)房地产出售。出售是商品经营的最普遍形式。房地产产品作为商品，其价值的实现也要通过这种形式。

1)房地产出售按交易期限不同可分为现货与期货两种出售形式。现货出售就是所谓的现场选择，拍板交易，成交后卖者实现了商品价值的同时，买者得到了房地产的部分或全部产权；期货交易是指购买所谓的"楼花"，待竣工后再移交给买者。期货交易一般在市场供给不足的情况下较多采用，优点是买者可以得到货源保证，卖者可以提前得到房款，从而加速房地产开发和流通。但在失控的情况下，也容易发生转手倒卖的投机行为。

2)房地产出售按成交形式可分为订购、现购和拍卖等形式。订购是买者为了确保货源而采取的形式，先预付一部分订金，当产品移交后再付清货款；现购是将新建产品验收后出售给购买者；拍卖是指对准备出售的房地产预先估出底价，通过叫价，最后取最高叫价成交的一种特殊交易形式。

3)房地产出售按付款期限可分为一次性付款出售和分期付款出售。

4)房地产出售按付款条件可分为平价出售和优惠价出售。

5)房地产出售按出售数量可分为批量出售和单宗出售。

(2)房地产出租。出租是房地产经营的另一种基本形式，也是房地产商品交换的特殊形式。就其经济性而言，出租具有四重特性：首先，出租只是出让一定期限的使用权而不出让所有权；其次，出租作为房地产交换的一种特殊形式，它要通过许多次交换，价值才能得到完全实现；再次，通过出租，购买者虽未得到房地产的所有权，但却只需用房地产价值中的很小部分租金，就可在规定的期限内获得它的全部使用价值；最后，出租使房地产商品既处在流通中，又处在消费中，从而使它具有流通和消费双重性的特点。

房地产出租按所经营对象的不同，可分为土地出租和房产出租。

1）土地出租，受各国土地制度的影响很大。在我国，由于土地公有，土地租赁就成为土地经营的唯一形式。国家规定国有土地可以有偿出让，转让其使用权。土地使用权出让是指国家以土地所有者身份将土地使用权在一定年限内让与土地使用者，并由土地使用者向国家支付土地使用权出让金的行为；土地使用权转让是指土地使用者将土地使用权再转移的行为，包括出售、交换和赠予。所以，土地出让的一级市场由政府垄断，它单向地流向土地使用者。就房地产经营企业来说，土地出租属于转让或再转让土地使用权的行为，但转让的土地必须是已经开发的土地，或连同地上建筑物的产权一同转让。当土地连同房地产一同转让时，土地转让的虽然仍是使用权，但地上房屋转让的可以是所有权。

2）房产出租，需要通过签订契约以确立和明确租赁关系以及出租人和承租人的权利和义务。房产出租在城市房地产经营中占很大比重，是不容忽视的经营内容和形式。房产出租的租金价格主要取决于同期银行利息和房屋价格。

单元五 房地产开发企业

一、房地产企业在国民经济中的作用

房地产业是国民经济的支柱产业，也是繁荣城市经济的先导性、动力性产业，对国民经济发展具有重要的推动作用。

房地产企业专门从事房地产商品在生产、流通、消费领域的各种经济活动，是房地产业具体从事房地产开发、经营活动的经济实体，是房地产业在国民经济中拥有重要地位、具有重要作用的具体体现者和执行者。因此，房地产企业在国民经济中的重要作用具体表现在以下几个方面。

1. 为国民经济的发展提供物质保证

房地产企业开发建设的房地产商品为国民经济的发展奠定了坚实的物质基础，有利于满足社会生产和生活的需要，以及国家财富的积累。考虑到当前我国城市化水平的提高和房地产业发展的规模及速度，我国房屋价值总量将持续增加。

2. 为城市建设事业的发展提供有力支持

为获取良好的社会效益和经济效益，当前很多城市的中央商务区或中央居住区建设，是政府在城市建设总体规划要求的基础上，对城市建设进行全面、综合考虑，并使房地产开发与城市基础设施建设协调进行。房地产企业从事的房地产综合开发是房屋与城市基础设施的协调配套建设，通过综合开发，减少城市财政的支出，可以提高单位土地的产出，

并使城市环境得到极大的改善，以加快城市建设的步伐。

3. 促进消费结构和产业结构的合理化

消费结构是指社会人群对不同商品的消费支出占其总收入的比例或比重。由于房地产企业开发的房地产商品使用周期长、价值大，居民必须支付相当的价款才能购得房屋的所有权。因此，房地产企业的发展可以通过使住房消费在家庭总收入中所占比例的适当提高，进而使整个社会的消费结构逐渐趋向于合理化。

4. 对相关产业发展起到有力的带动作用

房地产业和其他许多国民经济行业之间都有着密切的关系，表现出很强的产业关联性，房地产业的行业关联系数高达1.7以上，即每100元的房地产销售就能带动相关产业170元的销售。另外，当前中国房地产业对国民经济的贡献率为1～1.5个百分点，即在中国9%的GDP增长速度中，有1%～1.5%是来自房地产业的贡献。因此，房地产企业的发展对相关产业的发展起到有力的带动作用。

二、房地产企业的类型

从经营内容和经营方式的角度划分，房地产企业主要可以划分为房地产开发企业、房地产中介服务企业和物业管理企业等。

（1）房地产开发企业。房地产开发企业是以营利为目的、从事房地产开发和经营的企业，主要业务范围包括城镇土地开发、房屋营造、基础设施建设及房地产营销等。

（2）房地产中介服务企业。房地产中介服务企业主要包括房地产咨询企业、房地产价格评估企业、房地产经纪企业等。

（3）物业管理企业。物业管理企业是指以住宅小区、商业楼宇等大型物业管理为核心的经营服务型企业。此类企业的业务范围包括售后或租赁物业的维修保养、住宅小区的清洁绿化、治安保卫、房屋租赁、商业服务以及其他经营服务等。

三、房地产企业的特征

由于房地产企业经营产品和服务的特殊性，房地产企业有以下几个方面特征。

1. 经营对象的不可移动性

无论是房地产开发企业、中介服务企业，还是物业管理企业，其经营对象都是不动产，且具有固定性和不可移动性。这种特殊性使房地产企业在经营活动中受到十分巨大的影响，受周围环境的影响也较大，经营绩效与所处区位状况关系密切。由于一般商品属于动产，具有实体的流动性，可以随时在地区之间，甚至是不同国家之间进行流动，因而通常面对的市场竞争范围比较大，在不受国家对外贸易政策、国家安全等贸易壁垒影响的条件下，竞争范围是世界性的，企业要根据国际市场的情况进行决策，国际市场环境发生变化会对这类企业产生直接的影响。但对于房地产企业而言，不动产不具有实体的流动性，房地产企业提供的产品不可能移动，相关的房地产服务也附着于固定的房地产上面，因此，其面对的市场竞争范围小一些。另外，由于房地产产品的价值量大，资产转移需要经过较长的时间，从而使市场竞争关系无法充分展开，因此，房地产企业经营成功的关键在于把握当地市场的需求。

2. 业务形态的服务性

在房地产开发企业从事经营活动的过程中，即征地、拆迁、土地开发、土地出让、土地转让、房屋开发、房屋出售、出租、转租、房地产抵押与房地产建设过程中必然产生大量谈判、协调、筹划等劳务以及相应的法律事务，这些是房地产开发企业经营活动的主要内容。房地产中介服务企业主要围绕房地产产品而进行一系列咨询、筹划、代理和服务活动，沟通与房地产产品相关的各类信息，撮合买卖双方，节约交易各方的交易成本，并从节约的成本中获取佣金，因此，中介企业提供的是各类房地产服务。物业管理企业实际上就是对房地产物业及其设施和周边环境进行管理并提供各种保安、保洁、维修和保养服务的企业。这种特性决定了房地产企业的服务态度和服务质量至关重要。

3. 经营活动过程的行业限制性

在房地产企业经营管理活动中，行业特征对其产生的影响主要表现在以下几个方面：

(1) 行业的市场规模较大，对企业发展具有巨大的推动作用。

(2) 行业的竞争范围主要是本地市场，是面向区域的，全国及世界性的竞争主要来源于资金流动。

(3) 目前房地产行业竞争者的数量众多，但有较强实力的企业数量则较少，市场竞争激烈，企业经营过程中面临的不确定性较强。

(4) 房地产用户的数量较多，是领域较为广阔的一个市场。

(5) 房地产业进入障碍比较大。一方面，由于进入房地产业需要较高的启动资本，因此存在较高的进入壁垒障碍；另一方面，房地产的固定性也决定了退出房地产业的转移成本也相当高。

(6) 房地产企业由于其资金量投入大、风险高，如果企业经营得当，其盈利水平就会较高，这种较高水平的盈利是对其承担的高风险的补偿。这也是吸引其他行业资金进入房地产业的要素之一。

4. 经营活动资金和人才的密集性

房地产企业在经营管理过程中需要大量的资金和人才，房地产开发企业的每个经营项目蕴涵的价值量极大，需要大量资金的运筹，是一种资金密集型的企业。房地产业与金融业的密切联系带来的后果有两个方面：一方面，房地产企业需要大量资金为银行等金融机构提供一种优良的投资渠道；另一方面，二者结合使整体经济的抗风险能力下降，一旦房地产价格下跌或者房地产企业经营不善，都可能会造成金融体系动荡，从而危及整个国民经济的安全。

所谓人才密集，是指在房地产开发、中介咨询、代理、物业管理过程中，需要大量的各种各样的专业人才。房地产开发企业在实际经营活动中涉及建筑安装方面的技术知识，也涉及市场调研、项目管理、各专业领域协调等知识和技能，往往只有借助各类专业人员的协同合作才能完成房地产开发。对于普通房地产需求者而言，无法在短时间内掌握与房地产相关的专业知识，通常在交易过程中要依赖这些专业人士的协助，这样就为专业化的中介服务企业提供了经营空间。

四、房地产企业的机构设置

1. 房地产企业组织结构的基本形式

一般而言,房地产企业主要依照其所从事的营销活动过程的区别来确定其组织结构。房地产企业的组织结构的具体形式,是从来区分企业内部不同经营活动,通常是按照其所履行的职能进行组合。房地产组织结构的基本形式可分为传统的组织形式和现代的组织形式。传统的企业组织形式包括直线智能型、直线改成型、职能改成型、直线参谋制、委员会等;现代的企业组织形式有矩阵制、分部制、超分部制、多维制等。具有代表性的房地产企业组织形式如下:

(1)直线型。直线型组织结构是最简单的组织形式,在组织结构系统中,其权利系统自上而下或负责系统自下而上按垂直系统呈直线排列,如图1-1所示。一些小型房地产企业采用这种组织结构。

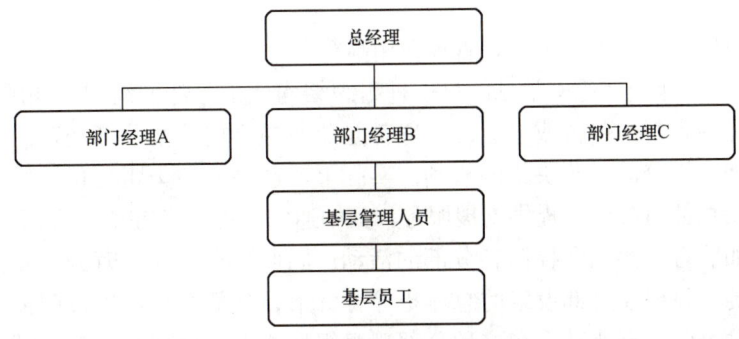

图1-1 直线型组织结构示意图

直线型组织结构只有垂直的指挥系统,不存在管理职能分工。虽然也设职能部门和少数职能专业人员,但他们直接受同级主管的指挥,按其意志办理事务和进行业务工作。

直线型组织结构的优点:组织结构简单明了;职责分明,每个职位只完成自己的工作并直接对一个上级负责;同层级管理人员易于调用;能充分发挥主管人员的主动性;能按主管人员的意愿迅速采取随机应变的措施等。

直线型组织结构的缺点:组织结构呆板,缺乏一定的弹性;不利于专业分工,容易形成专制;缺乏横向联系,协作精神较差;要求主管人员各方面能力要强,主要工作集中与一身,需要事事躬亲,工作过度紧张、繁忙等。

(2)职能型。职能型组织结构是为了适应专业管理的需要由企业的负责人设立若干专业职能机构和人员,各职能部门在其职能范围内直接指挥下级单位,如图1-2所示。如某房地产开发公司部门划分为项目开发部、人力资源部、行政事务部、财务管理部、工程管理部和动迁管理部等。这种划分方法可以明确经营活动的各方面,使企业经营活动专业化。

职能型组织结构的优点:能充分发挥专业化的作用,减少人员和设备的重复配置,每人专司一职,能专心一致,精益求精;从事实际工作的人能得到多方面的督导和帮助等。

职能型组织结构的缺点:组织中常常会因为追求职能目标达不到全局的最佳利益;令出多门,使下级有时在命令不一致时无所适从;全责不清,造成功过难定,赏罚不公;同

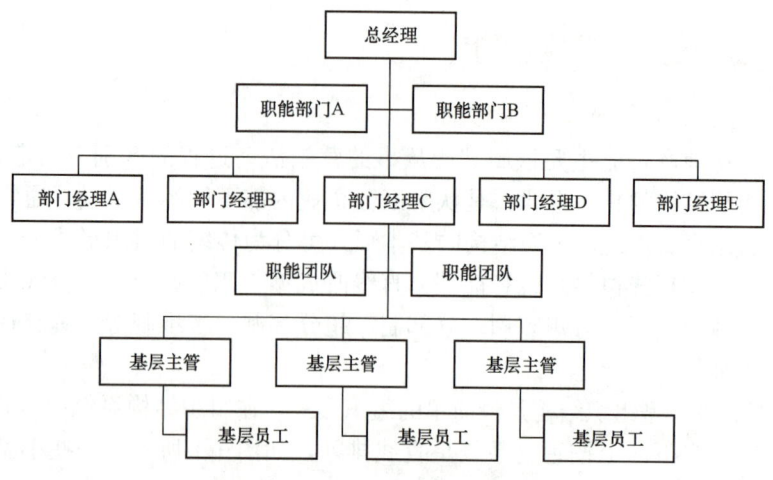

图 1-2　职能型组织结构示意图

层专业管理难以协调，管理人员多，管理费用高等。

(3)分部型。房地产企业中常见的另一种组织结构就是分部型组织，如图 1-3 所示。在分部型组织设计中，每个单位或事业部一般都是相对独立的，由分部经理对全面工作及业绩负责，同时拥有充分的经营决策的权利。实际上，这是一种集团公司性质的组织结构形式。一般由集团总部对各分部提供支援服务，其中通常包括财务和法律方面的服务。另外，总部也进行诸如监督、协调和控制各分部的活动。因此，在企业经营的一定氛围内，各分部是相对独立的。只要在总部设定的总体指导方针下，分部经理可以按照他们适合本分部的方式从事各种经营管理活动。在这种分部型组织形式下，分部经理对一种产品或服务负完全的责任。不过这种结构形式容易造成经营活动和资源重复配置。另外，分部型结构使总部管理人员摆脱了关注日常经营具体事务的负担，能够致力于集团长远的战略规划。许多大型房地产集团都采用这种组织结构。

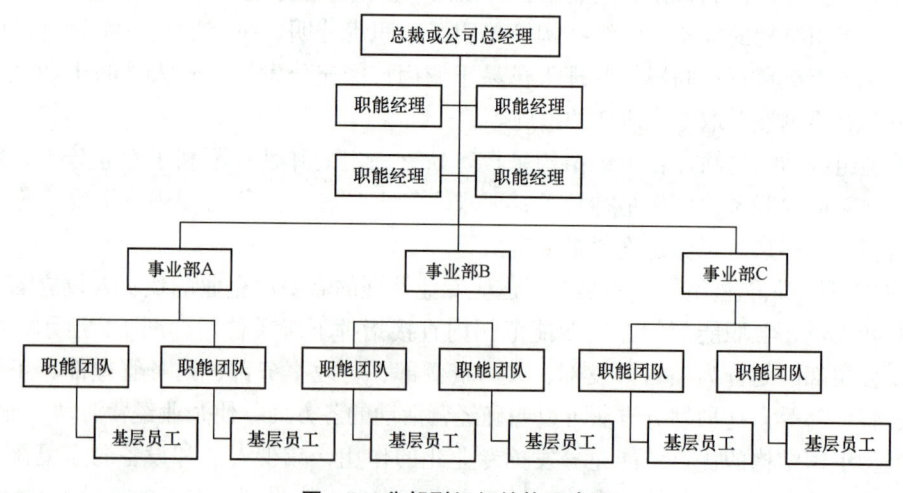

图 1-3　分部型组织结构示意图

分部型组织结构的优点：有一个比较完整的管理体系，分部经理能独立经营，提高了管理的灵活性和对环境的适应性；总公司领导能从管理事务中摆脱出来，有利于整个公司的战略决策和长远规划；分部制便于专业化地组织生产和经营活动，各事业部之间有比较、有竞争，有利于改善经营管理。

分部型组织结构的缺点：由于事业部的权利过大，会造成最高层的指挥不灵；职能机构重复设置，造成管理人员浪费。

（4）矩阵式。在房地产开发企业中最为常见的一种组织结构形式，则是矩阵式组织，又称目标-规划型，即项目管理组织形式，如图1-4所示。这种组织结构形式一方面利用职能部门化获得专业化优势；另一方面在这些职能部门之上，同时配备了一些对组织中的具体产品、项目和规划负责的经理人员，每一项目由一名经理人员领导，他将为其负责的项目从各职能部门中抽调有关人员。这样，在横向的职能部门基础上又增加了纵向的依据项目活动的管理组织，从而将职能部门化和产品部门化的因素交织在一起，这在组织论中称其为矩阵。在矩阵组织的实践中，可以发现这种形式将职能型和产品分部形式很好地结合起来，能促进一系列复杂而独立的项目取得协调，同时，又保留将职能部门组合在一起所具有的经济性，适应了房地产经营环境的复杂性，以及房地产开发经营过程的特性。这种组织结构形式，将企业的管理结构和人员分为两类：一类是直线指挥机构和人员，对所属下级有指挥权利，另一类是职能机构和人员，是指挥机构和人的参谋，只能提供建议和指导，对下级设有指挥权利。矩阵型是目前房地产企业较常采用的组织结构。

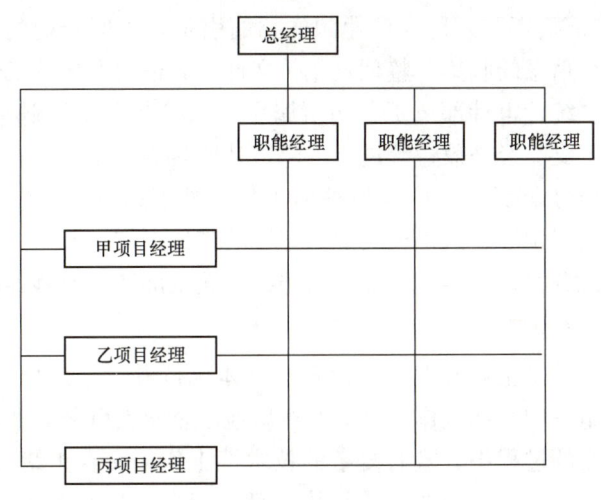

图1-4　矩阵型组织结构示意图

矩阵式组织结构的优点：强调只派一位负责人综合管理，有利于目标的实现；拥有多方面的专业人才，能充分发挥专业职能人员的作用；使用人才根据实际需要而定，具有弹性；决策的问题比较集中，管理效率高。

矩阵式组织结构的缺点：工作人员要接受双重领导，如领导的意见不一致时，会使职工无所适从；人员变动大，相对稳定性差，容易影响一些人的情绪。

2. 房地产企业常规机构设置

（1）总经办和办公室。总经办负责总经理所需文字材料的起草、党委会记录、会议纪要整理、会议安排、来客接待及其他相关工作。办公室负责协调公司的各项工作，监督各项规章制度的落实，负责各项会议的通知、记录，印章使用管理、食堂管理、机关的绿化美化，车辆使用，公司会议组织准备，档案管理等工作。

(2) 人力资源部。人力资源部负责人事管理方面的制度制定、政策宣传，办理职工招用、调动、辞职、辞退手续；办理各项社会保险、住房公积金相关手续；干部、职工档案管理，工资及各种福利费发放，继续教育及在职职工培训，各类报表上报等工作。

(3) 财务部。财务部负责参与公司生产经营、合同制定、信贷、结算、资金管理，公司的账务处理及会计资料保管、税费缴纳、资金收取等工作。

(4) 开发部。开发部负责公司各类项目和工程的报批及各类手续的办理，协调施工方、开发商及地方之间的关系等工作。

(5) 企管部。企管部负责二级公司的用人管理、资产管理、安全生产、报表统计及二级公司职工培训等各方面工作。

(6) 工程部。工程部负责公司各工程项目及其全面配套设施的规划设计、施工、管理、竣工验收，工程预、决算及施工档案的管理等其他相关工作。

(7) 销售部。销售部负责了解房地产开发相关信息，及时向领导汇报与销售有关的情况，办理房屋销售的相关手续，负责房屋拖欠款的催收等工作。

(8) 安监办。安监办负责辖区内企事业单位、施工单位的安全生产监督、隐患排查、法律法规宣传，特殊时期的安全监督检查及劳动监察等工作。

(9) 招商部。招商部负责开发区、产业园的招商引资，入区企业的注册、审批、包装、申报手续的办理，展会信息的收集、整理及相关文件、表格的上报等工作。

(10) 统计审计部。统计审计部负责公司所属企业和村办企业的财务监督管理工作，对企业经营活动、财务收支、经济效益等进行内部审计监督等工作。

(11) 环境办。环境办负责辖区内环境整治工作、外围运行服务保障工作的协调组织、督促检查工作，完成公司领导、区里相关部门布置的其他工作。

另外，还要设置总务科、工会、团委、信访办、政工部和保卫科等后勤服务部门。

3. 房地产企业人员配备

由于房地产企业人员是企业开发经营计划的具体执行者，也是企业实现开发经营目标的保障。为了更好地组织和协调工作，有必要对房地产企业人事分类和人员构成进行了解。

在房地产项目开发的过程中，既有复杂的技术性工作，又有头绪纷繁的管理工作，因而完成这样一项综合性的工作，需要一支结构合理、配合默契的专业人员团队。房地产开发企业的人员包括经济管理类、专业类、工程技术类三类人员，见表1-2。

表1-2　房地产企业人员的分类

人员类别	主要职责
经济管理类	主要负责房地产开发与经营过程中的行政、经济、财务、人事等方面的工作
专业类	主要负责企业中的策划、销售以及项目拓展等方面的工作
工程技术类	主要负责工程技术或技术管理方面的工作

房地产企业主要由建筑师、工程师、财务人员、营销策划人员、项目拓展及发展人员，以及法律顾问等构成，见表1-3。

表 1-3　房地产企业人员的构成

人员构成	主 要 职 责
建筑师	建筑师主要负责开发用地的规划设计方案、房屋建筑设计、建筑施工技术指导、建筑施工合同管理等方面的工作。通常开发企业将设计工作进行外包，建筑师作为项目设计的主持人应对设计工作进行管理、组织或协调。在工程开发和建设当中，建筑师还应负责施工合同的管理、工程进度的控制以及选聘工程监理单位等
工程师	负责企业开发项目施工计划的执行和工程项目的概预算，代表企业进行施工材料的合同签订、建筑设备的订购、施工监督及协助解决工程施工中的技术问题等工作
财务人员	财务人员主要由会计师和成本控制人员构成。会计师负责企业的经济核算工作，从全局的角度为项目开发提出财务安排或税收方面的建议，包括财务预算、工程预算、合同监督等，并及时向公司负责人通报财务状况。成本控制人员负责编制工程成本计划，对计划成本与实际成本进行比较和进行成本控制等工作
营销策划人员	营销策划人员主要负责开发项目可行性研究、项目策划总体思路、销售策略制定和执行工作；负责优化与推进房地产业务流程；负责企业策划部门的日常管理工作等
项目拓展及发展人员	项目拓展及发展人员负责收集宏观政策、行业市场发展、市场竞争格局的信息，跟踪潜在项目并进行可行性研究，为企业储备土地或项目
法律顾问	法律顾问负责处理一些法律问题和实际纠纷。如工程施工前签订发包合同、处理用户购房纠纷等

五、房地产企业的资质等级

房地产企业的资质，是房地产企业专业经济技术素质、管理素质、资本数额、企业经历和业绩的综合体现，对房地产企业进行资质管理，对于保证房地产企业依法规范地从事开发经营活动、维护房地产市场正常的经济秩序、确保企业素质的不断提高是一项极为重要的措施。

住房和城乡建设部于 2015 年 5 月对《房地产开发企业资质管理规定》进行了修订，以加强对房地产开发企业的管理、规范房地产开发企业行为。房地产开发企业资质分为一、二、三、四级和暂定资质五个级别。一级至四级房地产开发企业资质等级条件见表 1-4。

表 1-4　房地产开发企业资质等级条件

资质等级	注册资本/万元	从事房地产开发经营时间/年	近3年房屋建筑面积累计竣工/万平方米	建筑工程质量合格率达到100%的连续年限/年	上一年房屋建筑施工面积/万平方米	专业管理人员人数/人		
						总计	其中：	
							中级以上职称管理人员	持有资格证书的专职会计人员
一级	≥5 000	≥5	≥30	5	≥15	≥40	≥20	≥4
二级	≥2 000	≥3	≥15	3	≥10	≥20	≥10	≥3
三级	≥800	≥2	≥5	2	—	≥10	≥5	≥2
四级	≥100	≥1	—	—	—	≥5	—	≥2

续表

我国对房地产开发企业资质等级实行分级审批。一级资质由省、自治区、直辖市人民政府住房城乡建设主管部门初审，报国务院住房城乡建设主管部门审批；二级资质及二级资质以下企业的审批办法由省、自治区、直辖市人民政府住房城乡建设主管部门制定。

经资质审查合格的企业，由资质审批部门发给相应等级的资质证书。资质证书由国务院住房城乡建设主管部门统一制作。资质证书分为正本和副本，资质审批部门可以根据需要核发资质证书副本若干份。任何单位和个人不得涂改、出租、出借、转让、出卖资质证书。

企业遗失资质证书，必须在新闻媒体上声明作废后，方可补领。

房地产开发企业的违规行为主要包括以下几种情形：

(1)企业未取得资质证书从事房地产开发经营的，由县级以上地方人民政府房地产开发主管部门责令限期改正，处 5 万元以上 10 万元以下的罚款；逾期不改正的，由房地产开发主管部门提请工商行政管理部门吊销营业执照。

(2)企业超越资质等级从事房地产开发经营的，由县级以上地方人民政府房地产开发主管部门责令限期改正，处 5 万元以上 10 万元以下的罚款；逾期不改正的，由原资质审批部门吊销资质证书，并提请工商行政管理部门吊销营业执照。

(3)企业有隐瞒真实情况、弄虚作假骗取资质证书的，涂改、出租、出借、转让、出卖资质证书等行为之一的，由原资质审批部门公告资质证书作废，收回证书，并可处以 1 万元以上 3 万元以下罚款。

(4)企业开发建设的质量低劣工程，发生重大工程质量事故的，由原资质审批部门降低资质等级；情节严重的吊销资质证书，并提请工商行政管理部门吊销营业执照。

(5)企业在商品住宅销售中不按照规定发放《住宅质量保证书》和《住宅使用说明书》的，由原资质审批部门予以警告，责令限期改正，降低资质等级，并可处以 1 万元以上 2 万元以下的罚款。

(6)企业不按照规定办理变更手续的，由原资质审批部门予以警告，责令限期改正，并可处以 5 000 元以上 1 万元以下的罚款。

房地产开发企业资质等级

模块小结

地产是一种稀缺的资源、重要的生产要素和基本的生活资料。房地产是指土地及固着在土地之上的建筑物和其他附属物的总称。房地产由于位置的固定性和不可移动性，在经济学上又被称为不动产。其有土地、建筑物、房地合一三种存在状态。房地产可按开发程度，用途，是否产生收益，经营方式进行分类。房地产具有不可移动性，使用长期性，异质性，适应性，投资与消费的双重性等多种属性，易受政策变化的影响。

房地产企业是指从事房地产开发、经营、管理和服务活动，并以营利为目的进行自主经营、独立核算的经济组织。房地产企业是依法设立、具有企业法人资格的经济实体，对房地产企业进行资质管理，房地产组织结构的基本形式可分为传统的组织形式和现代的组织形式。传统的企业组织形式包括直线智能型、直线改成型、职能改成型、直线参谋制、委员会等；现代的企业组织形式有矩阵制、分部制、超分部制、多维制等。

思考与练习

一、填空题

1. 房地产有_____、_____、_____三种存在状态。
2. 房地产按开发程度分为_____、_____、_____、_____、_____。
3. 房地产按经营方式分为_____、_____、_____、_____。
4. 房地产中介服务企业主要包括_____、_____、_____等。
5. 房地产开发企业资质分为_____五个级别。
6. 我国对房地产开发企业资质等级实行_____。
7. 房地产开发企业资质证书由_____统一制作。
8. 房地产开发企业的资质实行_____。

二、选择题

1. 在房地产分类中，以下不属于按用途分类的是（　　）。
   A. 居住房地产　　B. 商业房地产　　C. 收益性房地产　　D. 办公房地产
2. 关于房地产特性的描述不正确的是（　　）。
   A. 位置固定性　　B. 使用长期性　　C. 易受政策影响性　　D. 易变现性
3. 房地产企业组织结构中，最简单的组织结构形式是（　　）。
   A. 直线型　　B. 职能型　　C. 分部型　　D. 矩阵式
4. 新设立的房地产企业，应当自领取营业执照之日起（　　）日内，持下列文件到登记机关所在地的房地产开发主管部门备案。
   A. 3　　B. 10　　C. 20　　D. 30

三、问答题

1. 房地产有哪些特性？
2. 房地产开发与营销的关系是什么？
3. 房地产开发与营销的原则有哪些？
4. 房地产企业在国民经济中的作用体现在哪些方面？
5. 房地产企业的建立条件是什么？
6. 房地产企业的人员构成需要有哪些？

模块二 房地产市场

模块导读

某房地产经纪有限公司在提供经纪服务过程中,帮助当事人签订不同交易价款的合同,做高房屋交易价格套取银行贷款。该公司上述行为违反了《房地产经纪管理办法》第二十五条的规定。2020年8月,该公司所在区域执法部门根据《房地产经纪管理办法》第三十七条的规定,对该公司处以罚款。当事人套取银行贷款一案,由相关部门另行立案查处。

知识目标

通过本模块内容的学习,了解房地产市场环境的影响因素及政府对房地产市场的调控措施;掌握房地产企业的机构设置及其建立、经营与管理;掌握房地产市场的结构、类型及运行机制。

能力目标

通过本模块内容的学习,掌握房地产市场的结构特征及其运行机制。

单元一 房地产市场概述

一、房地产市场的概念

房地产市场是指房地产交易活动的总和,是买卖双方相互作用的一种机制。狭义的房地产市场是房地产商品需求者和房地产商品供给者之间交易活动的场所,如房地产交易所等。广义的房地产市场是房地产交易双方经济关系即房地产全部流通过程的总和,包括土地的出让、转让、抵押、开发,房地产的买卖、租赁、抵押、信托和融资,以及与房地产有关的开发、建筑、修缮、装饰等。

房地产市场是房地产商品交换过程的统一，是连接房地产开发、建设与房地产消费的桥梁，是实现房地产商品使用价值和价值的经济过程。它是由房地产市场的主体、客体、媒介体、价格、资金运行机制等多种要素构成的系统。各个要素之间相互联系，相互作用，从而构成一个完整的房地产市场。

房地产市场的主体是指房地产市场上的行为人，即房地产市场上的供求双方。供给方开发、建设或经营房地产的目的，是通过出售或出租而获得收益或利润；需求方则通过提供货币给供应方，而获得房地产商品。房地产市场的主体可以是政府、事业单位、房地产开发商，也可以是个人、外商、外国政府等。

房地产市场的客体，是指房地产市场交易的对象，是房地产交易存在的基本条件，如果没有房地产市场交易客体，房地产市场也就成了无源之水、无本之木了。房地产市场客体主要包括房产商品和地产商品。必要时，房地产所有者或经营使用者还设定他项权利，如地役权、租赁权、抵押权、典当权等也能进入市场流转。

二、房地产市场的结构

从宏观上说，房地产市场结构包括总量结构、区域结构、产品结构、供求结构和投资结构。要实现房地产市场总量基本平衡、结构基本合理、价格基本稳定的市场目标，保持房地产业与社会经济及相关产业协调发展，必须准确把握房地产市场上的这些主要结构关系。

（1）总量结构。从房地产市场整体出发，分析开发和销售之间的数量结构关系，考察房地产供求之间的总量差距。

（2）区域结构。分析在全国不同地区之间，房地产市场发育情况的差异和特点，考察不同区域或城市之间，房地产市场的开发规模、主要物业类型、房价水平和政策措施的差异。

（3）产品结构。从经济发展阶段出发，考察房地产市场中住宅、写字楼和商业用房等不同物业类型之间的投资比例关系，分析其产品结构布局的合理程度。

（4）供求结构。针对某一物业类型，分析其市场内部不同档次物业的供求关系；并从市场发展的实际情况出发，判别供给档次和需求水平之间是否处于错位的状态。

（5）投资结构。根据投资者参与市场的不同投资目的和投资方式，具体分析不同投资方式的适用空间，以及彼此之间的动态协调关系。

三、房地产市场的特征

（1）权益交易。由于房地产具有不可移动性，因此房地产交易流通的对象实际上是附着在每一宗具体房地产上的权益，而不仅仅是具体的建筑物。这种权益可以是所有权，也可以是部分所有权或其他权益。这种权益一般有明确的界定，因而具有排他性。这些权益或单独交易或联合在一起交易，在房地产市场上就表现为不同类型、不同性质的交易行为。房地产交易只有完成了权益转移手续才可告一段落。由于房地产市场的特殊性，加之其交易数额巨大，各国均制定相应法规来规范房地产权益交易，实现对房地产交易的管理。

（2）地域性。房地产作为不动产所具有的不可移动性，决定了在房地产市场上不存在房地产商品物质实体的转移。在房地产市场上，由于房地产商品自身的不可移动性，不同供

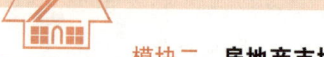

模块二　房地产市场

需圈的房地产难以互相替代，在不同的地区之间难以形成统一的市场竞争，通常只能在特定的区域内展开竞争，从而使房地产市场的竞争受到一定的限制，因而难以形成统一的市场竞争和市场价格。房地产商品只能就地开发建设，就地使用和消费。

（3）不完全竞争性。通常，一个完全竞争的市场必须具备这样一些条件：商品同质，可以互相替代；某一商品的卖主和买主人数众多，且随时自由进出市场，谁也不能单独影响价格，人们只是价格的接受者；信息充分，传播畅通。但房地产市场均不具备这些条件。由于房地产商品具有不同于一般商品的一系列特性，因此，多项因素引起房地产市场的竞争没有一般商品市场的竞争那么广泛和自由。房地产市场不是一个完全竞争的市场，而是一个垄断竞争的市场。

由于房地产商品是异质的，或者说是唯一的，因此，某一房地产的买主和卖主都不可能是众多的。一项房地产只有一个卖主，消费者欲购买或租赁这项房地产就只有面对这个卖主，没有其他选择。同样，房地产卖主的选择也是有限的。房地产往往是针对某一类型的消费者而开发的，只适应这一类型消费者的需求。在房地产市场上买主和卖主的机会都不是均等的，两者都没有充分的选择权，因此，在房地产市场上个别卖主或买主对房地产交易价格往往会起很大的作用。

（4）投机性。由于房地产开发周期比较长，因而在市场供不应求时，供给的增加需要相当长的时间。由于房地产经久耐用，决定了在市场供过于求的条件下，多余的供给需要相当长的时间才可能被市场吸收。因此在需求变动后，供给需要相当一段时间才能随之调节变动，达到新的均衡。然而，这也使得房地产成为一种很好的投机对象，能够把握市场机会的人往往采取低吸高抛的策略来牟利。

（5）滞后性。房地产市场对房地产商品的供求关系，与一般商品市场相比反应不够灵敏。房地产商品开发投资额巨大，开发周期长。当市场上出现某种房地产商品供过于求时，由于开发商可能已经投入大量资金，施工正在进行而不能就此停止，否则，将造成更大的损失。由于房地产商品使用年限长，交易双方一般都有较长时期的权利和义务。当整个社会需求下降时，房屋所有人、使用人都宁愿拥有房屋，而在相当长时期内不愿削价出售、低价出租或放弃它们，从而也就无法刺激需求，导致房地产市场对房地产商品的短期供求变化反应较为迟钝。

（6）受法律、法规和政策制约。任何市场均接受政府的管理，由于房地产经济活动对国民经济各方面以及对城市的规划建设影响很大，因此，对房地产市场的交易活动，国家也制定了具体的法律、规章和制度进行管理。另外，房地产是重要的财产，对房地产的买卖、租赁、赠予、互换、继承、抵押等，都要从法律中获得依据，在法律上做到确实保护投资者、产权人以及使用者各方的利益。总之，房地产市场经营管理活动都应符合有关法律的规定。

单元二　房地产市场细分及定位

一、房地产市场细分

从识别和把握房地产宏观市场环境的角度出发，可以按照地域范围、房地产用途、存量增量、交易形式、目标市场等标准，对房地产市场进行细分。

1. 按地域范围细分

房地产的不可移动性，表明其对地区性需求的依赖程度很大，这便决定了房地产市场是地区性市场，人们认识和把握房地产市场的状况，也多从地域概念开始，因此按地域范围对房地产市场进行划分，是房地产市场划分的主要方式。

地域所包括的范围可大可小，由于房地产市场主要集中在城市化地区，所以最常见的是按城市划分，如北京市房地产市场、上海市房地产市场等。对于比较大的城市，其城市内部各区域之间的房地产市场往往存在较大差异，因此，常常还要按照城市内的某一个具体区域划分，如上海浦东新区房地产市场、北京亚运村地区房地产市场。从把握某一更大范围房地产市场状况的角度，除按城市划分外，还可以按省或自治区所辖的地域划分，如海南省房地产市场、山东省房地产市场等。当然还可以说我国华北地区房地产市场、美国房地产市场、东南亚地区房地产市场、亚洲房地产市场、世界房地产市场等。但一般来说，市场所包括的地域范围越大，其研究的深度就越浅，研究成果对房地产投资者的实际意义也就越小。

2. 按房地产用途细分

由于不同类型房地产在投资决策、规划设计、工程建设、产品功能、面向客户的类型等方面均存在较大差异，因此需要按照房地产的用途，将其分解为若干子市场，如居住物业市场（含普通住宅、别墅、公寓市场等）、商业物业市场（写字楼、零售商场或店铺、休闲旅游设施、酒店市场等）、工业物业市场（如标准工业厂房、高新技术产业用房、研究与发展用房、工业写字楼、仓储用房等）、特殊物业市场、土地市场等。

3. 按存量增量细分

通常将房地产市场划分为三级市场：一级市场（土地使用权出让市场）、二级市场（土地转让、新建商品房租售市场）、三级市场（存量房地产交易市场）。而更加清晰的划分是按照增量存量的方式，将土地划分为一级土地市场和二级土地市场；将房屋划分为一级房屋市场（增量市场或一手房市场）和二级房屋市场（存量市场或二手房市场）。房地产增量和存量市场之间是一种互动关系，存量市场的活跃，不仅有利于存量房地产资源的有效配置，而且由于房地产市场中存在的"过滤"现象，还能促进增量市场的发展。

4. 按交易形式细分

按照《中华人民共和国城市房地产管理法》的规定，房地产交易包括房地产买卖、租赁和抵押。由于同一时期、同一地域范围内某种特定类型房地产的不同交易形式均有其明显的特殊性，因此依不同房地产交易形式对市场进行划分也就成为必然。土地的交易包括土地买卖、租赁和抵押等子市场，由于我国城市土地所有权属于国家，因此土地交易实质上是土地使用权的交易；新建成的房地产产品交易，存在着销售（含预售）、租赁（含预租）和抵押等子市场；面向存量房屋的交易，则存在着租赁、转让、抵押、保险等子市场。

5. 按目标市场细分

从市场营销的角度出发，可以将房地产市场按照市场营销过程中的目标市场来细分。通常情况下，可以将某种物业类型按其建造标准或价格水平，细分为低档、中低档、中档、中高档和高档物业市场，如甲级写字楼市场、高档住宅市场、普通住宅市场等；也可以按照目标市场的群体特征进行细分，如老年住宅市场、青年公寓市场等。

上述五种划分方法是相互独立的，不同的市场参与者通常关注不同的子市场。根据研究或投资决策的需要，可以将五种划分方式叠加在一起，得到更细的子市场。如北京市写字楼出售市场、深圳罗湖土地拍卖市场等。

二、房地产市场定位

房地产市场定位是指企业在对目标市场进行充分调查分析的基础上，针对目标市场对房地产产品属性、特征、功能的需求，塑造产品的特色形象，并把这种形象传递给目标消费者，从而吸引顾客、占领市场的过程。简单地说，市场定位就是在目标消费者心中为企业或产品选择一个企业希望占据的位置。

市场定位有利于企业优化资源配置，掌握目标市场特征，塑造企业品牌，巩固企业的竞争优势，吸引目标消费者。

房地产市场定位的关键是要突出房地产产品的特色，这些特色可以表现为房地产产品的某种属性，如房地产产品的基本属性是普通公寓还是别墅，或者户型设计上的创新点等；也可以表现为一组属性的创新或独特性，如房地产产品在建筑规划、园林规划、功能、户型、开发理念等方面都有区别于竞争者的亮点。

房地产市场定位的主要内容包括项目功能定位、项目产品定位、项目客户群定位、项目价格定位、项目规划设计定位、开发与建设方案定位、其他（如主要竞争性策略、卖点设计等）。

单元三　房地产市场的运行

房地产市场运行机制就是指构成房地产市场的各个要素之间相互联系、互为因果的联结关系及运转方式。

房地产市场运行机制与一般商品市场的运行机制是相似的，但房地产市场运行机制又具有自己的特点：由于房地产必须依附土地而存在，土地供给在总量上是有限的。因此，房地产价格的形成主要由房地产的需求决定；而土地位置上的固定性和不可移动性，使房地产开发具有一定的垄断性，这就使房地产市场的竞争受到限制，不如一般商品市场竞争充分。

一、房地产市场的运行机制

1. 供求机制

供求机制是房地产市场运行的最基本机制，是用于调节市场供给与需求之间关系的市场运行的形式和手段。供求关系的变化导致价格的涨落，反过来又刺激和抑制供给和需求。供求关系的变动与价格、竞争、货币等机制相互联系、相互制约、相互影响、相互作用，发挥各自的功能。

房地产市场供求机制与一般商品市场的供求机制相比有所不同。从短期来看，房地产

市场供求有可能出现三种状态，即供大于求、供小于求和供求平衡；但从长远来看，由于土地供给的稀缺性，加之随着人们生活水平的提高、人口的增多，人们对房地产商品的需求在不断扩大，所以总的发展趋势是供不应求。因此，房地产的供给价格和需求价格趋向平衡是很少见的，房地产需求价格决定了市场价格。

2. 价格机制

价格机制是指价格规律发挥作用的市场运行的形式和手段，房地产商品的价格是其价值的表现形式。若价格高于价值，投资者就会向房地产业增加投资或加入新的投资者，导致房地产供给增加，形成供大于求的局面。这时价格又会下跌，因而投资者也相应减少，直至供求关系重新平衡。对于消费者而言，价格过高抑制了房地产消费，因此呈现供大于求的现象，从而导致价格下跌，直至供求关系达到平衡。相反，若价格低于价值，投资者就会对房地产行业减少投资或投资者减少，导致房地产供给减少，形成供给小于需求的局面。这时价格又会上升，投资者相应增加，直至供求关系达到平衡。同时，消费者会增加房地产消费，需求增大，形成供小于求，从而导致价格上升，直至供求关系达到平衡。

3. 货币机制

货币在商品交换中起着一般等价物的作用，连接着供求双方。货币有调节房地产市场供求和影响房地产市场价格的功能。货币政策可分为扩张性和紧缩性两种。

（1）当房地产市场需求不足，房地产经济增长乏力，甚至出现负增长时，央行一般会采取扩张性货币政策，刺激有效需求的增长和投资的增加。可供选择的政策手段有增加货币发行量、降低法定储备金率、降低贴现率，在公开市场上购进政府债券等。

（2）当房地产市场需求过剩、投资过热时，为抑制需求和投资膨胀的势头，央行一般会采取紧缩性货币政策，相应的政策手段有提高法定储备金率，提高贴现率，在公开市场上抛售政府债券，以及采取道义上的劝告、控制分期付款和抵押贷款等。

值得注意的是，货币机制有其自身的局限性，其作用的大小受到各种因素的制约。如在经济繁荣时期，房地产行业发展迅猛，房地产市场十分活跃，尽管央行采取紧缩性货币政策，但此时市场上利息率偏高，商业银行仍愿意多放贷款，从而无法真正减少货币供应量。相反，在整个经济萧条期，作为国民经济"晴雨表"的房地产行业首先受到冲击，房地产市场疲软。为搞活市场，央行一般要采取扩张性的货币政策，但商业银行出于自身利益的考虑，不愿承担风险，信贷规模不能扩大，增加货币供应量的政策难以奏效。为达到预期的效果，必须考虑各种政策措施的冲击程度、政策效应的时间差、政策发生影响范围的大小、政策受到阻力的大小等因素，针对不同的经济形势，采取不同的政策措施，并对各种政策措施进行合理搭配运用。

4. 竞争机制

竞争机制是指发生在同类房地产商品的不同房地产企业之间，为争夺市场、资金、人才及先进技术等，通过价格竞争、质量竞争、服务竞争等手段，以较高的质量和低廉的价格战胜对手的形式。房地产竞争一般有两种方式，即价格竞争和非价格竞争。价格竞争是竞争的基本方式，通过价格竞争，生产者被迫不断扩大生产规模和经营规模，降低物质消耗和生产费用，力争在市场中实现自身的价值；非价格竞争是价格竞争的一种辅助手段，主要包括技术、质量、宣传、服务等形式的竞争，其主要目的是在消费者中树立良好的形象，取得消费者的信任，以扩大市场占有率，排斥其他竞争者，争夺到更多消费者。

竞争是房地产市场机制中的动力要素，没有竞争，市场的内部运动就会停滞。竞争的结果是优胜劣汰，实现资源的最优配置和生产要素的优化组合。

二、房地产市场的运行规律

房地产市场同其他市场一样，也有它自己的运行规律，房地产市场的运行规律是怎么表现的呢？

1. 房地产空间市场与资产市场

房地产属于一种耐用品，兼有消费品和投资品的双重特征。因此，房地产市场也存在空间市场和资产市场这两个层面。

（1）房地产空间市场。在房地产空间市场上，房地产为家庭和企业提供生活和生产的空间。对于家庭，空间是其消费的商品之一；对于企业，空间是生产要素之一。他们既可以通过租赁房地产，也可以通过拥有房地产来获得空间带给他们的效用，相应地需要支付租金或住房所有权成本。空间市场上的需求者是需要使用房地产空间的家庭和企业，供给则来源于房地产资产市场，即目前所存在的房地产资产的数量。

（2）房地产资产市场。在房地产资产市场上，房地产被当作一种资产被家庭和企业持有和交易，其目的是获取投资收益。

（3）房地产空间市场和资产市场之间的联系和均衡状态。房地产空间市场和资产市场是紧密联系在一起的。空间市场的供求关系决定了房地产租金的水平，该租金水平同时决定了房地产资产的收益水平，从而影响资产市场中的需求；同时，空间市场上的供给又是由资产市场决定的。

2. 房地产市场的周期循环

由于经济的发展带动或产生了对商业、居住和服务设施的空间需求，从而带来房地产市场的兴起。因此从本质上讲，房地产业的发展是由整体经济的发展决定的。

房地产周期循环是指房地产业活动或其投入与产出有相当的波动现象，且此现象重复发生。房地产周期循环的主要原因包括：供需因素的影响，其中以金融相关因素的变动最为关键；市场信息不充分，导致从供需两方面调整不均衡的时间存在时滞(Time-lag)。生产者与消费者心理因素的影响，如追涨杀跌，一窝蜂地投机或非理性预期；政策因素的影响，如容积率控制、农地征用控制；政治冲击、社会政治动荡；制度因素的影响，如预售制度的期货效应、中介与估价制度的健全程度等；生产时间落差、季节调整、总体经济形势等。

（1）房地产市场的自然周期。不论供给是短缺还是过剩，需求是超过还是少于现存的供给数量，市场机制的作用总能在市场周期运动中找到一个供需平衡点（从供给的角度来说，在这个平衡点上允许有一定数量的空置），尽管不能精确地确定平衡点的位置，但研究表明，从历史多个周期变化的资料中计算出的长期平均空置率（又称合理空置率或结构空置率），就是房地产市场自然周期中的平衡点。从供需相互作用的特性出发，房地产市场自然周期可分为四个阶段：复苏、繁荣、衰退和萧条，如图2-1所示。

（2）房地产市场的投资周期。在市场经济条件下，资本流动对房地产市场自然周期的许多外部因素有着重大的影响。因此，如果没有资本流动的影响，就不可能产生房地产市

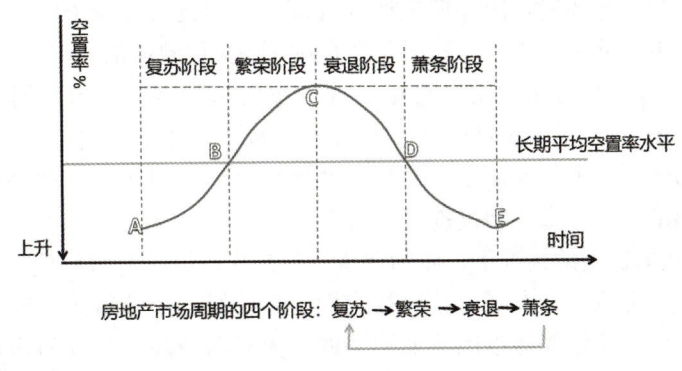

图 2-1 房地产市场周期

自然周期。

（3）房地产市场自然周期和投资周期之间的关系。房地产市场的自然周期和投资周期是相互联系和相互影响的，投资周期在第一阶段和第二阶段初期滞后于市场自然周期的变化，在其他阶段则超前于市场自然周期的变化。

单元四　房地产市场环境的影响因素

房地产开发经营活动不仅具有很强的政策导向性，还受到开发经营环境的影响。房地产开发经营环境是指房地产的投资环境，是在开发的一定区域内对房地产开发所要达到的目标产生有利或不利影响的外部因素。就房地产开发企业而言，对开发项目所处的环境是难以控制的，但可以在开发投资的前期，通过充分了解和把握环境，最大限度地降低风险，争取房地产开发活动的成功。

一、社会环境

（1）社会制度。社会制度是指待开发地域的政治制度与社会管理制度，包括经济决策的民主和科学程度、行政管理的透明程度、政府对经济事务的干预程度、行政效率及政府行政管理人员的廉洁自律程度等。

（2）社会秩序。社会秩序是待开发地域的社会政治秩序和经济生活秩序等，包括当地社会的稳定性、安全性，当地居民对本地经济发展的参与感，以及对外来经济势力的认同感等。

（3）社会信誉。社会信誉是由公共道德水准和法律双向支撑的，是维系现代社会发展的基础之一。社会信誉既包括合同履约的信誉，也包括社会承诺的信誉。开发商最关心的往往是在企业政策连续性上所表现出来在当地政府的经济政策上的信誉。

二、政治环境

（1）政治体制和政权问题。政治体制是国家政权的组织形式及其有关的管理制度。政权是指国家权力。作为开发环境，国外房地产开发商关注的是目标投资国的政治体制变革的趋向及政权更迭是否能够和平进行。我国开发企业往往关注政府的效率与廉洁性等问题。

（2）政治局势。政治局势是衡量社会稳定性的重要指标，包括国内局势与对外局势两种。国内局势的动荡一般是由政治斗争或国内重大的社会经济问题、民主问题等引发的；对外政治局势的动荡则是由外交问题、边界问题而引发的。很明显，动荡不安的政治局势必然会使社会不稳定，从而影响到投资者的信心。

（3）政策。在政局稳定的情况下，政治环境主要是指各级政府对房地产开发的支持态度和出台的相关政策。房地产开发对由政府行为而引发的影响十分敏感。因为房地产对国民经济的影响巨大，住宅又是普通市民所能购买的最大一项商品，而且与房地产开发有关的税费是政府财政收入的重要来源，所以政府对房地产开发往往都采取较大的干预力度。从事房地产开发经营必须认真研究政府的态度，预测随时可能出台的政策。

三、经济环境

（1）宏观经济环境。宏观经济环境是一个国家或一个地区的总体经济环境，包括当地的消费总额、消费结构、居民收入、存款余额、物价指数等描述社会消费水平和消费能力的指标，当地的经济政策、财政政策、消费政策、金融政策等。

（2）市场环境。市场环境是指开发项目面临的市场状况，包括市场现状及未来发展趋势，如市场吸纳量的现状及未来估计、市场供应量的现状及未来估计、市场购买力的分布状况、同类楼盘的分布及其现状、竞争对手的状况、市场价格水平及其走势等。

（3）财务环境。财务环境是开发项目面临的资金、成本、利润、税收等条件。主要包括：金融条件，如资金来源的渠道、开发项目融资的可能性及融资成本；经营条件，如开发费用、经营成本、税费负担、优惠条件、同类项目的社会平均收益水平及盈利水平。

（4）金融政策。金融政策是指为保障金融体系的稳定，实现国民经济发展目标而在金融领域内实施的政策，如对发展资本市场的规定、对民间企业的信贷支持、对货币市场的管理、利率政策、汇率政策、央行公开市场操作政策等。

四、自然环境

自然环境是指开发项目所在地域的自然和风景地理特征。由于自然地理环境是开发商无法轻易改变的客观物质环境，具有相对不变和长久稳定的特点，而房地产开发项目又具有地理位置的固定性和不可逆的特点，因而房地产开发决策十分重视对自然地理环境的研究。

五、人口环境

房地产开发经营应该分析各个城市、地区和国家的人口规模与增长率、人口的年龄结构与民族结构、教育程度、家庭结构、地区人口特征与人口迁移等人口环境因素。

一个国家或地区的总人口数量，是衡量房地产市场潜在容量和市场发展空间的重要因素。人口数量与市场规模成正比。

近年来，随着社会经济的发展、科学技术的进步以及生活条件和医疗条件的改善，一方面，人类平均寿命大大延长，死亡率下降，使得人口老龄化成为当今世界发展的必然趋势，这在很大程度上影响了房地产的供给结构；另一方面，人口在地区上的分布关系到房地产市场需求的异同。居住不同地区的人群，由于地理环境、气候条件、自然资源、风俗习惯的不同，使得房地产市场需求的内容和数量也存在差异。人口受教育程度不同，对市场也会产生一定的影响。家庭平均成员的多少，以及家庭组成状况等，对房地产市场需求的潜量和结构都有十分重要的影响。

六、法律环境

房地产开发是一种影响巨大的经济活动，容易产生纠纷，没有健全的法律环境，就不可能健康运行。房地产开发的法律环境，首先是指各种直接管理房地产的法律、法规的立法与执行情况。在我国，直接管理房地产开发的法律、法规有《中华人民共和国城市房地产管理法》和《中华人民共和国土地管理法》以及配套的行政法规。其次是相关的法律影响，这些法律对房地产行业的影响也是十分深远的。

七、人文环境

人文环境是指社会的意识形态，如风俗习惯、语言文字、宗教信仰、价值观念、文化传统、教育水准等。人文环境直接决定消费需求的形式和内容，直接影响项目的开发和经营过程。

八、基础设施环境

基础设施环境是房地产开发的"硬环境"，主要包括开发区域的交通、能源、通信、给排水情况等。属于交通环境条件的内容有与机场、码头、车站之间的距离，主要交通干线的分布，重要的公共交通工具及数量，交通的方便程度等。属于能源条件的主要内容有电力供应状况、与最近变电站的距离等。通信环境条件是指最近的通信电缆的位置、电话安装容量、有线电视的线路距离等。给水排水及排污环境条件包括当地的自来水管网分布、距离主要自来水干管的距离、排污标准及排污设施状况、管道分布状况等。

九、社会服务环境

社会服务环境是指待开发地区所提供的服务设施及服务条件，包括以金融服务、生活服务、通信服务、交通服务和信息服务为主体的软硬环境内容，还包括政府相关部门的服务效率、服务态度等。

单元五　政府对房地产市场的调控

市场经济越发展越离不开政府的宏观调控，政府宏观调控机制与市场竞争机制相结合是现代市场经济的基本特征。合理确定自己在房地产市场运行中的角色，着眼于建立市场运行规则和监督规则的执行，在政府对房地产市场实施有效管理的关键。政府管理房地市场的主要职能，应该是实施有效的宏观调控和按市场发育程度建立清晰完善的法制系统，保障房地产市场参与者的合法权益，使房地产市场的运行纳入法制的轨道，并保障房地产市场的健康发展。

一、政府关于房地产市场调控的原则

政府的政策应具有的共同特征是：公平、效率、连续、系统、协调、前瞻性和引导性，政府干预房地产市场的政策也不例外。但由于房地产特殊的位置固定性、价值巨大和使用的耐久性，政府干预房地产市场发展的政策也具有相应的特殊原则。

1. 目标的确定性

政府干预房地产市场的政策必须具有明确的目标，这些目标通常包括：
(1) 使存量房地产资源得到最有效的使用；
(2) 保证为各类生产生活需要提供适当的入住和使用空间；
(3) 引导新建项目的位置选择；
(4) 满足特殊群体的需要等。

2. 政策的连续性和协调性

政策的连续性和协调性，首先体现在新旧政策的衔接。其次，新政策还要体现与现有相关政策的衔接配套。比如住房制度的改革，涉及一系列相关的制度，如工资制度、人事制度、户籍制度等的改革。在某种程度上说，住房制度的变革牵一发而动全身。最后，还应体现多元性与系统性的同一。

3. 政策的针对性和导向性

政府除了制定宏观的调控政策外，还必须针对不同类型物业的供给、分配和消费途径，制定出具有针对性的具体政策。同时这种政策还要有明确的导向性，以帮助市场的参与者准确把握自己的行为取向。

4. 政策的公平性和效率性

公平和效率相互协调，是评价政策的重要方面，但公平和效率常常是矛盾的，如何处理好其相互关系，是政府制定政策的重点和难点。

二、房地产市场政府干预的手段

对于一个成熟的房地产市场来说，市场的自有运作非常重要，不能过分干预，这样才能保证本地及外来投资者对当地房地产市场的信心，进而保证房地产市场的稳定发展以及整个社会经济的安定繁荣。但是政府的干预也非常重要。政府宏观调控房地产市场的手段包括土地供应、金融、地价政策等。

1. 土地供应政策

没有土地供应，房地产开发和商品房建设就无从谈起。政府是土地的唯一供应者，政府的土地供应政策对房地产市场的发展与运行有决定性的影响。

土地供应政策的核心，是土地供应计划。通过土地供应计划对房地产市场进行宏观调控，要求政府必须拥有足够的土地储备和供给能力。

模块二 房地产市场

知识链接

2021年2月土地新政：国内二十多个城市将实施"两集中"供地模式。第一个集中：集中发布出让公告，原则上每年不超过三次，时间间隔要相对均衡，地块梳理要科学合理；第二个集中：集中组织出让活动，同批次公告出让的土地以挂牌文件交易的，应当确定共同的挂牌起止日期，以拍卖方式交易的，应该连续集中完成拍卖活动。

2. 金融政策

房地产行业与金融业息息相关，金融业的支持的房地产行业必不可少的条件。个人住房抵押贷款比率的调整，会明显影响居民购房支付能力，进而影响居民购房需求的数量。房地产开发贷款利率、信贷规模和发放条件的条件的调整，也会大大影响开发商的生产成本和利润水平，进而对其开发规模和商品房供给数量产生影响。发展房地产金融，通过信贷规模、利率水平、贷款方式、金融创新等金融政策调节房地产市场，是政府调控房地产市场的一个重要手段。

知识链接

2017年以来，中国人民银行探索、创新和继续深化LPR（贷款市场报价利率）改革，利率市场化是经济金融领域最核心的改革之一，也对房地产市场造成了重大影响。我国已形成较为完整的市场化利率体系，为发挥好利率对宏观经济的重要调节功能创造了有利条件。2020年8月，相关行政部门发布加强对房地产企业资金"三道红线"管控，同年12月，中国人民银行发布对银行房贷"五档分类"要求，这些不仅对房地产企业的资金产生了影响，也对个人住房贷款申请带来了变化。

3. 住房政策

住房问题不仅是经济问题，而且是社会问题。十九大报告中提出坚持"房子是用来住的，不是用来炒的"定位，要求房地产市场平稳健康发展，全面落实房地产长效机制，实现房地产市场高质量发展。

2021年国务院办公厅印发《关于加快发展保障性租赁住房的意见》后，国务院又召开"加快发展保障性租赁住房和进一步做好房地产市场调控工作"，研究部署加快发展保障性租赁住房，"十四五"期间，要把发展保障性租赁住房作为住房建设的重点任务，加强保障性租赁住房的建设和供给，减少人民日益增长的美好生活需要和不平衡不充分的发展之间的矛盾，促进实现全体人民住有所居。

限地价、竞房价、竞配建

4. 地价政策

房地产价格是政府调控房地产市场的主要对象，虽然房地产价格主要取决于市场供求关系，但是由于地价对房地产价格影响较大，城市土地优势政府垄断出让,所以政府可以通过地价对房地产市场进行调控。

知识延伸

土地拍卖规则"进化史"

2016年05月,苏州土拍首次试行"限价"规则;

2016年06月,南京土拍首次执行"熔断"政策;

2016年08月,南京土拍首次举行网络竞拍,如果网上竞价达最高限价九成时,开发商所建商品房须现房销售,超过限价后则通过"摇号"竞拍;

2016年12月,成都土拍首次执行"熔断"政策,最终土地成交率不足五成;

2017年04月,成都土拍引入"熔断＋抽签"模式,当日刷新单价地王、总价地王;

2017年4月13日,广东省广州公共资源交易网发布土地出让补充公告,将于28日进入现场竞拍的两宗住宅用地将采取新的出让方式,具体分为四步:竞买人的最高报价不超过最高限制地价的,若超过,转为竞配建拆迁安置房(最高配建面积占总建筑面积的1.66％)。当配建面积达到最高面积后,竞买方式转为竞企业自持商品住房面积的方式确定竞得人;当有两个或两个以上竞买人报出企业自持商品住房面积为100％后,停止网上竞价,改为摇号确定竞得人。

5. 税收政策

房地产税收政策是政府调控房地产市场的核心政策之一,正确运用税收杠杆不但可以理顺分配关系、保证政府土地收益,还可以通过赋税差别体现政府的税收政策和产业政策,进而对抑制市场投机,控制房地产价格,规范房地产市场交易行为等方面起到明显的作用。如2016年5月1日起,中国将全面推开营改增试点,将建筑业、房地产业、金融业、生活服务业全部纳入营改增试点,营业税退出历史舞台,增值税制度更加规范。除此以外,房产税、个人所得差额税等在国内一些城市推行至今,都对当地房地产市场产生了积极的影响。

模块小结

房地产市场是从事房产、土地的出售、租赁、买卖、抵押等交易活动的场所或领域。房地产市场结构包括总量结构、区域结构、产品结构、供求结构和投资结构。要实现房地产市场总量基本平衡、结构基本合理、价格基本稳定的市场目标,保持房地产业与社会经济及相关产业协调发展,必须准确把握房地产市场上的这些主要结构关系。房地产市场运行机制就是指构成房地产市场的各个要素之间相关联系、互为因果的联结关系及运转方式,主要包括供求机制、价格机制、货币机制和价格机制。

房地产市场运行自然周期有四个阶段:复苏、繁荣、衰退和萧条,它和投资周期相关联系。

影响房地产市场的环境因素有很多,包括:社会制度、政治环境、法律环境、经济环境、文化环境、人口环境、自然环境等。它们对房地产市场的影响方式和效果各不相同。

政府实施有效的宏观调控，常用的调控手段有土地供应政策、金融政策、住房政策、地价政策和税收政策等，对稳定房地产市场起到了积极重要的作用。

思考与练习

一、填空题

1. 一个完整的房地产市场是由_____、_____、媒介体、_____、资金运行机制等多种要素构成的系统。各个要素之间相互联系，相互作用。
2. 房地产市场运行机制主要包括主要包括_____、_____、货币机制和_____等。
3. 房地产市场定位的主要内容包括_____、_____、项目客户群定位、项目价格定位、项目规划设计定位、开发与建设方案定位等。
4. 房地产属于一种耐用品，兼有消费品和_____的双重特征。
5. 房地产市场运行自然周期有四个阶段：复苏、_____、_____和萧条。

综合实训

编制房地产市场环境分析报告

【实训目标】

通过本次实训，除了加深学生对房地产市场环境分析的理论学习和应用，也让他们对房地产市场报告有一个初步的认识，启发学生乐于思考，增强一定的逻辑分析和创新能力。

【实训要求】

1. 选择或者虚拟某区域的房地产项目。
2. 将学生按照2~3人的标准进行分组，各小组分工完成实训任务。
3. 各小组独立完成房地产市场环境分析报告的编制。

模块三 房地产开发项目可行性研究

模块导读

在对项目建设的实践活动进行分析研究的过程中，某投资人前期不肯花费少量的代价进行项目的可行性研究，而是凭想当然拍脑袋，结果决策失误，造成重大的经济损失和极坏的社会影响。

知识目标

通过本模块内容的学习，了解房地产开发项目投资估算与收入估算方法以及财务评价的步骤；熟悉房地产市场调查的原则、类型、方法；掌握可行性研究的含义、目的、特点和主要内容。

能力目标

通过本模块内容的学习，能够对拟建房地产项目进行市场调查、投资估算、财务评价，最终得出拟建房地产项目的可行性研究结论。

单元一 可行性研究概述

一、可行性研究的概念

可行性研究是指在投资决策前，对项目进行全面、综合的技术经济分析和论证，从而为项目投资决策提供可靠依据的一种科学方法。它是一种科学性、技术性很强的工作，同时，也是决定投资项目开发成败的关键。

可行性研究必须从系统总体出发，对技术、经济、财务、商业以至环境保护、法律等多个方面进行分析和论证，以确定建设项目是否可行，为正确进行投资决策提供科学依据。项目的可行性研究是对多因素、多目标系统进行不断的分析研究、评价和决策的过程，它需要有各方面知识的专业人才通力合作才能完成。可行性研究不仅应用于建设项目，还可应用于科学技术和工业发展的各个阶段和各个方面。

可行性并非最优而可行，只有在可行的基础上才能进一步做出最优决策。可行性研究工作不仅要重视微观的可行性研究，更要重视宏观的可行性研究。

二、可行性研究的特点与作用

1. 可行性研究的特点

（1）先行性。可行性研究是在投资项目建设前所做的研究、分析和论证工作，而在进行该项工作时投资项目尚未确定、尚未实施，只有在进行了可行性研究并得到结论之后，才能确定是否要投资建设。

（2）预测性。可行性研究是在投资项目尚未确定、尚未实施时进行的，此时的研究工作只能针对未来事物作出分析论证，而分析论证所用资料数据通常采用预测的方式得到，因此，应尽可能地减少预测误差，提高预测的准确程度，并客观地对待预测的结果。

（3）决策性。由于未来事物尚未发生，本身就存在不确定性，所以在投资之前必须严肃、认真、谨慎地进行可行性研究，才能为投资决策提供科学可靠的依据。

（4）不定性。可行性研究的结论会出现两种结果，即可行或不可行。如果得到可行的结论，就为投资项目的决策提供了依据；如果得到不可行的结论，就可避免投资决策失误和不必要的浪费。所以，无论得到可行还是不可行的结论，都是有意义的。

2. 可行性研究的作用

（1）可行性研究是项目投资决策的依据。通过可行性研究，可以预见拟开发项目在技术经济上是否可行、有无销路和竞争力、有多大的利润空间及投资效果如何，从而得出是否应该投资建设的结论。

（2）可行性研究是筹集建设资金的依据。银行等金融机构都将可行性研究报告作为建设项目申请贷款的先决条件，对可行性研究报告进行全面、细致的分析评估，在评价其真实性、可靠性和精确性之后，才能确定是否放贷。

（3）可行性研究是项目立项、用地审批的条件。房地产开发投资是一项重要的固定资产投资活动，项目开发者在向计划部门申请立项时，计划部门要根据所提交的可行性研究报告来判断项目是否符合国家房地产产业政策、固定资产投资计划特别是房地产年度投资计划的要求，从而决定项目是否可以立项。同时，开发商在申请取得开发用地时，也要向土地、规划等行政主管部门提交可行性研究报告，行政主管部门据此审查项目的位置、用途、初步规划设计方案是否符合土地利用总体规划、城市规划、年度用地计划，再决定是否批准开发商的用地申请，并安排用地。

（4）可行性研究是开发商与有关部门签订协议、合同的依据。房地产开发涉及面广，需要众多部门的协助与配合。依据可行性研究报告所提供的资料，建设单位可与有关部门、单位进行商谈，签订协议或合同。

（5）可行性研究是编制下一阶段规划设计方案的依据。在可行性研究报告中，对拟建项目进行了分析和论证，并确定了规划设计原则，推荐了建设方案。可行性研究报告批准后，详细规划设计工作就可据此进行。

三、可行性研究的工作程序

房地产开发项目的可行性研究从开始委托到最后提交成果文件，整个过程一般都按照以下的程序开展：

（1）接受委托与建立研究组织。通常，进行房地产项目可行性研究都是专业咨询机构接受开发商的委托，明确可行性研究的目标和研究费用，并成立专门的研究组织。

（2）收集资料，进行市场调查。在本阶段，要对房地产项目的地理区位、周边环境、开发条件、市场环境以及项目开发的前景等进行调查分析，并估算和预测开发项目的基础成本数据和预计租售价格。

（3）设计研究项目投资方案。对项目投资与规划方案提出构想，并对方案进行财务评价、国民经济评价、社会效益评价。在此基础上，对不同方案进行比较与选择，制订相应的工程建设全过程的实施计划。

（4）编制可行性研究报告并提交。可行性研究报告编制中，应当本着客观公正的原则，坚持实事求是的态度，对项目进行全面的分析和论证。

四、可行性研究的主要内容

对于房地产开发项目而言，由于项目的特点，可行性研究以及阅读者所关注的问题不同，研究内容也会有所不同。但是一般的房地产开发项目可行性研究都应包括以下几个方面的主要内容：

（1）项目概况。房地产项目概况具体包括项目名称、承办单位概况、项目的地理位置、项目所在地周围的环境状况、项目性质及特点、项目开发建设的社会经济意义、项目主要建设条件、可行性研究工作的目的、依据和范围。

（2）开发项目现状调查。开发项目现状调查是房地产可行性研究工作的重要环节之一，是获得项目一手资料的重要来源，需要调查者进行实地调查获得。其主要包括项目所在地的用地性质、四至范围、权属状态调查，地形地貌、地质、气象等自然条件调查，项目用地现状调查，项目用地市政基础设施状况调查等内容。

（3）市场分析和建设规模的确定。主要包括市场供给现状分析及预测、市场需求现状分析及预测、市场交易的数量与价格、分析服务对象、制订租售计划、拟建项目建设规模的确定。

（4）开发项目方案设计与选择。主要包括各种市政设施的布置及走向、建筑设计方案（包括占地面积、建筑面积、层高、层数、房间数量及布置等）及平面布置等。

(5)资源供给状况。主要包括建筑材料的需要量、采购方式和供应计划，施工力量的组织计划，项目施工期间的动力、水等的供应，项目建成投入生产或使用后水、电、热力、煤气、交通、通信等供应条件。

(6)开发项目的组织机构。主要包括开发项目的机构设置、人员配备等。

(7)开发项目建设实施计划。主要包括开发前期工作计划、建设施工工作计划、环境保护工作计划及选择施工队伍等。

(8)项目投入费用、收入估算及资金筹措状况。主要包括项目总投资、开发成本、销售与经营成本的估算，项目销售收入、租金收入及其他营业收入的估算等。

(9)项目经济及社会效益分析。主要包括项目总投资估算、项目投资来源、筹措方式的确定，开发成本估算，销售成本、经营成本估算，销售收入、租金收入、经营收入和其他营业收入估算，财务评价，国民经济评价，风险分析，项目环境效益、社会效益及综合效益评价。

(10)研究结论与建议。通过从技术、经济、财务等方面进行分析论证和评价，对开发项目方案进行总结，得到是否可行的结论。如果可行，要推荐最佳方案，并提出存在的问题及建议。

五、可行性研究报告的编制

1. 可行性研究报告的编制依据

(1)国家和地方的经济和社会发展规划、行业部门发展规划。
(2)批准的项目建议书或同等效力的文件。
(3)国家批准的城市总体规划、详细规划、交通等市政基础设施规划等。
(4)自然、地理、气象、水文地质、经济、社会等基础资料。
(5)有关建设方面的标准、规范、定额、指标、要求等资料。
(6)国家所规定的经济参数和指标。
(7)开发项目备选方案的土地利用条件、规划设计条件以及备选规划设计方案等。
(8)其他有关依据资料。

2. 可行性研究报告的编制要求

可行性研究报告的编制要求如下：
(1)可行性研究报告编制依据可靠，结构内容完整。
(2)可行性研究报告表述形式尽可能数字化、图表化。
(3)可行性研究报告文本格式规范，附图、附表、附件齐全。
(4)可行性研究报告深度能满足投资决策和编制项目初步设计的需要。

3. 可行性研究报告的编制单位

可行性研究报告作为房地产投资项目可行性研究结果的体现，是申请立项、贷款、与有关各部门签订协议和合同以及申请有关建设许可文件的必备资料。有相应技术能力的话，可行性研究报告可以由开发商自行编制，作为企业内部投资决策之用，但是不适用于向金融机构申请贷款的情况。通常情况下，可行性研究报告由开发商委托具有相应资质的工程咨询机构来编制完成。

模块三 房地产开发项目可行性研究

知识延伸

可行性研究与项目建议书的区别。

可行性研究与项目建议书的区别

单元二 房地产市场调查

一、房地产市场调查的概念与作用

1. 房地产市场调查的概念

房地产市场调查是指以房地产为特定对象，对相关市场信息进行系统的收集、整理、记录和分析，对房地产市场进行研究和预测，并最终为房地产投资项目提供决策服务的一种活动。

房地产市场调查有广义和狭义之分。广义的市场调查则将市场理解为商品交换关系的总和，即一个由各种市场要素构成的、有结构的体系，也就是市场调查不再只局限于消费者的购买行为，而是将其调查范围扩大到了房地产营销的每一个阶段；狭义的市场调查是指将市场理解为房地产产品消费对象，针对消费者购买行为所做的调查，即对消费者及其行为的研究。

2. 房地产市场调查的作用

市场调查不但是房地产企业整体活动的起点，而且还贯穿于企业整体营销活动的全过程。市场调查的作用具体表现在以下几个方面：

（1）有助于确定正确的投资方向。通过市场调查可以了解到房地产市场的现状及其未来变动趋势以及市场的需求、资源供求情况、竞争对手活动状况，从而确定企业今后的经营方向，于错综复杂的房地产市场状况中寻找企业生存和发展的立足点。

（2）有助于适时进行产品更新换代。房地产产品也有着特定的市场生命周期。市场调查可以帮助经营者随时掌握本企业产品处在市场生命周期的哪一阶段，从而制定出正确的产品策略。

（3）有助于制订科学的营销和开发计划。市场调查可以使项目投资者准确把握市场供求状况，据此制订出产品营销计划。然后，按照营销计划，确定出年度、季度以及月度开发计划。在此基础上，又可制订出科学的资金、资源计划，提高房地产开发活动的效率。

（4）有助于投资者实施正确的价格策略。房地产产品价格不仅取决于市场需求状况，而且受土地价格、建筑成本以及竞争状况等多种因素的影响。市场调查可以帮助项目投资者依据消费需求及承受能力，考虑成本及竞争情况，制定合理、可行的市场价格，从而确保销售成功。

（5）有助于企业改善经营管理、提高经济效益。不少房地产企业经营不善的症结就在于对市场的背离与隔膜或盲目经营。重视市场调查，才能按市场需求，改善企业经营管理，促进经营效益的提高。

二、房地产市场调查的原则

市场调查是一项复杂而细致的工作过程。无论市场调查规模的大与小，内容的多与少，都应遵循准确性、时效性、全面性、针对性以及创造性原则。

1. 准确性原则

调查资料必须真实地、准确地反映客观实际。只有在准确的市场调研资料的基础上尊重客观事实，实事求是地进行分析，才能瞄准市场，把握市场，作出正确的决策。

2. 时效性原则

由于只有最新的调查资料才能反映市场的现实状况，并成为企业制定市场经营策略的客观依据。所以，最新的调查资料才是一份好的资料。在市场调研工作开始进行之后，要充分利用有限的时间搜集更多的所需资料和信息，避免调查工作的拖延。因此，市场调研应该顺应瞬息万变的市场形势，及时反馈信息，以满足各方面的需要。

3. 全面性原则

全面性原则是指根据调查目的，全面系统地收集有关市场经济信息资料。市场环境的影响因素很多，既有人的因素，也有经济因素、社会因素、政治因素等，甚至有时国际大气候对市场环境也有较大影响。房地产开发不可能离开一个城市的社会、经济发展，因此，一个完整的、全面的市场调查应包括宏观的背景情况，如社会政治经济环境、自然环境、区域因素以及整个市场的物业开发量、需求量、总体价格水平、空置率等内容，还应包括对消费者的调查、对竞争对手与竞争楼盘的调查等内容。

4. 针对性原则

对于特定项目的市场调研，还应遵循针对性原则。市场调查的目的，就是要准确把握不同客户群体之间方方面面显著或是细微的差别，最终抓住目标客户群，这也是物业销售成功的关键之一。

5. 创造性原则

市场调研是一个动态的过程。虽然有科学的、程序化的步骤，但任何环节都需要创意的帮助，市场调研的创造性思维应贯穿于整个调研设计和实施过程中。有创意的调研人员，总是能十分敏锐地捕捉并深入挖掘那些有价值的信息。

调研的创造性实际上是市场调研最有价值的特性，是调研人员营销知识、调研技术、思维能力的综合体现，当然也是有效市场调研最有力的保障。有创意的调研总是来自调研人员对市场的把握、对营销的理解，以及对调研技法的精通。

三、房地产市场调查的类型

房地产市场调查可分为不同的类型，表现出不同的特征。

1. 按调查目标分类

市场调查是为了解决各类问题而进行的，根据不同的市场调研目标，可将其分为以下几类：

(1)产品调查。产品是连接企业与消费者的纽带。企业在设计产品时，要根据消费者的需求来确定。既要将消费者的内在物质需求反映到产品的使用功能上来，又要注意用包装和品牌形象来满足消费者的心理需要。

(2)广告调查。房地产属于不动产，难以将产品实体带到集中设置的市场展示或沿街兜售，因此广告就起着极其重要的促销作用。广告调查包括三部分：一是消费者行为的调查；二是广告制作方面的调查；三是广告媒体的调查。媒体的调查可以使企业选择更有效的通向目标顾客群体的传播途径，并对其效果进行测定，减少浪费。

(3)销售调查。销售调查以提高销售效率为目的，企业应对销售记录进行分析研究。通过销售分析与控制研究，可以建立有效的销售方案和销售组织，降低销售成本，增加利润。

2. 按市场调查范围分类

(1)专题性市场调查。专题性市场调查是指市场调研主体为解决某个具体问题而进行的对市场中的某个方面进行的调查。这种市场调查具有组织实施灵活方便、所需人力物力有限、对调查人员的要求相对较低的优点。但是，它也存在提供的信息具有某种局限性的不足，市场调研主体无法仅凭此对市场作全面了解。

(2)综合性市场调查。综合性市场调查是指市场调查主体为全面了解市场的状况而对市场的各个方面进行的全面调查。由于这种市场调查涉及面广，组织实施比较困难，不但需要投入相当多的人力、物力，费时费钱，而且对调查人员的要求也相对较高。一般而言，这种市场调查在实践中比较少见，只有在必要时才组织实施。

3. 按市场调查功能分类

(1)探测性调查。探测性调查又称非正式调查。当企业需要研究的问题和范围不明确，无法确定应该调查哪些内容时，可以采用探测性调查来找出症结所在，然后再作进一步研究，以明确调查对象、确定调查重点、选择调查方法、寻找调查时机。

探测性调查只是收集一些有关资料，以确定问题所在，至于问题应该如何解决，则有待于进一步的调查研究。

(2)因果性调查。因果性调查是对导致研究对象存在或变化的内在原因和外部因素的相互联系和制约关系作出说明，并对诸因素之间因果关系、主从关系、自变量与因变量的关系进行定量与定性的分析，指出调查对象产生的原因及其形成的结果。

(3)描述性调查。描述性调查是指对确定调查的问题通过收集资料并经甄别、审核、记录、整理、汇总，作更深入、更全面的分析，确认问题真相，并对问题的性质、形式、存在、变化等具体情况作出现象性的描述，并不涉及事物的本质及影响事物发展变化的内在原因。

四、房地产市场调查的方法

房地产市场调查方法是指市场调查人员在实地调查中收集各种信息资料所采用的具体方法。根据《房地产开发项目经济评价方法》的规定，市场调查的方法主要包括普查法、抽样调查法、直接调查法和间接调查法四种。

1. 普查法

普查又称全面调查，是指对对象总体所包含的全部单位都进行的调查。对房地产市场在售项目的户型结构、面积进行全面普查，可获得全面的数据，正确反映客观实际，效果明显。如果对一个城市的人口、年龄、人口结构、职业、收入分配情况进行系统调查了解，对房地产开发将是十分有利的。但是，当调查的对象繁多而调查的问题较为复杂时，往往需要动用较多的人力和物力，调查周期也较长。所以，在房地产开发经营中，只有对特定的、有限的对象或者较简单的问题，才考虑采用普查法。当然，有些资料可以借调国家权威机关的普查结果。

2. 抽样调查法

抽样调查法是指从调查对象的总体中，抽取有代表性的若干样本进行调查，并据以从数量上推断总体的专门调查方法。这是房地产市场调查中广泛采用的一种方法。

3. 直接调查法

直接调查法是市场调查的一种基本方法，指的是调查人员与被调查者正面接触，向被调查者直接询问的调查方法，有时也称询问调查法。询问调查法按其内容及传递方式不同，又可分为以下几种具体方法：

（1）访谈调查法。访谈调查是调查者面对面地向被调查者询问有关问题，应答者的回答可以当场记录。调查方式可以采用请进来、走出去（实地调查）、召开座谈会的形式进行一次或多次调查。

（2）电话调查法。电话调查法是市场调查人员根据抽样的要求，在样本要求范围内或针对某些重点调查对象，借助电话来了解被调查者意见以收集资料的一种方法。

（3）邮函调查法。邮函调查又称通信调查，此法是将预先设计好的调查问卷寄给被调查者，或借助网络以电子邮件传递给被调查者，由被调查者按表中要求填写后寄回。

（4）留置问卷调查法。留置问卷调查法是访谈法与邮寄法的结合，调查者将设计好的问卷交给被调查者，并说明填写要求，当填好后，再由调查人员定期收回。

4. 间接调查法

间接调查法是指调查人员不与被调查者正面接触，而是通过间接方式对要了解的问题进行调查的方法。其主要包括以下两种：

（1）观察法。观察法是由调查人员亲赴现场，通过直接观察或设备测定来搜集资料的方法。由于调查人员只是在调查现场，从旁边观察被调查者的行为或是利用照相机、录像机、监视器等测录仪器来记录被调查者的行为，并不向被调查者提问，因此，被调查者并没有感受到调查正在进行，从而使得调查结果具有较高的真实性。利用机器设备作为调查工具可避免人为的失误。

（2）实验法。实验法是指将调查范围缩小到一个比较小的规模上，进行实验后取出一定结果，然后再推断出样本总体可能的结果。

实验法是从科学领域中引入的，它的优点是可以获得较为正确的信息，所以客观上讲，实验调查法要比访问调查法先进。但由于房地产产品以及房地产市场的特性，使用实验法在技术上有很多困难，因此，无法广泛应用。

上述介绍的调查方法，具体到房地产项目的不同阶段会有很强的选择性。

通常，在房地产项目的定位阶段，直接调查法中常用的形式是实地调查法和座谈会法；在房地产项目的市场推广阶段，常用的方法是实地调查法、座谈会法和二手资料调查法；在房地产项目的销售阶段，常用的方法是实地调查法、座谈会法和成交客户问卷调查法；而在房地产三级市场上，常用的方法是实地调查法和二手资料共享调查法。

总之，房地产市场调查涵盖了对供应方、需求方以及各种政治、经济、人文环境的内容，因此，市场调查应综合运用多种调查方法，并通过一定的市场调查程序得以实现。

五、房地产市场调查的内容

房地产市场调查也是一个综合分析的过程。一般来说，房地产市场调查的内容主要包括房地产市场环境调查、房地产市场需求调查、房地产市场供给调查和房地产营销环境调查四个方面。

1. 房地产市场环境调查

房地产市场环境调查可分为宏观环境调查、区域环境调查和微观环境调查三个层面。但在房地产市场环境调查中，由于研究者的经验以及项目具体情况不同，每一次的调查工作不一定从这三个层面按顺序展开。

(1) 宏观环境调查。房地产市场调查最重要的任务，就是要摸清企业当前所处的宏观环境，为科学决策提供宏观依据。房地产市场宏观环境主要包括以下几项：

1) 经济环境。经济环境包括国民经济生产总值、国民收入总值以及发展速度、物价水平、CPI 数据、通货膨胀率、金融市场环境、进出口税率及股市波动情况，城乡居民家庭收入、个人收入水平，通信及交通运输、能源与原材料供应、技术协作条件等。

一般来说，经济环境对房地产项目的市场营销有直接影响。经济发展速度快，人民收入水平高，购买力增强，市场需求增大；反之则小。如果一个国家或地区的基础设施完善，投资环境良好，则有利于吸引投资，发展经济，促进房地产市场的发展。

2) 政策环境。政策环境包括与房地产市场有关的财政政策、货币政策、产业政策、土地政策、住房政策、户籍政策等。政治法律环境的调查也是非常必要的，可以帮助开发商充分了解宏观政策环境，从而为项目开发提供政策和法律的保障。

3) 人口环境。人口是构成市场的主要因素之一。通常，人口越多，收入越高，市场需求量就越大。人口环境调查的内容包括人口的总量、年龄结构、家庭结构、知识结构及人口的迁移特征等。通过对这些因素的判断分析，开发商能够做好开发方向的战略性选择。

另外，宏观环境还包括文化环境、作业环境、技术环境及对外开放程度等。

(2) 区域环境调查。区域环境调查是指对项目所在区域的城市规划、景观、交通、人口构成、就业中心、商圈等区位条件进行分析，对项目地块所具有的区位价值进行判断。它主要包括结合项目所在城市的总体规划，分析项目的区域规划、功能定位、开发现状及未来定位，进行区域的交通条件研究，对影响区域发展的其他因素和条件进行研究等内容。

(3) 微观环境调查。微观环境调查又称为项目开发条件分析，其目的是分析项目自身的开发条件及发展状况，对项目自身价值提升的可能性与途径进行分析，同时为以后的市场定位作准备。微观环境调查具体包括以下几项：

1)对用地现状及开发条件进行分析。用地现状调查主要对项目的地形地貌、地质条件、地上附着物等情况进行现场勘察和分析。

2)对项目所在地周围环境调查与分析。房地产位置的固定性决定了周边环境对项目开发具有重要的影响作用。周边环境主要是指地块周围的物质和非物质的环境与配套情况,包括水、电、气、道路等市政基础设施情况,项目的对外联系程度、交通组织等因素的调查,周边的公园、学校、医院、邮局、银行、超市、体育场馆、集贸市场等生活配套情况,以及空气质量、自然景观等生态环境状况,还包括由人口数量和素质所折射出来的人文环境等。

3)对竞争楼盘调查与分析。在区域环境层面调查中,对区域内的竞争性楼盘有了一个初步的、概括性的认识后,进入项目微观环境调查层面,就应当对竞争性楼盘进行重点调研。

2. 房地产市场需求调查

房地产市场需求调查包括市场需求容量调查和消费者调查。

(1)市场需求容量调查。房地产市场需求容量是指对房地产产品有购买欲望且具有购买能力的市场需求总量。房地产市场需求容量调查主要包括:项目所在城市人口总量、家庭数量及家庭结构;有购房需求的人口数量和整体特征;居民对各类房地产商品的需求总量;居民的消费结构;居民的收入水平、储蓄余额和支付能力;影响房地产市场需求的因素。

市场需求由购买者、购买欲望、购买能力组成,三者共同构成了实质性需求,为使产品适销对路,开发商必须事先了解消费者特征、购买动机和购买行为特征。

(2)消费者调查。一般而言,研究买家时需要回答以下七个问题(6W+H):哪些人是买家(Who);买家要买什么样的房(What);买家为什么要买这些房子(Why);谁参与买家的购买行为(Whom);买家什么时候买房(When);买家在哪里买房(Where);买家以什么样的方式买房(How)。总之,消费者的调查包括消费者的个人特征、购买动机以及购买力水平三个方面。

在未确定目标消费者之前,可通过二手资料的收集对房地产市场的消费者做一个普遍、粗略的了解;在确定了目标消费者之后,则主要是通过问卷调查的形式就想要了解的问题对目标调查对象进行访问。目标消费者的确定可参照同类物业的已成交客户进行划分。必要的时候,甚至还可针对核心购买者再进行一次调查,如此反复,直至得到较为准确可靠的结论。

3. 房地产市场供给调查

房地产市场供给调查包括房地产市场供给总体调查、竞争楼盘调查和竞争对手调查。

(1)房地产市场供给总体调查。对整个地区房地产市场供给情况的总体调查主要包括房地产市场产品的供给结构、供给总量、供给变化趋势、供给的充足程度、房地产产品价格现状、本地以及外埠房地产企业的生产与经营等方面的调查等。

(2)竞争楼盘调查。竞争楼盘有两种:一种是与所在项目处于同一区域的楼盘;另一种是在不同区域但市场定位相似的楼盘。竞争楼盘调查包括产品、价格、广告、销售推广和物业管理等方面的内容,见表3-1。

表 3-1　竞争楼盘调查的内容

项　目	调　查　内　容
产　品	（1）区位。区位调查主要包括地点位置、交通条件、区域特征、发展规划及周边环境等。 （2）产品特征。主要包括建筑参数、面积户型、装修标准、配套设施、绿化率。 （3）公司组成。一个楼盘主要的营运公司包括开发商、设计单位、承建商和物业管理公司这四家，它们分别负责项目的投资建设、建筑设计、工程建造和物业管理服务。这四家公司的雄厚实力和有效联合是楼盘成功的保证，而其中开发商的实力是最为关键的因素。 （4）交房时间。对期房楼盘而言，交房日期是影响购房人购买决策的重要因素
价　格	（1）单价。单价是楼盘各种因素的综合反映，可以从起价、均价、主力户型单价、成交价等指标判断一个楼盘的价值。其中，主力户型单价是指占总销售面积比例最高的房屋的标定单价，是判断楼盘客户定位的重要依据。 （2）总价。单价反映的是楼盘品质的高低，而总价反映的是目标客户群的选择结果。通过对楼盘总价的调研，能够正确掌握产品定位和目标市场。 （3）付款方式。通过付款方式的设计也可以达到价格调整和促销的目的，可以缓解购房人的付款压力，扩大目标客户群的范围，提高销售率。常见的付款方式主要有一次性付款、分期付款、按照约定时间付款、利用商业贷款或公积金贷款等
广　告	（1）售楼部。售楼部指实际进行楼盘促销的主要场所，其地点选择、装修设计、形象展示是整个广告策略的体现。 （2）广告媒体。广告媒体是指一个楼盘选择的主要报刊和户外媒体，是其楼盘信息的主要载体。在实际工作中，选择的媒体应与产品的特性相吻合。 （3）广告投入强度。从报纸广告的刊登次数和篇幅及户外媒体的块数和大小，就可以判断出一个楼盘的广告强度，它体现了该楼盘所处的营销阶段。 （4）广告的诉求点。诉求点也就是物业的卖点，它反映了开发商想向购房人传达的信息，是产品竞争优势的展示，也是目标客户群所关心的问题
销售推广	（1）销售率。销售率是一个最基本的指标，它反映了一个楼盘被市场接纳的程度。 （2）销售次序。销售次序是指不同房屋成交的先后次序。可以按照总价成交的顺序，也可以按户型或面积成交的次序来排列。可从中分析出不同价位、不同面积、不同户型的单元被市场接纳的程度，它反映了市场需求结构和强度。 （3）客户群分析。通过对竞争楼盘客户群的职业、年龄、家庭结构、收入的调查和分析，可以反映出购房人的信息，从中分析其购买动机，从而找出本楼盘影响客户购买行为的因素，以及各因素影响力的大小
物业管理	物业管理调查包括物业管理的内容、管理情况、物业管理费以及物业管理公司的背景、实力以及所操作过的项目等

对于竞争楼盘的调查，应特别注意保证楼盘基本数据的准确性，还应对竞争楼盘进行综合对比分析，竞争楼盘调查表，见表3-2。

表 3-2　竞争楼盘调查表

项目名称			项目地址	
开发商/投资商	开发商名称		联系电话	
	投资商名称			
建筑及景观设计机构			策划代理机构	
项目占地面积/亩		绿化率/%	均价	
建筑面积/m²		容积率	最高价	
规划用途		规划幢数	车位数量价格	
土地年限		公摊率	朝向差	
规划户数		销售率	层差	
建筑结构		交付日期	商铺价格/(元·m⁻²)	
工程进度		物业管理费	付款方式及优惠：	
户型区间/m²				
主力户型	主力户型 1		开盘日期	
	主力户型 2		入住日期	
楼盘特点：				

（3）竞争对手调查。有市场的地方，就存在着竞争，在房地产市场研究中，对竞争对手的调查主要包括以下几个方面：

1）专业化程度。专业化程度是指竞争对手将其力量集中于某一产品、目标顾客群或所服务的区域的程度。

2）品牌知名度。品牌知名度是指竞争对手主要依靠品牌知名度而不是价格或其他标准进行竞争的程度。目前，房地产企业已经越来越重视品牌知名度。

3）推动度或拉动度。推动度或拉动度是指竞争对手在销售楼盘时，是寻求直接在最终用户中建立品牌知名度来拉动销售，还是支持分销渠道来推动销售的程度。

4）开发经营方式。开发经营方式是指竞争对手对所开发的楼盘是出售、出租还是自行经营，如果出售，是自己销售还是通过代理商销售等。

5）楼盘质量。楼盘质量是指竞争对手所开发楼盘的质量，包括设计、户型、材料、耐用性、安全性能等各项外在质量与内在质量标准。

6）纵向整合度。纵向整合度是指竞争对手采取向前（贴近消费者）或向后（贴近供应商）进行整合所能产生的增值效果的程度。

7）成本状况。成本状况是指竞争对手的成本结构是否合理，企业开发的楼盘是否具有成本优势等。

8）价格策略。价格策略是指竞争对手的商品房在市场中的相对价格状况。价格因数与其他变量关系密切，它是一个必须认真对待的战略性变量。

9）竞争对手历年来的项目开发情况。

10）竞争对手的土地储备情况以及未来的开发方向及开发动态等。

4. 房地产市场营销环境调查

（1）广告环境调查。广告是房地产商品市场销售的一种重要手段，房地产广告环境调查主要包括广告表现形式调查和广告代理商调查。

（2）营销中介机构调查。房地产营销中介机构是指协助房地产企业将产品销售给最终购买者的中介机构。

（3）营销媒体调查。房地产营销媒体是指报纸、杂志、广播电台、电视台和网站等刊登或播放房地产新闻、专栏的媒体机构。对当地房地产营销媒体调查有助于正确选择该地区最有影响力的媒体，做好市场推广，从而提高营销的效果。

单元三　房地产开发项目投资估算与收入估算

一、房地产开发项目投资估算

一个房地产开发项目从可行性研究到竣工投入使用，都需要投入大量资金，在项目的前期阶段，必须对项目投资进行准确的估算，以便对项目进行经济效益评价并作出投资决策。投资估算的范围包括土地费用、前期工程费、房屋开发费、管理费用、销售费用、财务费用、不可预见费、有关税费及其他费用等项目的全部成本和费用投入等内容。各项成本费用的构成复杂、变化因素多、不确定性大，尤其是由于不同建设项目类型的特点不同，其成本费用构成存在较大的差异。

1. 土地费用估算

土地费用是指为取得项目用地使用权而发生的费用。由于目前存在着有偿出让、转让、行政划拨、合作用地四种获取土地使用权的方式，因此对土地费用的估算要就实际情况而定。

（1）出让用地的土地费用。出让用地的土地费用主要包括向政府缴付的土地使用权出让金和根据土地原有开发状况需要支付的拆迁安置补偿费、城市基础设施建设费或征地费等。以出让方式获得城市土地使用权时，土地出让价款由土地使用权出让金和城市基础设施建设费构成，出让土地方式下开发商需要进行后续的房屋拆迁安置补偿工作，并支付相关费用。

（2）转让用地的土地费用。目前，通过土地转让来获得房地产开发用地的方式较为常见，土地转让费是指土地受让方向土地转让方支付土地使用权的转让费。通过转让形式取得的土地费用，主要采用市场价格，实践中常常采用市场比较法、假设开发法、收益法等方法进行土地估价。

（3）行政划拨用地的土地费用。通过划拨形式取得的土地费用，不包含土地使用权出让金，但是土地使用者需缴纳土地征收、拆迁补偿安置等费用以及视开发程度而定的土地开发成本等。其主要形式又可分为"生地"和"熟地"划拨。

（4）合作用地的土地费用。这种方式主要通过土地作价入股来合作开发，其土地费用估算也主要参考市场价格，需要对土地价格进行评估。通过对土地合作开发，可以有效地解决资金不足、降低投资风险等问题。

2. 前期工程费估算

前期工程费主要包括可行性研究、项目策划、规划设计、水文地质勘查以及"三通一平"或"七通一平"等土地开发工程费用。项目的可行性研究、规划设计所需的费用支出一般可按项目总投资的一个百分比估算。"三通一平"等土地开发费用，主要包括地上原有建筑物拆除费用、场地平整费用和通水、通电、修道路的费用。这些费用的估算可根据实际工作量参照有关计费标准估算。

3. 房屋开发费估算

房屋开发费包括建安工程费、基础设施建设费和公共配套设施建设费等。

（1）建安工程费。建安工程费是指用于工程建设的总成本费用，主要包括建筑工程费（结构、建筑、特殊装修工程费）、设备及安装工程费（给水排水、电气照明及设备安装、空调通风、弱电设备及安装、电梯及其安装、其他设备及安装等）和室内装饰家具费等。在可行性研究阶段，建筑安装工程费用估算可以采用单元估算法、单位指标估算法、工程量近似匡算法、概算指标估算法、概预算定额法，也可以根据类似工程经验进行估算。具体估算方法的选择应视基础资料的可取性和费用支出的情况而定。

（2）基础设施建设费。基础设施建设费是指建筑物 2 m 以外和项目红线范围内的各种管线、道路工程。其费用包括自来水、雨水、污水、煤气、热力、供电、电信、道路、绿化、环卫、室外照明等设施的建设费用，以及各项设施与市政设施干线、干管、干道等的接口费用。一般按实际工程量估算。

1）供水、排水、排污、燃气、热力等基础设施管线的工程建设费用。可按估算工程量参照有关计价指标或结合类似工程经验进行估算。

2）上述设施与市政管网的接口费用。市政接口费用一般要根据项目自身规模所需要的负荷以及项目所在地的具体情况，与当地供水、供热、燃气等部门进行专门的协商。

3）道路、绿化、供电、路灯、围墙、环卫、安防等设施的工程建设费用，上述费用一般可按估算工程量参照有关计价指标或结合类似工程经验进行估算。

4）基础设施建设费中应当考虑项目建成后是否需要开闭所、换热站等投资，其与项目规模、负荷、周边相关设施情况等有关，可参考有关计价指标或结合类似工程经验进行估算。

（3）公共配套设施建设费。公共配套设施建设费是指居住小区内为居民服务配套建设的各种非营利性的公共配套设施（又称公建设施）的建设费用，主要包括居委会、派出所、幼儿园、公共厕所、停车场等，可根据估算工程量参照有关计价指标进行估算，或按规划指标根据类似工程经验进行估算。

4. 管理费用估算

管理费用是指房地产开发企业的管理部门为组织和管理房地产项目的开发经营活动而发生的各项费用，主要包括公司经费、工会经费、职工教育培训经费、劳动保险费、待业保险费、董事会费、咨询费、审计费、诉讼费、排污费、房产税、土地使用税、开办费摊销、业务招待费、坏账损失、报废损失及其他管理费用。管理费用一般按照项目投资的一个百分比进行估算，也会因项目类型和特点不同而不同。调研统计数据表明，单独项目开发的管理费用基本维持在2%～4%。如果一个房地产开发企业同时开发几个房地产项目，管理费用应在各个项目间合理分摊。

5. 销售费用估算

销售费用是指开发建设项目在销售其产品过程中发生的各项费用以及专设销售机构或委托销售代理的各项费用。其包括销售人员工资、奖金、福利费、差旅费，销售机构的折旧费、修理费、物料消耗费、广告宣传费、代理费、销售服务费及销售许可证申领费等。

在开发项目的销售费用估算中，应当特别关注广告宣传费、销售现场以及样板房装修等费用，上述占项目销售支出的比重较大，具体估算视项目情况而定。

6. 财务费用估算

财务费用是指企业为筹集资金而发生的各项费用，主要为借款或债券的利息。其还包括金融机构手续费、融资代理费、承诺费、外汇汇兑净损失以及企业筹资发生的其他财务费用。

7. 不可预见费估算

不可预见费根据房地产项目的复杂程度和前述各项费用估算的准确程度而有所不同。一般类型房地产项目的建筑设计与施工技术都比较成熟，工程实践统计数据显示，不可预见费可按上述各项费用之和的2%～5%进行估算。

8. 有关税费估算

房地产税费主要是在销售与交易阶段发生的税费，主要有"两税一费"（增值税、城市维护建设税、教育费附加）、土地增值税、企业所得税等。在一些大中型城市，这部分税费在开发建设项目投资中占有很大比重，各项税费应根据当地有关部门的具体规定计算。

9. 其他费用估算

其他费用主要包括临时用地费和临时建设费、施工图预算和标底编制费、工程合同预算或标底审查费、招标管理费、总承包管理费、合同公证费、施工执照费、工程质量监督费、工程监理费、竣工图编制费、保险费等杂项费用。这些费用一般按当地有关部门规定的费率估算。

为便于对房地产开发项目各项成本进行分析、比较和汇总，在对房地产开发项目各项成本费用进行估算的基础上，可将估算结果汇入房地产开发项目成本费用及投资估算表（表3-3）。

表3-3　房地产开发项目成本费用及投资估算表

序　号	费用项目	单价/(元·m^{-2})	总价/万元	备　注
一	开发项目成本费用总计			
（一）	土地费用			
1	土地出让金			
2	城市建设配套费			
3	征地、拆迁安置补偿费			
…	…			
	小计			

续表

序 号	费用项目	单价/(元·m^{-2})	总价/万元	备 注
（二）	前期工程费			
1	规划、勘测设计费			
2	可行性研究费			
3	"三通一平"费			
…	…			
小计				
（三）	房屋开发费			
1	建安工程费			
2	基础设施建设费			
3	公共配套设施建设费			
4	其他费用			
…	…			
小计				
（四）	管理费用			
…	…			
小计				
（五）	销售费用			
1	广告费			
2	代理费			
…	…			
小计				
（六）	财务费用			
1	融资费用			
2	利息费用			
…	…			
小计				
（七）	不可预见费			
…	…			
小计				
（八）	税费			
…	…			
小计				
（九）	其他费用			
…	…			
小计				
二	开发项目总投资			

二、房地产开发项目收入估算

房地产开发项目的收入主要包括房地产产品的销售收入、租金收入、土地转让收入、配套设施销售收入和自营收入等。收入估算可以根据项目租售计划、经营计划制定的租售价格乘以可租售面积进行计算。

投资估算的阶段划分

单元四　房地产开发项目财务评价

一、财务评价的概念

财务评价是指根据国家现行财税制度和价格体系，分析、计算项目直接发生的财务效益和费用，编制财务报表，计算评价指标，考察项目的盈利能力、清偿能力以及外汇平衡等财务状况，据以判断项目的财务可行性。

财务评价是房地产开发项目可行性研究的核心内容，无论对开发商还是对给房地产开发项目提供资金支持的金融机构都是非常重要的。

二、财务评价的一般步骤

房地产项目财务评价在确定的项目建设方案、投资估算和融资方案的基础上进行，主要是利用有关基础数据，通过基本财务报表，计算财务评价指标和各项财务比率，进行财务分析，作出财务评价。财务评价步骤大致可以分为以下四步：

（1）财务评价基础数据选取计算。通过对投资项目所处的市场进行充分调研和投资方案分析，确定项目建设方案，拟定项目实施进度计划等，据此进行财务预测，选取适当的生产价格、费率、税率、利率、基准收益率、计算期等基础数据和参数，获取项目总投资、总成本费用、租售收入、税金、利润等一系列财务基础数据。在对这些财务数据进行分析、审查、鉴定和评估的基础上，完成财务评价辅助报表。

（2）财务评价基本报表编制和分析。将基础数据汇总，编制现金流量表、损益表、资金来源与运用表、资产负债表及外汇财务平衡表等财务评价基本报表，并对这些报表进行分析评价。在分析评价的过程中，既要审查基本报表的格式是否符合规范要求，又要审查所填列的数据是否准确并保持前后一致。然后利用各基本报表，直接计算出一系列财务评价的指标。

（3）进行不确定性分析。对于影响项目财务指标的主要因素还要进行不确定性分析，包括敏感性分析、盈亏平衡分析。

（4）提出财务评价结论。按照上述计算的财务评价动态、静态指标以及不确定性分析的结果，将有关指标值与国家有关部门规定的基准值和目标值进行对比，得出项目在财务上是否可行的评价结论。

三、财务评价报表

房地产开发项目财务评价报表可分为基本报表和辅助报表。其中,基本报表包括现金流量表、损益表、资金来源与运用表、财务外汇平衡表及资产负债表等;辅助报表包括总投资估算表、销售收入和销售税金及附加表、投资计划与资金筹措表、借款还本付息表等。

1. 财务评价基本报表

(1)现金流量表。现金流量表反映项目计算期内各年的现金流入和现金流出,用以计算财务内部收益率、财务净现值及投资回收期等评价指标,分析项目财务盈利能力。现金流量表分为现金流量表(全部资金)和现金流量表(自有资金),见表3-4、表3-5。

表3-4　现金流量表(全部资金)　　　　　　　　单位:万元

序号	项目	合计	建设期		经营期	
			第一年	…	第一年	…
1	现金流入(CI)					
1.1	销售收入					
1.2	回收固定资产余值					
1.3	回收流动资金					
2	现金流出(CO)					
2.1	建设投资					
2.2	流动资金					
2.3	经营成本					
2.4	经营税金及附加					
2.5	土地增值税					
2.6	所得税					
3	净现金流量(CI—CO)					
4	累计净现金流量					
5	折现净现金流量					
6	累计折现净现金流量					
	所得税前					
7	净现金流量					
8	累计净现金流量					
9	折现净现金流量					

模块三 房地产开发项目可行性研究

续表

序 号	项 目	合 计	建设期		经营期	
			第一年	…	第一年	…
10	累计折现净现金流量					
	计算指标		所得税后		所得税前	
	财务净现值(FNPV)		万元		万元	
	静态投资回收期		年		年	
	动态投资回收期		年		年	
	财务内部收益率(FIRR)		%		%	

表 3-5 现金流量表(自有资金) 单位：万元

序 号	项 目	合 计	建设期		经营期	
			第一年	…	第一年	…
1	现金流入(CI)					
1.1	销售收入					
1.2	回收固定资产余值					
1.3	回收流动资金					
2	现金流出(CO)					
2.1	资本金					
2.2	借款本金偿还					
2.3	借款利息支付					
2.4	经营成本					
2.5	销售税金及附加					
2.6	土地增值税					
2.7	所得税					
3	净现金流量(CI－CO)					
4	累计净现金流量					
5	折现净现金流量					
6	累计折现净现金流量					
	所得税前					
7	净现金流量					
8	累计净现金流量					
9	折现净现金流量					

续表

序号	项目	合计	建设期		经营期	
			第一年	…	第一年	…
10	累计折现净现金流量					
	计算指标		所得税后		所得税前	
	财务净现值(FNPV)		万元		万元	
	静态投资回收期		年		年	
	动态投资回收期		年		年	
	财务内部收益率(FIRR)		%		%	

(2)损益表。损益表是用来反映项目计算期内各年利润总额、所得税及税后利润的分配情况，用以计算投资利润的指标。损益表应结合投资计划与资金筹措表、借款还本付息表等进行编制，见表3-6。

表3-6 损益表　　　　　　　　　　　　　　　单位：万元

序号	年度 项目	计算期						合计
		1	2	3	…	$n-1$	n	
1	销售收入							
2	建设投资							
3	建设期利息							
4	销售税金及附加							
5	土地增值税等							
6	销售佣金							
7	利润总额							
8	累计利润							
9	所得税							
10	税后利润							
11	累计税后利润							
12	可供分配利润							
12.1	盈余公积							
12.2	应付利润							
12.3	未分配利润							
13	累计未分配利润							

(3)资金来源与运用表。资金来源与运用表根据项目的资金来源与资金运用情况以及国家有关财税规定，反映项目计算期内各年的资金盈余或短缺情况，不仅可用于选择资金筹措方案，判定适宜的借款及偿还计划，还可用于计算借款偿还期。资金来源与运用表分为资金来源、资金运用和盈余资金三大项，它们之间的关系式为：盈余资金＝资金来源－资金运用，见表 3-7。

表 3-7　资金来源与运用表　　　　　　　　单位：万元

序　号	项　目	合　计	计算期			
			第一年	第二年	第三年	…
1	资金来源					
1.1	经营收入					
1.2	长期借款					
1.3	短期借款					
1.4	发行债券					
1.5	项目资本金					
1.6	其他					
2	资金运用					
2.1	建设投资(不含建设期利息)					
2.2	经营成本					
2.3	税金及附加					
2.4	增值税					
2.5	所得税					
2.6	流动资金					
2.7	各种利息支出					
2.8	偿还债务本金					
2.9	分配股利或利润					
2.10	其他					
3	盈余资金(1－2)					
4	累计盈余资金					

(4)财务外汇平衡法。该表适用于有外汇收支的房地产开发项目，用以反映项目计算期内各年外汇余缺程度，进行外汇平衡分析。

(5)资产负债表。该表综合反映了项目计算期内各年末资产、负债和所有者权益的增减变化及对应关系，以考察项目资产、负债、所有者权益的结构是否合理，用以计算资产负债率、流动比率、速动比率等指标，进行清偿能力分析与资本结构分析。

2. 财务评价辅助报表

(1) 总投资估算表。项目总投资包括开发建设投资、建设期利息、流动资金，其中开发建设投资主要包括土地费用、前期工程费与城建费用、基础设施建设费、建筑安装工程费、公共设施配套费用、开发间接费用、管理费用、销售费用、其他费用、开发税费、不可预见费用、建设期利息等。房地产开发项目总投资估算表见表3-8。

表3-8　总投资估算表　　　　　　　　　　　　　　单元：万元

序号	项目	金额	序号	项目	金额
1	土地费用		8	销售费用	
2	前期工程费与城建费用		9	其他费用	
3	基础设施建设费		10	开发税费	
4	建筑安装工程费		11	不可预见费用	
5	公共设施配套费用		12	建设期利息	
6	开发间接费用		13	总投资	
7	管理费用				

(2) 销售收入和销售税金及附加表。销售收入和销售税金及附加表反映了项目实现销售收入的状况。销售收入减去各种税金后即可得到净销售收入，各种税金包括销售税金及附加、土地增值税等税金，见表3-9。

表3-9　销售收入和销售税金及附加表　　　　　　　　　单位：万元

序号	年度＼项目	计算期						合计
		1	2	3	……	n-1	n	
1	销售收入							
2	销售税金及附加							
2.1								
2.2								
2.3								
3	土地增值税等							
4	销售佣金							
5	净销售收入							

(3) 投资计划与资金筹措表。在总投资估算表的基础上，根据项目的实施进度、各期需要的投资额、资金筹措方案和资金使用计划，可编制投资计划与资金筹措表。该表反映了项目的动态投资过程和各期的融资状况，见表3-10。

表 3-10　投资计划与资金筹措表　　　　　　　　　　单位：万元

序号	年度 项目	计算期						合计
		1	2	3	…	$n-1$	n	
1	总投资							
1.1	建设期利息							
1.2	建设投资							
2	资金筹措							
2.1	资本金							
2.2	净销售收入再投入							
2.3	银行借款							
2.4	建设期利息							

（4）借款还本付息计算表。房地产项目融资若使用银行借款，就应编制借款还本付息计算表。通过该表可计算项目的借款偿还期等指标，是判断项目偿债能力的依据之一，见表3-11。

表 3-11　借款还本付息计算表　　　　　　　　　　　单位：万元

序号	年度 项目	计算期						合计
		1	2	3	…	$n-1$	n	
1	借款还本付息							
1.1	年初本息余额							
1.2	本年借款							
1.3	本年应付利息							
1.4	本年还本利息							
1.4.1	本年本金偿还							
1.4.2	本年利息支付							
2	还本付息资金来源							
2.1	未分配利润							
3	偿还本金后余额							

四、房地产开发项目财务评价指标

1. 房地产开发项目财务评价指标体系

房地产开发项目财务评价包括项目财务盈利能力分析和偿债能力分析，对于涉及外汇的项目有时还需要进行外汇平衡分析。财务评价的内容与指标体系见表3-12。

表 3-12　财务评价的内容与评价指标体系

评价项目	基本报表	评价指标	
		静态指标	动态指标
盈利能力分析	现金流量表（全部资金）	静态投资回收期	财务内部收益率 财务净现值 财务净现值率 动态投资回收期
	现金流量表（自有资金）	静态投资回收期	财务内部收益率 财务净现值 动态投资回收期
	损益表	投资利润率 投资利税率 资本金利润率	
偿债能力分析	资金来源与运用表	借款偿还期	
	资产负债表	资产负债率 流动比率 速动比率	
外汇平衡分析	财务外汇平衡表		

2. 房地产开发项目财务评价动态指标

（1）财务内部收益率。财务内部收益率是指项目在整个计算期内，各年净现金流量现值累计之和等于零时的折现率。财务内部收益率是评价项目盈利性的基本指标。这里的计算期对房地产开发项目而言是指从购买土地使用权开始到项目全部售出为止的时间。财务内部收益率的计算公式为

$$\sum_{t=1}^{n}(CI-CO)_t(1+FIRR)^{-t}=0$$

式中　n——项目的计算期；

　　　t——年限；

　　　CI——现金流入量；

　　　CO——现金流出量；

　　　FIRR——财务内部收益率。

求解项目财务内部收益率（FIRR）的方法，除通过上述公式所给出的高次方程（即在式中 CI、CO 和 t 已知时，定义式转变为关于 FIRR 的高阶方程）求得解答外，还有线性内插法和图解法等。但其中最为常用的简易计算方法是线性内插法，下面主要对其计算步骤进行说明：

第一步：粗略估计 FIRR 的值。$i≈FIRR$ 为减少试算的次数，可先令 $FIRR=i_c$。

第二步：分别计算出 i_1、i_2（$i_1<i_2$）对应的净现值 $FNPV_1$ 和 $FNPV_2$，$FNPV_1>0$，$FNPV_2<0$。

第三步：用线性插入法计算 *FIRR* 的近似值，其计算公式如下：

$$\text{FIRR} = i_1 + \frac{\text{FNPV}_1}{\text{FNPV}_1 + |\text{FNPV}_2|}(i_2 - i_1)$$

由于上式 FIRR 的计算误差与 $(i_2 - i_1)$ 的大小有关，且 i_2 与 i_1 相差越大，误差也越大，为控制误差，i_2 与 i_1 之差最好不超过 2%，一般不应超过 5%。

财务内部收益率的经济含义是，项目在这样的折现率下，到项目寿命终了时，所有投资可以被完全收回。

(2) 财务净现值。财务净现值，是房地产开发项目进行动态经济评价的重要指标之一，也是指按设定的贴现率，将各年的净现金流量折现到投资起点的现值代数和，以此反映项目在计算期内的获利能力。财务净现值的计算公式为

$$\text{FNPV} = \sum_{t=1}^{n}(\text{CI} - \text{CO})_t(1 + i_c)^{-t}$$

式中　FNPV——财务净现值；

i_c——贴现率；

t——年限；

n——项目的计算期。

净现值可以通过现金流量表计算求得。当 FNPV≥0 时，表明该项目的获利能力达到或超过贴现率要求的投资收益水平，应认为该项目在经济上是可取的，反之则不可取。

在对不同的项目进行比较时，对于初始投资相等的不同投资项目，选择 FNPV 最大的为最优，当不同方案的初始投资不同时，FNPV 最大不能成为决策选优的依据。

【例 3-1】　已知某投资项目的净现金流量见表 3-13。如果投资者目标收益率为 12%，求该投资项目的财务净现值。

表 3-13　某投资项目净现金流量表　　　　　　　　　　　　　　　　单位：万元

年　份	0	1	2	3	4	5
现金流入量		500	500	500	500	500
现金流出量	1 600					
净现金流量	−1 600	500	500	500	500	500

【解】　已知 $i_c = 12\%$，根据公式 $\text{FNPV} = \sum_{t=0}^{n}(\text{CI} - \text{CO})_t(1+i_c)^{-t}$ 计算该项目的财务净现值为

$$\text{FNPV} = -1\,600 + \frac{500}{(1+12\%)^1} + \frac{500}{(1+12\%)^2} + \frac{500}{(1+12\%)^3} + \frac{500}{(1+12\%)^4} + \frac{500}{(1+12\%)^5} = 202.39(\text{万元})$$

(3) 财务净现值率。财务净现值率是项目财务净现值与全部投资现值的比率。财务净现值率可作为净现值的补充指标，反映净现值与总投资现值的关系。其计算公式为

$$\text{FNPVR} = \frac{\text{FNPV}}{I_p}$$

式中　I_p——总投资现值。

当 FNPVR≥0 时，项目可行；否则，项目不可行。

(4) 动态投资回收期。动态投资回收期是指当考虑资金的时间价值即现金流量折现时，项目以净收益抵偿全部投资所需的时间。动态投资回收期的表达式为

$$\sum_{t=1}^{P'_t}(CI-CO)_t(1+i_c)^{-t}=0$$

式中　i_c——贴现率；

　　　P'_t——动态投资回收期。

动态投资回收期更为实用的计算公式为

$$P'_t=(累计净现金流量现值出现正值的年数-1)+\left[\frac{上年累计净现金流量现值绝对值}{当年净现金流量折现值}\right]$$

计算出来的动态投资回收期同样要与基准动态投资回收期 P_c 相比较，判断开发项目的投资回收能力。如果小于或等于 P_c，则项目在财务上是可以接受的。动态投资回收期指标一般用来评价开发完成后用于出租或经营的房地产开发项目。

【例 3-2】　某投资项目的净现金流量见表 3-14。求该投资项目的财务内部收益率；若投资者目标收益率为 12%，试求出该投资项目的动态投资回收期。

表 3-14　项目净现金流量表　　　　　　　　　　单位：万元

年　份	0	1	2	3	4	5
现金流入量		500	450	550	400	350
现金流出量	1 280					
净现金流量	-1 280	500	450	550	400	350

【解】　该项目财务内部收益率的相关计算见表 3-15。

表 3-15　项目财务内部收益率相关数据的计算表

年　份		0	1	2	3	4	5
现金流入量			500.00	450.00	550.00	400.00	350.00
现金流出量		1 280.00					
净现金流量		-1 280.00	500.00	450.00	550.00	400.00	350.00
$FNPV_1$ ($i_1=23\%$)	折现值	-1 280.00	406.50	297.44	295.56	174.76	124.32
	累计折现值	-1 280.00	-873.50	-576.06	-280.50	-105.74	18.58
$FNPV_2$ ($i_2=24\%$)	折现值	-1 280.00	403.23	292.66	288.47	169.19	119.39
	累计折现值	-1 280.00	-876.77	-584.11	-295.64	-126.45	-7.06
$FNPV$ ($i_c=12\%$)	折现值	-1 280.00	446.43	358.74	391.48	254.21	198.60
	累计折现值	-1 280.00	-853.57	-494.83	-103.35	150.86	349.46

当 $i=23\%$ 时，$FNPV_1=18.58$ 万元；当 $i=24\%$ 时，$FNPV_2=-7.06$ 万元，所以

$$FIRR=i_1+\frac{FNPV_1}{FNPV_1+|FNPV_2|}(i_2-i_1)$$

$$=23\% + \frac{18.58}{18.58 + |-7.06|} \times (24\% - 23\%)$$
$$=23.72\%$$

由于项目在第 4 年累计现金流量现值出现正值,因此

$$P_t' = (4-1) + |-103.35| \div 254.21$$
$$= 3.41(年)$$

3. 房地产开发项目财务评价静态指标

所谓静态指标,就是在不考虑资金时间价值的前提下,对开发项目或方案的经济效果进行的经济计算与度量。财务评价主要有以下几个静态指标:

(1)静态投资回收期。静态投资回收期是指当不考虑现金流量折现时,用项目各年的净收入抵偿全部投资所需的时间,它是反映项目投资回收能力的重要指标。

偿还投资的来源包括净收益和折旧之和。静态投资回收期一般以年表示,如有小数可以折算到月。对房地产投资项目来说,静态投资回收期自投资起始点算起。其计算公式为

$$\sum_{}^{P_t} (CI - CO)_t = 0$$

式中　　CI——现金流入量;

　　　　CO——现金流出量;

　　　　$(CI-CO)_t$——第 t 年净现金流量;

　　　　P_t——静态投资回收期。

财务评价求出的投资回收期 P_t 与房地产行业的基准动态投资回收期 P_c 比较,当 $P_t \leqslant P_c$ 时,表明项目投资能在规定的时间内收回;反之,则不能收回。

【例 3-3】 某房地产公司投资一办公楼,总投资为 1 000 万元,投资建设期为 2 年,假设投资为均匀投入,经营期为 8 年,每年的净利润为 200 万元,项目折旧为每年 125 万元,试确定该项目的投资回收期。若该项目的投资回收期一般为 8 年,试对该项目的投资效果进行评价。

【解】 确定该项目建设期和经营期内的净现金流量:

净现金流量=净利润+折旧=200+125=325(万元)

该投资项目的净现金流量以及累计净现金流量见表 3-16。

表 3-16　项目净现金流量表　　　　　　　　　　单位:万元

投资阶段	投资建设期		项目经营期							
时间	1	2	1	2	3	4	5	6	7	8
净现金流量	−500	−500	325	325	325	325	325	325	325	325
累计净现金流量	−500	−1 000	−675	−350	−25	300	625	950	1 275	1 600

$$P_t = 6 - 1 + \frac{|-25|}{325} = 5.077(年)$$

由此可见,本项目的静态投资回收期为 5.077 年,小于基准投资回收期,所以,该项目的投资效果较好。

(2)投资利润率。投资利润率是指项目经营期内一个正常年份的年利润总额与项目的总

投资的比率,它是考察项目单位投资盈利能力的静态指标,反映了开发资金在循环过程中增值的速度。其计算公式为

$$投资利润率=\frac{年利润总额或年平均利润总额}{项目总投资}\times100\%$$

此方法适用于出租经营的房地产开发项目的投资分析。此时,年经营收入主要为租金收入,年总成本费用为出租物业在经营过程中按使用年限分期摊销和价值损耗,以及出租经营发生的管理费用、维修费和其他相关费用。

【例3-4】 某房地产公司投资一办公楼,总投资为2 000万元,投资建设期为2年,项目经营期为12年,每年的净利润为400万元,试确定该项目的投资利润率。

【解】 投资利润率=400÷2 000×100%=20%

即该项目的投资利润率为20%。

(3)投资利税率。投资利税率是指房地产开发项目建设达到正常盈利年份时正常年度的年利税总额或投资计算期内的年平均利税总额与项目总投资的比率。其计算公式为

$$投资利税率=\frac{年利税总额或年平均利税总额}{项目总投资}\times100\%$$

投资利税率指标值越大,说明项目的获利能力越强。在财务评价中,若将投资利税率与房地产行业投资利税率相比,则可以判别单位投资对国家和社会的贡献水平是否达到房地产业的平均水平。

(4)资本金利润率。资本金利润率是指房地产开发项目建设达到正常盈利年份时正常年度的年利税总额或投资计算期内的年平均利税总额与项目资本金的比率。其计算公式为

$$资本金利润率=\frac{年利税总额或年平均利税总额}{资本金}\times100\%$$

(5)借款偿还期。固定资产投资国内借款偿还期简称借款偿还期,是指在国家财政规定及项目具体财务条件下,以项目可用于还款的资金来偿还固定资产投资国内贷款本金和建设期利息所需用时间。其计算公式为

$$I_d=\sum_{t=1}^{P_d}R_t$$

式中 I_d——固定资产投资国内借款本金和建设期利息之和;

P_d——从借款开始年计算的固定资产投资国内借款偿还期;

R_t——第 t 年可用于还款的资金。

借款偿还期可以根据资金来源与运用表及国内借款还本付息计算表直接计算。其计算公式为

$$借款偿还期=借款偿还后开始出现盈余年份-开始借款年份+\frac{当年偿还借款本金额}{当年可用还款资金额}$$

借款偿还期指标适用于那些不预先给定借款偿还期限,且按最大偿还能力计算还本付息的项目,因此,本指标适用于开发后用于出租经营的项目评价,不适于那些预先给定借款偿还期的项目评价。

【例3-5】 某房地产开发项目在第3年投资时开始运用银行贷款,第8年时开始出现借款偿还盈余,贷款利率为8%,各年还款情况见表3-17,假如银行要求的还款期限为8年,计算项目的借款偿还期并判断是否具有清偿能力。

表 3-17　各年还款情况表　　　　　　　　　　　　单位：万元

序号	年度 项目	计算期							
		1	2	3	4	5	6	7	8
1	借款还本付息								
1.1	年初本息余额			0	648	1 219.8	1 837.4	1 800.4	1 044.4
1.2	本年借款			600	500	500	400	0	0
1.3	本年应付利息			48	71.8	117.6	163	144	83.6
1.4	本年还本利息						600	900	1 128
1.4.1	本年本金偿还						199.6	756	1 416.4
1.4.2	本年利息支付						400.4	144	83.6
2	还本资金来源						600	900	1 500
2.1	利润						600	900	1 500
3	偿还本金后余额								372

【解】　借款偿还期 = 8 − 2 + 1 416.4/1 500 = 6.94(年)

由此可见，6.94 < 8，所以就该指标来看，项目清偿能力满足要求。

(6) 资产负债率。资产负债率可由资产负债表求得，是反映开发项目用债权人提供资金进行经营活动的能力以及债权人发放贷款的安全程度。其计算公式为

$$资产负债率 = \frac{负债总额}{全部资产总额} \times 100\%$$

五、房地产开发项目不确定性分析

房地产开发投资是一个动态过程，受到各种主观因素和客观因素的影响，一开始难以对整个开发过程中有关费用和建成后的收益情况作出精确的估计。即在计算中涉及的因素如建造成本和售价、租金水平等都是理想状态下的估计值，而实际上这些值的确定取决于许多变量。如在计算过程中涉及的土地价格、土地开发成本、容积率、可出售或出租的建筑面积占总建筑面积的比例、房屋开发费、专业人员费用、管理费用、财务费用、租售代理费、广告宣传费、租金或售价、开发期、建造期和租售期、贷款利率、空置率等变动因素。其中，土地开发成本、房屋开发费、租金或售价、开发期、贷款利率等是主要变动因素。

房地产开发项目的不确定性分析就是分析不确定性因素对项目可能造成的影响，并进而分析可能出现的风险。房地产开发项目不确定性分析可以帮助投资者根据房地产项目投资风险的大小和特点，确定合理的投资收益水平，提出控制风险的方案，有重点地加强对投资风险的防范和控制，使财务评价结果更加可靠和符合实际，从而为房地产开发决策提供更科学的依据。房地产开发项目的不确定性分析主要包括盈亏平衡分析、敏感性分析和概率分析。

1. 盈亏平衡分析

盈亏平衡分析是研究房地产开发项目在一定时期内的销售收入、开发成本、税金、利润等因素之间的变化和平衡关系的一种分析方法。

盈亏平衡分析关键是找到盈亏平衡点，所谓盈亏平衡点是项目盈利与亏损的临界点。

在这一点上，项目的收支持平，既不盈利又不亏损，净收益为零。盈亏平衡分析也就是分析利润为零时项目的成本、售价或销售率所处的状态。

房地产开发项目通过盈亏平衡分析可以看出该项目对市场需求变化的适应能力，合理确定开发建设规模，找出拟建开发项目建成后的盈亏界限，以了解项目承担风险的能力。

(1) 盈亏平衡分析的假设条件。静态线性盈亏平衡分析方法成立的条件是以许多约束条件为前提的，主要条件有以下几项：

1) 开发量与销售量相等；
2) 在所分析的范围内，固定成本不变；
3) 变动成本是产销量的线性函数；
4) 销售收入随产销量的变动而变动且呈线性关系；
5) 分析中，销售单价保持不变。

(2) 盈亏平衡分析模型。盈亏平衡分析模型是指用数学方程来描述变动费用和销售收入随开发量增加而成正比例增加的模型。在盈亏平衡分析模型中，根据盈亏平衡的概念，可建立下列方程式：

$$PQ = F + Qb + PQR$$

得

$$Q^* = \frac{a}{P(1-R)-b}$$

式中　Q——产量或销量；
　　　F——年固定总成本；
　　　a——固定成本总额；
　　　b——单位变动成本；
　　　P——单位售价；
　　　R——销售税率；
　　　Q^*——盈亏平衡点的产销量。

由此可见，必须满足条件 $Q > Q^*$，即 $Q[P(1-R)-b]-a > 0$，开发项目才会盈利。否则，项目利润为 0 或亏损。

盈亏平衡点的保本金额为

$$PQ^* = \frac{Pa}{P(1-R)-b}$$

当房地产开发项目有利润时，产销量的公式为

$$Q = \frac{a+M}{P(1-R)-b}$$

式中　M——目标利润。

式中其他符号意义同前。

2. 敏感性分析

敏感性分析是房地产开发项目不确定性分析中的主要方法之一。从上述分析可以看出，房地产开发项目评估所采用的基本数据与参数，大都来自估算或预测，不可能完全准确，因而就使得开发商作出的决策具有潜在的误差和风险。房地产开发商非常重视评估中数据估价的误差所引起的最终结果的变化，因此，需要在项目财务评估的基础上进一步进行敏感性分析，以弄清楚这些不确定性因素对评估结果影响的大小，提高决策的准确性。

(1)敏感性分析的概念。敏感性分析是指反映投资项目效益评价指标,对不确定性因素变化的敏感程度,敏感性分析的目的就是要在众多的不确定性因素中,找出对项目经济评价指标影响较大的因素,并判断其对开发项目投资效益影响的程度。

(2)敏感性分析的步骤。

1)确定分析指标。找出那些最能反映项目投资效益的经济评价指标如财务内部收益率、财务净现值、投资回收期、贷款偿还期和开发商利润等作为其分析的对象。

2)设定不确定性因素的变化范围。通常是在选择需要分析的不确定性因素时,主要基于两个方面的条件进行选择,首先是作为需要分析的不确定性因素预计在其可能变动的范围内,其变动将较强烈的影响经济效益指标;其次是在财务评价中对所采用数据的准确性把握不大。凡是符合这两个条件之一的都将作为选定的不确定性因素,并设定其可能的变化范围,以进行分析。

3)从众多影响项目投资效益的不确定性因素中,选取对经济评价指标有重大影响并在开发周期内有可能发生变动的因素作为敏感分析的不确定性因素。

4)对项目经济评价指标进行分析计算,找出敏感性因素。敏感性因素的确定是针对某一特定因素数值的变化、甚至是微小的变化都会对评价指标产生严重影响,则判定该因素就是该项目的敏感性因素。测定敏感性因素的方式有两种:第一种是需要分析的因素均从基本数值开始变动,且每次变动的幅度相同,计算每次变动对评价指标的影响效果;第二种是使某一特定因素朝经济效果不利的方向变动,并取其可能发生的最坏数值,然后计算评价指标,看其是否达到使项目无法接受的程度。通过其中任意一种方式,即可找出敏感性因素。

(3)敏感性分析方法。敏感性分析有单因素敏感性分析和多因素敏感性分析两种基本方法,见表3-18。

表3-18 敏感性分析方法

方　　法	说　　明
单因素敏感性分析	在进行单因素的敏感性分析时,每次只改变该因素的一个参数值,而其他参数值保持不变,在这种情况下研究其对评价结果影响的程度。这种方法忽略了变量和变量之间的联系,是在各个变量相互独立的条件下所进行的分析
多因素敏感性分析	多因素的敏感性分析是在分析两个或两个以上的参数值同时发生变化时,对评价结果影响的程度。由于事物是普遍联系的,一个因素发生变化,势必会引起另外的因素也发生变化。在现实中,通常是两个或两个以上的不确定因素同时发生变化,所以多因素的敏感性分析实用性很强

3. 概率分析

概率分析也称风险分析,它能够克服敏感性分析的不足。概率分析是事先给出各个变量或因素发生某种变动的概率,并根据各种变量或因素的概率分布,求出房地产开发项目在面临不同风险时获利的可能性大小。

概率分析主要有解析法和模拟法两种方法。解析法主要用于解决一些比较简单的风险决策问题,当有多个随机变量时,用解析法就十分困难,则需采用模拟法求解;常见的模拟法是蒙特卡洛方法,房地产开发项目经济分析中涉及的变量较多,比较适合于用蒙特卡

洛方法进行风险分析。

模块小结

  可行性研究又称可行性分析，是指在投资决策前，对项目进行全面、综合的技术经济分析和论证，从而为项目投资决策提供可靠依据的一种科学方法。可行性研究的工作内容包括市场调查、投资估算、方案评价等。房地产市场调查是以房地产为特定对象，对相关市场信息进行系统的收集、整理、记录和分析，对房地产市场进行研究和预测，并最终为房地产投资项目提供决策服务的一种活动。一个房地产开发项目从可行性研究到竣工投入使用，都需要投入大量资金，在项目的前期阶段，必须对项目投资进行准确的估算，以便对项目进行经济效益评价并作出投资决策。投资估算的范围包括土地费用、前期工程费、房屋开发费、管理费用、销售费用、财务费用、不可预见费、有关税费及其他费用等项目的全部成本和费用投入等内容。财务评价是房地产开发项目可行性研究的核心内容，是指根据国家现行财税制度和价格体系，分析、计算项目直接发生的财务效益和费用，编制财务报表，计算评价指标，考察项目的盈利能力、清偿能力以及外汇平衡等财务状况，据以判断项目的财务可行性。

思考与练习

一、填空题

  1. ＿＿＿＿＿＿是一种科学性、技术性很强的工作，同时，也是决定投资项目开发成败的关键。

  2. 房地产市场调查应遵循＿＿＿＿＿＿＿＿＿＿＿＿原则。

  3. 根据不同的市场调研目标，可将市场调查分为＿＿＿＿＿＿、＿＿＿＿＿＿和＿＿＿＿＿＿。

  4. 房地产市场调查方法是指＿＿＿＿＿＿＿＿＿＿＿＿＿＿＿＿。

  5. 直接调查法分为＿＿＿＿＿＿、＿＿＿＿＿＿、＿＿＿＿＿＿和＿＿＿＿＿＿四个类别。

  6. 房地产市场供给调查包括＿＿＿＿＿＿、＿＿＿＿＿＿和＿＿＿＿＿＿。

  7. ＿＿＿＿＿＿＿＿＿是指为取得项目用地使用权而发生的费用。

  8. 房地产开发项目的收入主要包括＿＿＿＿＿＿、＿＿＿＿＿＿、＿＿＿＿＿＿、＿＿＿＿＿＿和＿＿＿＿＿＿等。

二、单项选择题

  1. 关于可行性研究的作用的描述，下列错误的是（　　）。
    A. 可行性研究是项目投资决策的依据
    B. 可行性研究是筹集建设资金的依据

C. 可行性研究是项目立项、用地审批的条件
D. 可行性研究是施工单位进行费用结算的依据
2. 关于可行性研究报告的编制的描述，下列错误的是（　　）。
A. 可行性研究报告不可以由开发商自行编制
B. 可行性研究报告由开发商委托具有相应资质的工程咨询机构来编制
C. 一份好的房地产项目可行性研究报告的表述形式尽可能数字化、图表化
D. 一份好的房地产项目可行性研究报告的文本格式规范，附图、附表、附件齐全
3. 调研统计数据表明，单独项目开发的管理费用基本维持在（　　）。
A. 1%～2%　　　B. 2%～4%　　　C. 4%～6%　　　D. 6%～8%
4. （　　）反映项目计算期内各年的现金流入和现金流出。
A. 现金流量表　　　　　　　　B. 损益表
C. 资金来源与运用表　　　　　D. 资产负债表
5. （　　）用来反映项目计算期内各年利润总额、所得税及税后利润的分配情况。
A. 现金流量表　　　　　　　　B. 损益表
C. 资金来源与运用表　　　　　D. 资产负债表
6. （　　）综合反映了项目计算期内各年末资产、负债和所有者权益的增减变化及对应关系。
A. 现金流量表　　　　　　　　B. 损益表
C. 资金来源与运用表　　　　　D. 资产负债表

综合实训

编制撰写房地产项目可行性研究报告

【实训目标】

房地产项目可行性研究报告是房地产前期最重要的技术文件，通过本次实训，进一步提高学生对于可行性研究报告内容及格式的基本认识，提高学生编制项目可行性研究报告的动手能力。

【实训要求】

（1）选择或者虚拟一个房地产项目。
（2）将学生按照3～5人的标准进行分组，各小组分工完成实训任务。
（3）各小组独立完成项目可行性研究报告的编制。

【参考案例】

可行性研究报告示例（一）

可行性研究报告示例（二）

模块四　房地产开发项目融资

模块导读

2020年张某准备购房，在A，B两个新建楼盘之间举棋不定。A楼盘是某知名开发商建设，五证齐全，均价9 000元/平方；B楼盘是当地某不知名开发商负责开发，目前尚未获得《商品房预售许可证》，均价7 000元/平方，并告知张某，预售证很快就下，到时价格会上调1 000元/平方。张某为之心动，又考虑到B距离上班地点更近，最终决定购买B该楼盘，并签订购房协议，交齐首付款。B开发商承诺等后续手续齐全后再办理贷款事宜。

知识目标

通过本模块内容的学习，了解房地产融资的目的、特点，熟悉房地产融资的原则，掌握房地产融资方式、渠道及房地产融资管理。

能力目标

通过本模块内容的学习，掌握房地产融资的方式和渠道，并能够进行房地产融资管理。

单元一　房地产融资及其目的、原则

一、房地产融资的概念与特点

融资就是指一个企业的资金筹集的行为与过程。房地产公司通常考虑到自身的开发经营状况、资金实力状况以及公司未来经营发展战略的需要，经过科学的预测和决策，采用合适的方式，从一定的渠道筹集资金，组织资金的理财行为就是房地产融资。房地产融资在概念上有广义和狭义之分。广义的房地产融资就是指房地产金融，即在房地产开发、流通及消费过程中，通过信用渠道进行咨询、评估、信托、抵押、信贷、按揭等资金的筹集、运用、清算及相关融资活动的总称；狭义的房地产融资是房地产企业及房地产项目的资金筹集。

房地产融资有以下几个方面的特点：
(1)资金占用量大；
(2)资金占用时间长；
(3)资金使用具有地域性；
(4)资金缺乏流动性；
(5)资金增值性较强；
(6)资金具有高风险、高收益性。

二、房地产融资的目的

(1)实现项目投资开发目标和企业发展目标。房地产开发企业投资开发新的项目，或者在项目开发的前、中期阶段，往往需要筹集大量资金，尤其是中、长期资金，同时，项目投资者总是希望加快项目的投资开发速度和进程，这样必须突破现有的资本存量，需要新的资本增量，从而使企业增加市场竞争能力和收益能力，但这也相应带来了更大的投资风险。

(2)偿还债务，改善盈利能力，调整资本结构。房地产开发企业的资本结构是一个动态指标。通过筹集资金和调整资本结构，能够使房地产开发企业的权益资本和债务资本保持适当的比例关系，从而改善和提高企业或项目的偿债能力和盈利能力。

三、房地产融资的原则

房地产融资主要应遵循安全性、经济性、可靠性和时机适当性原则。

1. 安全性原则

房地产开发项目安全性按风险程度大小分为 A、B、C、D 四级。A 级表示风险很小；B 级表示风险较小；C 级表示风险较大；D 级表示风险极大。房地产开发企业应该尽可能选择风险程度为 A 级的安全性最大的融资方案。

2. 经济性原则

融资方案的经济性按综合融资成本费用率标准划分，共分为 A、B、C、D 四级：A 级表示融资成本最低；B 级表示融资成本较低；C 级表示融资成本较高；D 级表示融资成本很高。房地产开发企业应该尽可能选择融资成本为 A 级的融资方案。

3. 可靠性原则

房地产开发项目在融资过程中，不仅要考虑企业的融资能力、偿还能力、盈利能力和经营能力，还必须考虑融资方式的落实程度。融资方案的可行性分为 A、B、C、D 四个等级：A 级表示融资方式及所融资金全部落实；B 级表示融资方式及所融资金能基本落实；C 级表示融资方式及所融资金尚不能肯定；D 级表示融资方式及所融资金没有落实。

根据上述原则，房地产开发企业应该在确定适当合理的筹集时机和规模条件下，选择安全性、经济性和可行性均是最佳即 AAA 级标准的融资方案。

4. 时机适当性原则

在房地产融资过程中，必须根据房地产项目的投资时间和投资需要（年度或分期）安排确定适当合理的筹集时机和规模，从而避免因获得资金过早而造成资金闲置，或因融资时间滞后而影响房地产开发项目正常进行。

单元二　房地产融资方式与渠道

一、房地产融资方式

我国的房地产业是金融业的主要贷款客户。可以说没有现代的金融业，就没有现代房地产业的快速发展。从目前的运作来看，主要的融资方式有下列几种。

1. 信贷市场融资及资本市场融资

房地产融资按照期限长短可以分为信贷市场融资及资本市场融资。信贷市场是信贷工具的交易市场。信贷市场融资是指在货币市场筹集短期资金的活动。如今的信贷市场融资可以向相关金融机构筹措到数月的建设资金。信贷市场上的融资方式比较多，融资协议也比较灵活。房地产信贷对房地产开发有着很好的助推作用。信贷市场融资既是房地产建设和交易的基础，也是政府、开发商和购房者重点关注的问题。目前，涉及房地产信贷的法规有《中华人民共和国民法总则》《中华人民共和国城市房地产管理法》和《城市房地产抵押管理办法》等。

资本市场也称"长期金融市场"或"长期资金市场"，是期限在一年以上的各种资金借贷和证券交易的场所。资本市场上的交易对象必须是一年以上的长期证券。由于长期资金借贷所涉及的资金往往期限长、风险大，同时，又具有长期较稳定收入，其融资特点与资本投入相类似，所以也归之为资本市场。由于房地产企业耗资巨大，无论国内还是国外都普遍存在着房地产开发商自有资本不足的问题，所以必须借助于资本市场。

2. 内部融资和外部融资

按照房地产企业融资的来源划分，可以将融资渠道划分为内部融资和外部融资。内部融资是指企业内部集资、企业的自有资金和企业在生产经营过程中的资金积累。内部融资主要来源于企业留存收益、预收购房订金或购房款和抵押、贴现股票和债券获得的现金。外部融资是指企业的外部资金来源这一部分，主要包括直接融资和间接融资两种方式。外部融资方式主要包括向银行及其他金融机构融资、上市融资、债券融资等。

3. 直接融资和间接融资

按照有无金融中介，房地产企业融资可以分为直接融资和间接融资两种方式。直接融资是指不经过任何金融中介机构，而由资金短缺的单位直接与资金盈余的单位协商进行借贷，或通过有价证券及合资等方式进行企业融资的资金融通，如企业债券、股票、合资合作经营、企业内部融资等；间接融资是指通过金融机构为媒介进行的融资活动，如银行信贷、非银行金融机构信贷、委托贷款、融资租赁、项目融资贷款等。

直接融资的优点是资金流动比较迅速，成本低，受法律限制少；其缺点是对交易双方筹资与投资技能要求高，而且有的要求双方会面才能成交。间接融资则通过金融中介机构，可以充分利用规模经济，降低成本，分散风险，实现多元化负债。直接融资和间接融资是发展现代化大企业、筹措资金必不可少的手段，所以，两种融资方式不能偏废。

二、房地产融资渠道

（一）传统的房地产融资渠道

传统的房地产融资渠道属于金融业的传统业务。随着今天金融创新的花样翻新，融资渠道已经呈现出多元化的趋势。概括地说，传统的房地产融资渠道有下列几种。

1. 银行贷款

作为商业银行的主要业务，银行贷款是房地产企业融资的主要渠道。房地产业的银行贷款项目主要有前期的土地储备贷款、房地产开发贷款和销售环节的住房按揭贷款等直接贷款。目前，房地产企业融资渠道主要依赖银行，在房地产企业所筹集的资金中，至少有60%以上的资金来自商业银行系统。

根据银行的操作规程，银行贷款又可分为信用放款和抵押放款两种形式。信用放款是对信用指数较高的房地产企业所作的放款。信用放款无须抵押和担保。但是银行要加强信用放款的跟踪监控，以确保信用放款能够按期收回。房地产抵押贷款是指抵押人以其合法的房地产以不转移占有的方式向抵押权人提供债务履行担保的贷款行为。抵押物往往是指由抵押人提供并经抵押权人许可的作为债务人履行债务担保的房地产。抵押人是指以房地产作为本人或第三人履行债务担保的企业法人、个人或其他经济组织。抵押权人是指接受房地产抵押作为履行债务担保责任的法人、个人或其他经济组织。债务人不履行债务时，抵押权人有权依法以抵押的房地产拍卖所得的价款依照抵押合同优先受偿。

我国央行房贷通常规定，对未取得《土地使用权证书》《建设用地规划许可证》《建设工程规划许可证》和《施工许可证》四证的项目，不得发放任何形式的贷款。同时，对房地产企业自有资本金比例的要求也调至35%。

2. 按揭贷款

按揭贷款是指购房者以所购得的楼宇作为抵押品而从银行获得贷款，购房者按照按揭契约中规定的归还方式和期限分期付款给银行；银行按一定的利率收取利息。如果贷款人违约，银行有权以房屋的变卖所得优先受偿。

从法律角度来看，商业银行对个人的商业住房贷款是银行对个人的融资，但从效果上是对开发商的间接融资。按揭贷款，尤其是在商品房预售阶段的按揭贷款，对开发商项目的完工有着非常重要的作用，特别是对自有资金不足的开发商。由于银行对个人按揭贷款的要求条件提高（如住宅需封顶、商业写字楼需竣工等），导致按揭贷款数额相对减少，会造成大面积的中、小开发商资金链条断裂，可见该融资手段对开发商的重要性。

由于信用体系的缺陷以及局部房地产过热，如果经济不景气或房地产价格出现严重下挫,过度的银行按揭贷款将会干扰贷款银行、开发商和购房人。在开发商普遍为个人贷款提供阶段性担保的情况下,在担保责任没有解除前会干扰开发商——假如贷款人未能及时偿还银行贷款,则开发商会根据担保合同的规定承担一定的担保责任。对这种责任,开发商应予以慎重对待。

2020年12月31日,中国人民银行、中国银行保险监督管理委员会发布《关于建立银行业金融机构房地产贷款集中度管理制度的通知》(以下简称《通知》),建立了银行业金融机构房地产贷款集中度管理制度,《通知》自2021年1月1日起实施。建立房地产贷款集中度管理制度,是健全我国宏观审慎管理制度和完善房地产金融管理长效机制的重要举措。

《通知》中明确了对7家中资大型银行、17家中资中型银行、中资小型银行和非县域农合机构、县域农合机构、村镇银行,分为5档设置房地产贷款占比上限、个人住房贷款占比上限,见表4-1。

表 4-1 五档房地产贷款占比上限

银行业金融机构分档类型	房地产贷款占比上限	个人住房贷款占比上限
第一档:中资大型银行		
中国工商银行、中国建设银行、中国农业银行、中国银行、国家开发银行、交通银行、中国邮政储蓄银行	40%	32.5%
第二档:中资中型银行		
招商银行、农业发展银行、浦发银行、中信银行、兴业银行、中国民生银行、中国光大银行、华夏银行、进出口银行、广发银行、平安银行、北京银行、上海银行、江苏银行、恒丰银行、浙商银行、渤海银行	27.5%	20%
第三档:中资小型银行和非县域农合机构		
1. 城市商业银行 2. 民营银行 大中城市和城区农合机构	22.5%	17.5%
第四档:县域农合机构		
县域农合机构	17.5%	12.5%
第五档:村镇银行		
村镇银行	12.5%	7.5%
注:1. 农合机构包括:农村商业银行、农村合作银行、农村信用合作社。 　　2. 不包括第二档中的城市商业银行。		

3. 房地产信托

房地产信托就是信托投资公司发挥专业理财优势,通过实施信托计划筹集资金。用于房地产开发项目，为委托人获取一定的收益。

房地产信托经营业务内容较为广泛，按其性质可分为：

(1)委托业务，如房地产信托存款、房地产信托贷款、房地产信托投资、房地产委托贷款等；

(2)代理业务，如代理发行股票债券、代理清理债权债务、代理房屋设计等；

(3)金融租赁、咨询、担保等业务。

相对银行贷款而言，房地产信托计划的融资具有降低房地产开发公司整体融资成本、募集资金灵活方便及资金利率可灵活调整等优势。由于信托制度的特殊性、灵活性以及独特的财产隔离功能与权益重构功能，可以财产权模式、收益权模式以及优先购买权等模式进行金融创新，使其成为最佳融资方式之一。

三种国内常见的房地产企业信托融资模式：

(1)贷款型信托融资。贷款型信托融资是指房地产开发商委托信托公司针对自有房地产开发项目设立信托计划。信托公司以信托合同的形式向不特定投资者募集资金，其后以贷款的形式将资金发放给开发商。开发商定期向信托公司支付利息并于信托计划期满时偿还本金。对于房地产开发商而言，贷款型信托融资的融资额度及期限灵活，开发商可以根据需要与信托公司协商融资额度及期限。其次，房地产开发商可以将支付的利息计入开发成本，在一定程度上进行纳税抵扣。

但是与银行贷款相比较，贷款型信托融资成本高于同期银行贷款利率，并且对申请融资的房地产开发商资质及盈利能力具有较高的要求，同时房地产开发商需要提供相应的资产作为抵押。从本质上来讲贷款型信托融资与银行贷款都属于债务融资，债权人由银行变成了信托公司。

(2)股权型信托融资。自2014年开始，国内房地产信托由贷款型信托向股权型转型。股权型信托融资是指信托公司以发行信托产品的方式向委托人募集资金，通过股权购买的方式向房地产开发商注资，委托人通过红利的方式取得收益。同时开发商承诺在一定期限后溢价回购信托公司所持有的股权。

股权型信托融资的主要优势在于可以有效地增加房地产公司资本金，使房地产公司达到银行融资的条件，适用于自有资金不足的地产公司后续向银行申请贷款。其次，信托公司所认购的股权性质类似优先股，不影响房地产开发商的经营管理。对比银行贷款及贷款型信托融资，股权型信托融资尝试吸引信托公司进行股权投资的方式进行融资。但由于信托公司进行资金注入的同时会要求地产开发商附加回购协议，如不附加回购协议则信托公司要求的超额回报会影响地产开发商的利润，从会计处理上来讲，股权型信托融资仍然被认定为债权型融资。

(3)财产受益型信托。财产收益型信托以房地产开发商将其所持有的房地产资产或项目的收益为基础，开发商将其委托给信托公司，由信托公司通过向投资者发行受益权凭证募集资金，其后将资金让渡给房地产开发商；在信托到期后，如投资者的受益权未得到足额清偿，信托公司有权处置该资产以补足投资者的利益。财产受益型信托融资在不失去资产所有权的前提下实现了融资，通过让渡受益权换取流动资金，增加了资金的流动性。在融资规模和融资期限上具有较高的弹性和空间。但此种模式下的发行的受益权凭证需要获得投资者的认可，不但房地产开发商需要有较高的信用，其信托财产也必须得到准确的评估，因此其发行手续复杂并且存在发行费用。

4. 债权融资

债权融资就是借债——由开发商向别人借贷，最常见的就是向银行和非银行金融机构贷款。在我国，商业银行一般会要求开发商或第三人为贷款提供担保。开发商可以将建设项目向银行抵押作为还款的担保，也可以将开发项目的国有土地使用权，或国有土地使用权连同在建工程向贷款银行抵押。贷款银行在抵押登记手续办理完毕，并取得他项权证后，按照工程的施工进度发放贷款，并对开发商的资金使用进行监管。

对于上市房地产开发商来讲，在符合条件的情况下，可以通过发行可转债的形式融资，该种融资具有股权和债权融资的双重性质。

由于房地产融资的具体情况比较复杂，融资过程中的谈判条款也有很大不同，所以不同渠道的融资条款至为重要，融资双方一定要认真磋商讨论。

5. 房地产典当

房地产典当是指当户以房地产作为抵押担保向典当行借款的融资行为。一般来说，典当行提供的房地产当金数额较小，典当融资期限较短，利息加上综合费相对银行的贷款利息显得较高，而房地产典当物的估价一般都严重偏低，如有其他房地产融资途径，房地产开发商不会通过此种途径融资。

典当融资只需要土地证就可以办理。当开发商资金困难时，典当融资就成了其获得救命钱的渠道之一。土地典当具有以下特点：

(1)融资规模小。一般按土地拍卖价格的50%发放当金，同时典当法明文规定，单笔业务当金的发放，不得超过典当行注册资金的25%。

(2)融资期限短。由于典当的期限一般为1~6个月，这使得土地典当融资只能为企业提供"过桥资金"，让开发商在获得土地证之后、四证办齐之前，顺利过"河"，从银行获得贷款。

(3)融资成本高。土地典当的月利率为2.5%~3%，是银行利率的4~5倍，加大了房地产企业的成本。

(4)典当行风险比较大。一方面，典当行资金规模有限，而土地典当金额一般比较大，直接加大了典当行的风险；另一方面，土地典当期满发生绝当时，由于土地所有权属于国家，所以对其进行变现十分困难，须经土地局、规划局等政府部门层层审批，手续烦琐，周期长，不利于典当行资金的周转。

6. 合作开发

房地产开发商如果具有土地或其他资源，但资金实力不够，可以通过合作开发的形式，引进有资金实力的合作伙伴共同对房地产项目进行开发，双方共享开发的收益，共担风险。合作开发双方在进行合作开发之前，应对合作方、合作项目的情况有充分的了解，并根据具体情形通过多轮谈判确定合作开发模式及相关条款，以达到规避风险、分担责任的目的。为了避免合作的不愉快，建议在合作之初，及时聘请律师或者咨询公司作为项目顾问，由律师或者咨询公司进行尽职调查、方案分析等专业服务。这对切实保护自身的合法权益应该是很有帮助的。

7. 承建企业垫资

由于中国巨大的劳动力供应量的存在，开发商在招标活动中更加具有主动性，承建企

模块四 房地产开发项目融资

业为获得工程合同往往在投标时会有一定的垫资承诺，开发商可以在一定的时间内少付甚至不付工程费用，承建企业垫资实际上起到了为开发商融资的作用。

承建企业垫资在一定程度上减轻了开发商的资金压力，但加重了承建企业的资金负担，导致的后果就是承建企业有时可能拖欠材料厂商的材料款、设备款，甚至可能拖欠建筑工人的工资，产生严重的社会问题。国家政府曾多次关注农民工工资问题，采用这种方式时一定要考虑到社会稳定问题。

(二) 新兴房地产融资渠道

1. 股权融资

股权融资是指开发商通过新发行股权换取新股东的资本金投入，可以将其分为上市公司的股权融资和非上市公司的股权融资。

非上市公司通过股权方式融资的法规限制条件较少，运作相对容易。但其也有一定的局限性：在公司业绩或前景不好的情况下，新股东不愿意出资，而在业绩或前景好的情况下原股东又不愿意将公司的收益与别人分享；而且非上市公司内部治理制度往往不完善。非上市公司股东普遍希望对公司有控股权，新股东如不能对公司有一定的控制力则一般不会轻易投入资金。招商引资是一种非上市公司流行的股权融资，是一种私下寻找战略投资者的融资方式，公司股权不通过公开市场发售。招商引资融资方式最大的优点是不需要公开企业信息，而且被他人收购的风险较小。

上市公司上市融资则可在整个社会的范围内募集资本。上市公司首次进行的上市募集资金（IPO）、配股和增发等股权融资活动都属于股权融资。其优点是上市会带来诸多好处，不仅可以提高企业知名度，而且融资获得的资金几乎没有使用成本，没有还本付息的压力；其缺点是房地产企业取得上市资格较艰难。

2. 房地产债券

房地产债券是为了筹措房地产资金而发行的借款信用凭证，是证明债券持有人有权向发行人取得预期收入和到期收回本金的一种证书。房地产债券的种类繁多，可按不同的标准进行分类，其中最主要、最常见的一种是按发行主体的不同分为房地产政府债券、房地产金融债券、房地产企业债券。

房地产债券目前在我国房地产企业融资总额中所占的比重很小。其主要原因是我国对发行债券的主体要求比较严格。根据《中华人民共和国公司法》的规定，只有国有独资公司、上市公司、两个国有投资主体设立的有限责任公司才有发行资格，并且对企业资产负债率、资本金以及担保等都有严格限制。另外，我国债券市场相对规模较小，发行和持有的风险均较大。

3. 房地产基金

随着我国房地产市场的进一步发展，房地产基金已经成为房地产融资方式的新宠。房地产基金是一种聚集众多零散资金，交由基金投资专家进行集中投资的融资方式。基金可分为海外房产基金和国内产业基金。由于受国内政策、国内企业运作的不规范和房地产市场的不透明性的影响，海外房地产基金在选择合作伙伴时的标准比较苛刻。海外地产基金希望所合作的公司在管理团队、土地储备、政府关系和发展前景等方面都相对比较超群卓越。海外地产基金对于国内众多的房地产企业来讲，可以说是如虎添翼。国内地产基金的发展随着相关法律制度的规范而越来越具有市场前景。

4. 房地产信托投资基金

房地产信托投资基金，即 REITs(Real Estate Investment Trusts)，是房地产证券化的重要手段。房地产投资信托基金是一种以发行收益凭证的方式汇集特定多数投资者的资金，由专门投资机构进行房地产投资经营管理，并将投资综合收益按比例分配给投资者的一种信托基金。

房地产信托基金的特点如下：

(1) 收益主要来源于租金收入和房地产升值；

(2) 收益的大部分将用于发放分红；

(3) 长期回报率较高，但能否通过其分散投资风险仍存在争议。

REITs 由专业管理团队进行资金运作，在进行经济分析时，专业团队所具备的专业人士及设备相较于个人投资者来说优势明显；在进行投资的时候，专业团队进行组合投资，分散风险。REITS 是标准化可流通的金融产品，具有较高的流动性，有利于集中中小投资者手里的闲散资金形成规模经济，实现了投资者和资金需求方的双赢。不同于国内信托的私募性质国际意义上的 REITs 在性质上等同于基金，绝大多数属于公募。REITs 能够在证券交易所上市流通，也可以封闭式运行。从 REITs 的特点及运作方式可以看出，RETs 是受益型信托融资方式的标准化，是资产证券化的一种方式。目前，REITs 在国外已经很稳定，尤其是美国，具有完善的体系。

根据资金投向的不同，REITs 分为权益型、抵押型和混合型三类。

(1) 权益型 REITs 直接投资并拥有房地产(购物中心、公寓、办公楼、仓库等收益型房地产)其收入主要来源于属下房地产的经营收入。

(2) 抵押型 REITs 主要以金金融中介的角色将所募集资金用于发放各种抵押贷款。其收入主要来源于发放贷款所收取的手续费和利息以及所获抵押房地产的部分租金和增值收益。

(3) 混合型 REITs 结合权益投资和抵押贷款两种形式，模式虽较为复杂，但对投资人来说，风险更小，回报更稳定。

2015 年 6 月 8 日，中国证监会正式批复准予"鹏华前海万科 REITs 封闭式混合型发起式证券投资基金"。该基金登陆深圳证券交易所挂牌交易，成为国内第一只真正意义上符合国际惯例的公募 REITs 产品。

5. 房地产资产证券化

房地产证券化就是将流动性较低的、非证券形态的房地产投资，直接转化为资本市场上的证券资产的金融交易过程。房地产证券化包括房地产项目融资证券化和房地产抵押贷款证券化两种基本形式。

房地产证券化的优点如下：

(1) 有利于提高银行资产的流动性，释放金融风险；

(2) 有利于拓展房地产业的资金来源。

在我国，推行房地产证券化可以直接向社会融资并且融资的规模可以不受银行等中介机构的制约，有助于迅速筹集资金、建立良好的资金投入

房地产资产证券化分类

机制。房地产证券化作为重要的金融创新工具，给资本市场带来的重大变化是融资方式的创新，将大大丰富我国金融投资工具，有利于增加我国资本市场融资工具的可选择性。房地产证券化可使筹资者通过资本市场直接筹资而无须向银行贷款或透支，同时，其较低的融资成本有利于提高我国资本市场的运作效率。

房地产融资案例

单元三　房地产项目融资管理

一、项目融资的参与者

由于项目融资的结构复杂，因此参与融资的利益主体也较传统的融资方式利益主体要多。概括起来主要包括项目公司、项目投资者、银行等金融机构、项目产品购买者、项目承包工程公司、材料供应商、融资顾问、项目管理公司等。

项目公司是直接参与项目建设和管理，并承担债务责任的法律实体，也是组织和协调整个项目开发建设的核心。项目投资者拥有项目公司的全部或部分股权，除提供部分股本资金外，还需要以直接或间接担保的形式为项目公司提供一定的信用支持。金融机构（包括银行、租赁公司、出口信贷机构等）是项目融资资金来源的主要提供者，可以是一两家银行，也可以是由十几家银行组成的银团。

项目融资过程中的许多工作需要具有专门技能的人来完成，而大多数的项目投资者不具备这方面的经验和资源，需要聘请专业融资顾问。融资顾问在项目融资中发挥着重要的作用，在一定程度上影响着项目融资的成败。融资顾问通常由投资银行、财务公司或商业银行融资部门来担任。

项目产品的购买者在项目融资中发挥着重要的作用。项目的产品销售一般是通过事先与购买者签订的长期销售协议来实现的，而这种长期销售协议形成的未来稳定现金流构成了银行融资的信用基础。

二、项目融资方案的确定

1. 房地产开发项目融资方案的衡量标准

房地产开发企业在考虑运用各种融资方式筹措资金时，应通过下列标准来选择融资方案：

（1）筹资方案的收益率大于综合资金成本率。

（2）财务杠杆效应与财务风险之间达到最佳均衡。

（3）综合筹资成本率最低。

模块四　房地产开发项目融资

📁 知识链接

2021年8月住建部、央行召集房企开会时提出三个监管要求:"房地产企业剔除预收款的资产负债率不得大于70%、净负债率不得大于100%、现金短债比不得小于1倍"。

根据踩线的条数,监管部门将房地产企业分成"红、橙、黄、绿"四档管理,每降低一档,有息负债规模增速上限增加5%,即使是处于绿档位置的房企,有息负债年增幅也不得超过15%。而"踩线"数量越多,房地产企业面临的降杠杆压力越大。按照监管要求,从2021年1月1日起,房企正式进入降杠杆测试期。到2023年6月底,12家试点房地产企业的"三道红线"指标必须全部达标,2023年底所有房地产企业实现达标。首批纳入监管的房地产企业为碧桂园、恒大、万科、融创、中梁、保利、新城、中海、华侨城、绿地、华润和阳光城等。

2. 房地产开发项目融资方案的决策程序

通常,房地产开发融资方案的决策程序如下所示:
(1)按照项目的实际情况,编制房地产开发资金使用计划表。
(2)根据投资资金使用计划表和公司的资金情况,编制若干个可能的融资方案。
(3)计算各融资方案的资本结构和资金成本率。
(4)选择资金成本率最低的融资方案为待选方案。
(5)计算公司的财务杠杆效应,判断各方案资本结构的效益情况。
(6)计算各有关方案的财务比率等指标,判断各方案资本结构的风险程度。
(7)综合比较和分析,对候选方案的可行性进行判定。
(8)如果证明候选方案不可行,则可从余下的方案中选择一个,重复上述过程,直至找到一个资金成本率较低,又通过可行性研究的融资方案作为决策方案。

🏠 三、项目融资的应用流程

项目融资一般要经历融资结构分析、融资谈判和融资执行三个阶段。

1. 融资结构分析阶段

通过对项目进行深入而广泛的研究,项目融资顾问协助投资者制订出融资方案,签订相关谅解备忘录、保密协议等,并成立项目公司。

2. 融资谈判阶段

融资顾问将代表投资者同银行等金融机构接洽,提供项目资料及融资可行性研究报告。贷款银行经过现场考察、尽职调查及多轮谈判后,将与投资者共同起草融资的有关文件。同时,投资者还需要按照银行的要求签署有关销售协议、担保协议等文件。整个过程需要经过多次的反复谈判和协商,既要在最大限度上保护投资者的利益,又能为贷款银行所接受。

3. 融资执行阶段

由于融资银行承担了项目的风险,因此会加大对项目执行过程的监管力度。通常,贷款银行会监督项目的进展，并根据融资文件的规定，参与部分项目的决策程序，管理和控制项目的贷款资金投入和现金流量。银行的参与在某种程度上也会帮助项目投资者加强对项目风险的控制和管理，从而使参与各方实现风险共担、利益共享。

随着国内资源企业走出去的步伐加快，项目融资的多元融资和风险分担优势越发显现出来，因此企业有必要尽快了解项目融资的特点、优势，并不断摸索、掌握项目融资的流程和步骤，提高融资能力，为境外矿产资源的顺利开发及自身的迅速发展获取资金保障。

房地产项目融资的具体流程及资料清单

四、项目融资的申请条件

一般情况下，项目融资应具备下列申请条件：

房地产开发企业进行融资要具备"432"条件。"432"是银行、信托公司对房地产开发企业发放贷款的红线。具体是指房地产企业要具有四证："国有土地使用证、建设用地规划许可证、建设工程规划许可证、建设工程开工许可证；"房地产企业必须至少具有30%的自有资金；房地产企业要具有国家二级资质；另外房地产企业必须具有实际的证件齐全的抵押物，比如除工业类的现房、在建工程；房地产企业必须是正在正常运营的状态。

其中二级资质指：

(1) 注册资本不低于 2 000 万元；

(2) 从事房地产开发经营 3 年以上；

(3) 近 3 年房屋建筑面积累计竣工 15 万平方米以上，或者累计完成与此相当的房地产开发投资额；

(4) 连续 3 年建筑工程质量合格率达 100%；

(5) 上一年房屋建筑施工面积 10 万平方米以上，或者完成与此相当的房地产开发投资额；

(6) 有职称的建筑、结构、财务、房地产及有关经济类的专业管理人员不少于 20 人，其中具有中级以上职称的管理人员不少于 10 人，持有资格证书的专职会计人员不少于 3 人；

(7) 工程技术、财务、统计等业务负责人具有相应专业中级以上职称；

(8) 具有完善的质量保证体系，商品住宅销售中实行了《住宅质量保证书》和《住宅使用说明书》制度；

(9) 未发生过重大工程质量事故。

五、项目融资计划书的主要内容

通常情况下，一份标准的项目融资计划书应具备以下几个方面的内容：

(1) 项目的经营对象和范围。

(2) 投资规模。

(3) 所需要的融资服务的规模。

(4) 建设周期。

(5)项目收益的主要来源(这部分要详细可信)。
(6)项目的年回报率(详细可信)。
(7)项目建设者和经营者的资历(此处也是重要部分)。
(8)其他情况,其中包括是否经主管部门批准,特殊的项目是否已经办理好特殊手续,是否是国家或者地方重点扶持项目等。

房地产企业
融资计划书

模块小结

广义的房地产融资就是指房地产金融,即在房地产开发、流通及消费过程中,通过信用渠道进行咨询、评估、信托、抵押、信贷、按揭等资金的筹集、运用、清算及相关融资活动的总称。狭义的房地产融资是房地产企业及房地产项目的资金筹集。房地产融资主要应遵循安全性、经济性、可靠性、时机适当性原则。从目前的运作来看,主要的融资方式有信贷市场融资及资本市场融资、内部融资和外部融资、直接融资和间接融资,项目融资的参与者主要包括项目公司、项目投资者、银行等金融机构、项目产品购买者、项目承包工程公司、材料供应商、融资顾问、项目管理公司等。房地产项目融资一般要经历融资结构分析、融资谈判和融资执行三个阶段。

思考与练习

一、填空题

1. 我国的_____是金融业的主要贷款客户。
2. 房地产融资按照期限长短可以分为_____及_____。
3. 按照房地产企业融资的来源划分,可以把融资渠道划分为_____和_____。
4. 按照有无金融中介,房地产企业融资可以分为_____和_____两种方式。
5. 根据银行的操作规程,银行贷款又分为_____和_____两种形式。
6. 我国央行房贷通常规定,对未取得_____、_____、_____和_____四证的项目,不得发放任何形式的贷款。
7. 典当融资只需要_____就可以办理。
8. 股权融资可以将其分为_____和_____。

二、选择题

1. 房地产开发项目安全性按风险程度大小分为A、B、C、D四级,其中,(   )表示风险很小。
   A. A级　　　　　B. B级　　　　　C. C级　　　　　D. D级
2. 融资方案的经济性按综合融资成本费用率标准划分,共分为A、B、C、D四级,其中,(   )表示融资成本很高。
   A. A级　　　　　B. B级　　　　　C. C级　　　　　D. D级

3. 融资方案的可行性分为 A、B、C、D 四个等级,其中,(　　)表示融资方式及所融资金能基本落实。

   A. A 级　　　　　　B. B 级　　　　　　C. C 级　　　　　　D. D 级

4. 目前房地产企业融资渠道主要依赖银行,在房地产企业所筹集的资金中,至少有(　　)以上的资金来自商业银行系统。

   A. 50%　　　　　　B. 40%　　　　　　C. 60%　　　　　　D. 80%

5. 我国央行房贷通常规定,对房地产企业自有资本金比例的要求也调高到(　　)。

   A. 25%　　　　　　B. 35%　　　　　　C. 45%　　　　　　D. 55%

三、问答题

1. 房地产融资的特点是什么?
2. 房地产融资的目的是什么?
3. 什么是房地产企业的直接融资,其优点和缺点各是什么?
4. 土地典当的特点是什么?
5. 房地产信托基金的特点是什么?
6. 房地产开发项目融资方案的衡量标准是什么?
7. 试述房地产开发融资方案的决策程序。
8. 项目融资的申请条件是什么?
9. 项目融资计划书的主要内容有哪些?

模块五 房地产项目规划设计及评价

模块导读

由于在城市化进程中缺乏战略统筹,某城市滨水空间正被快速交通、单调的水利工程、蔓延的住宅开发所割裂和破坏,公共活力和城市风貌形象渐失。新的规划设计理念巧借山水之势,用"两江四岸"滨水设计来引领控制城市未来发展,在设计中,主要从以下五个方面重点打造:①主题鲜明的滨水空间;②多层次的滨江可达性;③塑造滨水公共场所;④多样化的生态和景观堤岸;⑤城市名片的打造。我们相信,在不远的将来,一座充满时尚国际气息又富有地域文化特色的城市将重新展现在我们面前。

知识目标

通过本模块内容的学习,了解城市规划体系及城市规划与房地产开发的关系;熟悉城市规划管理制度;掌握房地产项目规划设计及其方案评价。

能力目标

通过本模块内容的学习,能够进行房地产项目规划设计,并能够进行房地产项目规划方案的评价。

单元一 城市规划

城市规划是指为了实现一定时期内城市的经济和社会发展目标,确定城市性质、规模和发展方向,充分合理地利用城市土地,协调城市空间布局、各项建设的综合部署和具体安排。城市规划是建设城市和管理城市的基本依据,是保证城市土地合理利用和房地产开

发等经营活动协调进行的前提和基础,也是实现城市经济和社会发展目标的重要手段。城市规划区内的各项土地利用和建设活动,都必须按照城市规划进行。

城市规划区是指城市市区、近郊区以及城市行政区域内因城市建设和发展需要实行规划控制的区域。城市规划区的具体范围由城市人民政府在编制的城市总体规划中划定。

近年来,随着规划科学的发展,城市规划的概念也在不断发展。传统的城市规划着重体现城市地区的实体特征。现代城市规划则试图研究各种经济、社会和环境因素对土地利用模式变化所产生的影响,并制订能反映这种影响的动态化规划。

一、城市规划体系

城市规划根据侧重点和应用范围的不同一般可以划分为三个层次,即总体规划、分区规划和详细规划。在正式编制城市总体规划前,可以由城市人民政府组织制定城市总体规划纲要,对城市总体规划需要确定的主要目标、方向和内容提出原则性意见,作为总体规划的依据。根据城市的实际情况和工作需要,大、中城市可以在城市总体规划基础上编制分区规划,进一步控制和确定不同地段的土地用途、范围和容量,协调各项基础设施和公共设施的建设。

1. 城市总体规划

城市总体规划主要包括城市的发展布局,功能分区,用地布局,综合交通体系,禁止、限制和适宜建设的地域范围,各类专项规划等内容。其中,城市总体规划的强制性内容包括规划区范围、规划区内建设用地规模、基础设施和公共服务设施用地、水源地和水系、基本农田和绿化用地、环境保护、自然和历史文化遗产保护以及防灾减灾等。

一般城市总体规划的规划期限为 20 年,在编制城市总体规划时,还应当对城市更长远的发展作出预测性安排。

2. 城市分区规划

城市分区规划的主要任务是在总体规划的基础上,为便于与详细规划更好地衔接,对城市土地利用、人口分布和公共设施、城市基础设施的配置作出进一步的安排。

城市分区规划的内容包括以下几项:

(1)原则规定分区内土地使用性质、居住人口分布、建筑及用地的容量控制指标。

(2)确定市、区、居住区级公共设施的分布及其用地的范围。

(3)确定城市主、次干道的红线位置、断面、控制点坐标和标高,确定支路的走向、宽度以及主要交叉口、广场、停车场位置和控制范围。

(4)确定绿地系统、河湖水面、对外交通设施、风景名胜的用地界限和文物古迹、传统街区的保护范围,提出空间形态的保护要求。

(5)确定工程干管的位置、走向、管径、服务范围以及主要工程设施的位置和用地范围。

3. 城市详细规划

城市详细规划是以城市总体规划或分区规划为依据,对一定时期内城市局部地区的土地利用、空间环境和各项建设用地所做的具体安排。城市详细规划主要包括规划地段各项建设的具体用地范围、建筑密度和高度等控制指标、总平面布置、工程管线综合规划和竖向规划等内容。

根据城市建设的阶段和工作需要,城市详细规划可分为控制性详细规划和修建性详细规划,见表 5-1。

表 5-1　城市详细规划的任务和内容

类别	任务	内容
控制性详细规划	以总体规划或分区规划为依据,详细规定建设用地的各项控制指标和其他规划管理要求,控制和引导各项用地的开发和投资建设	(1)详细确定规划地区各类用地的界线和适用范围,提出建筑高度、建筑密度、容积率控制指标;规定各类用地内适建、不适建、有条件可建的建筑类型,规定交通出入口方位、建筑后退红线距离等。 (2)确定各级支路的红线位置、断面、控制点坐标和标高。 (3)根据规划容量,确定工程管线的走向、管径和工程设施的用地界线。 (4)制定相应的土地使用和建筑管理规定细则
修建性详细规划	以总体规划分区为依据,直接对建设作出具体修建安排及规划设计,指导建筑设计和工程施工图设计	(1)建设条件分析和综合技术经济论证。 (2)建筑的空间布局、建筑布置的总平面图。 (3)道路系统规划设计。 (4)绿地与景观系统规划设计。 (5)工程管线规划设计。 (6)竖向规划设计。 (7)估算工程量、拆迁量和总造价,分析投资效益

二、城市规划管理制度

城市规划管理是指城市人民政府按照法定程序编制和审批城市规划,并依据国家和各级政府颁布的城市规划管理的有关法规和具体规定,对批准的城市规划,采用法律的、行政的、经济的管理办法,对城市规划区内各项建设进行统一安排和控制,使城市中的各项建设用地和建设工程活动有计划、有秩序地协调发展,保证城市规划顺利实施。

城市规划管理包括城市规划编制审批管理和实施监察管理两部分。1989 年 12 月,全国人大常委会通过了《中华人民共和国城市规划法》(以下简称《城市规划法》),标志着我国城市规划走上了法制轨道。2007 年 10 月 28 日,第十届全国人民代表大会常务委员会第二十次会议通过的《中华人民共和国城乡规划法》(以下简称《城乡规划法》)使我国的城市规划建设得到进一步的发展和完善。同时,《城市规划法》予以废止。

1. 城市规划公示制度

我国城市规划实行城市规划公示制度,以便于加强城市规划的监督管理,加强公众参与,接受公众监督,切实保障公众权益和国家利益,增强城市规划的合理性和可行性,提高城市规划的科学性,规范城市规划的行政行为。对于城市总体规划、城市详细规划、近期建设规划、年度建设规划等的方案应在项目批前及批后一定期限内采用展览公示、公示牌公示、媒体公示、网络公示等方式向社会公示,征询社会意见,从而保证规划方案的顺利实施。

2. 选址意见书制度

按照《城乡规划法》第三十六条规定，需要有关部门批准或者核准的建设项目，以划拨方式提供国有土地使用权的，建设单位在报送有关部门批准或者核准前，应当向城市规划主管部门申请核发选址意见书。

申请选址意见书时，建设单位首先必须填写"建设项目选址意见书申请表"。对于符合手续的项目，各级人民政府城乡规划主管部门应在规定的审批期限内核发选址意见书。

3. 建设用地规划许可制度

建设用地规划管理是城市规划管理部门根据城市总体规划对建设单位或个人申请的建设项目用地进行审查，并确定其建设地址、用地范围，核定其用地性质和土地开发强度等规划要求，核发建设用地规划许可证。

建设用地规划许可证申领有两种方式，见表5-2。

表5-2　建设用地规划许可证申领方式

申领方式	具体内容
以划拨方式取得土地使用权	在城市、镇规划区内以划拨方式提供国有土地使用权的建设项目，经有关部门批准、核准、备案后，建设单位应当向城市、县人民政府城乡规划主管部门提出建设用地规划许可申请，由城市、县人民政府城乡规划主管部门依据控制性详细规划核定建设用地的位置、面积、允许建设的范围，核发建设用地规划许可证。 建设单位在取得建设用地规划许可证后，方可向县级以上地方人民政府土地主管部门申请用地，经县级以上人民政府审批后，由土地主管部门划拨土地
以出让或转让方式取得土地使用权	在城市、镇规划区内以出让方式提供国有土地使用权的，在国有土地使用权出让前，城市、县人民政府城乡规划主管部门应当依据控制性详细规划，提出出让地块的位置、使用性质、开发强度等规划条件，作为国有土地使用权出让合同的组成部分。未确定规划条件的地块，不得出让国有土地使用权。 以转让方式取得国有土地使用权的建设项目，在签订国有土地使用权出让合同后，建设单位应当持建设项目的批准、核准、备案文件和国有土地使用权出让合同，向城市、县人民政府城乡规划主管部门领取建设用地规划许可证

4. 建设工程规划许可制度

建设工程规划管理，是根据国家有关城市规划管理的法规、规章，对建筑、管线、路桥、房屋等工程，由规划行政主管部门审核，并会同相关专业管理部门协同审核意见，对拟建工程项目的性质、规模、位置、密度、高度、体型、体量、建筑平面、空间以及朝向、基地出入口、基地标高、建筑色彩和风格等进行核定，并核发建设工程规划许可证。

可以在城市、镇规划区内进行建筑物、构筑物、道路、管线和其他工程建设的，建设单位或者个人应当向城市、县人民政府城乡规划主管部门或者省、自治区、直辖市人民政府确定的镇人民政府申请办理建设工程规划许可证。

申请办理建设工程规划许可证，应当提交使用土地的有关证明文件、建设工程设计方案等材料。需要建设单位编制修建性详细规划的建设项目，还应当提交修建性详细规划。对符合控制性详细规划和规划条件的，由城市、县人民政府城乡规划主管部门或者省、自治区、直辖市人民政府确定的镇人民政府核发建设工程规划许可证。

5. 施工许可制度

《建筑工程施工许可管理办法》规定："在中华人民共和国境内从事各类房屋建筑及其附属设施的建造、装修装饰和与其配套的线路、管道、设备的安装，以及城镇市政基础设施工程的施工，建设单位在开工前应当依照本办法的规定，向工程所在地的县级以上人民政府住房城乡建设主管部门（以下简称发证机关）申请领取施工许可证。"它是实施开工许可制度的法律依据。房地产企业只有在取得了《建设用地规划许可证》和《建设工程规划许可证》后，才能取得施工许可证。建设工程未取得施工许可证的，一律不得开工。

三、城市规划与房地产开发的关系

城市规划是通过规划方案对城市土地利用进行控制，对城市空间布局、空间发展进行合理组织，创造良好的城市生活和生产环境，满足社会经济发展需要的技术手段。而房地产开发则是一个将土地开发建设成房屋的过程。

城市规划和房地产开发是城市建设的不同阶段。城市规划是城市房地产开发的"龙头"，它指导和制约着城市房地产开发，而城市规划所绘制的城市发展蓝图要依靠房地产开发来实现，并针对开发过程中出现的新情况作出调整和补充。两者关系密不可分，具体体现在以下几个方面。

1. 城市规划指导和促进房地产开发

城市规划是建立在详细调查和科学论证基础上的，为房地产开发商提供了大量信息和开发依据。房地产开发的地段选择、开发方案选取、价格评估等都能从城市规划中获得指导。合理的城市规划也能增强投资者的信心，促进房地产开发的发展。

2. 城市规划对房地产开发起管制作用

《城乡规划法》第九条规定："任何单位和个人都应当遵守经依法批准并公布的城乡规划，服从规划管理，并有权就涉及其利害关系的建设活动是否符合规划的要求向城乡规划主管部门查询。"具体来说，就是城市建设用地的性质、位置、面积及建设工程的外观、高度、建筑密度、容积率等都必须接受规划管理，通过规划手段对其进行管制是十分必要的。

3. 城市规划设计是房地产成片开发的必经阶段和必要手段

房地产合理的规划设计能够节省房地产开发项目投资、降低成本，在较高层次规划许可的范围内获得数量更多、用途更广的物业，从而使开发者获得更高的经济效益。

因此，房地产开发必须接受城市规划的统一管理，而城市规划为房地产开发提供指导，同时，也是房地产开发谋求合理经济效益的必要手段。

城市规划——"六线"
规划控制体系

单元二　房地产项目规划设计

近年来，几乎每个城市都建造了数百万平方米的多层、别墅、小高层、高层和超高层建筑。这样多的建筑成就了相当数量的设计大师和著名的开发商，同时，当设计出现问题或者设计未达到预期的目的时，建筑师也往往成了批评的对象。房地产项目规划设计内容广泛，包括居住区规划布局、住宅建筑造型、建筑风格、住宅户型、公共设施规划、道路交通规划及绿地与景观规划等。

一、房地产项目规划设计理念

快速城市化必然带来城市空间的快速扩张，不可避免地要将一部分既有人文物质、自然生态环境包入城市空间之中，以往一味以牺牲人文物质环境和生态环境为代价来换取经济增长的做法已被证明不可持续。尽可能地体现当地的人文空间特征、保留基地的基本生态骨架，应当成为城市规划建设的原则。城市建设、人文物质环境和生态环境三者的和谐发展并非只有唯一的途径可以遵循，科学和务实的规划态度应是因时、因地、因事来进行合理安排。

项目规划设计是整个项目策划系统中的一部分，整个规划设计工作一定要与其他策划环节协调展开，并以项目的总体策划思想为指导。

1. 规划设计应与自然生态相和谐

规划设计应当以积极的态度，将人与建筑、人与自然环境之间的关系建立在和谐共生的基础上，以"配合应用"环境资源取代"消费"环境资源，与自然环境维持共生共存关系。与自然和谐共生的设计理念要体现在节地、节能、节材上，体现在结合地理环境、气候条件来优化设计方案上，体现在改善生态环境、亲近自然上。

2. 规划设计应与社会发展相和谐

建筑及其环境应既具有庇护的功能，还应是一个物质生活与精神生活的复合体，是体现人们思想、感情及价值观念的有形工具。

人类所居住的环境是一个充满良性互动的社会生态体系，因此，在住宅及其环境的构思中，必须将个人、家庭的需求与社会的存在紧密联系起来。住宅建筑设计必须为这种社会的群体化活动提供条件，才能给居民提供一个健康、安全、方便的居住环境。

3. 规划设计应与用户需求变化相和谐

规划设计应与用户需求和谐还体现在适应市场上。由于居住者的家庭构成、生活习惯、职业类型等的不同，提供给市场的住宅类型也应多样。同一个楼盘的多房型配合，可以适应不同经济收入、不同类型、不同生活模式居民的不同购房目的的选择需要。对于老龄人、残疾人的生理、心理需要也要给予重视，做好无障碍设计和方便行动的支持辅助设施，而且尽可能考虑社会交往和互助的因素。

二、居住区规划布局

居住区规划布局应综合考虑住宅布局、公共建筑布局、建筑体型、道路交通以及景观规划等基本因素。居住区建筑的总体布局应遵循通风良好、光照充分、安静整洁、庭院空间美满丰富的原则，合理确定建筑群体布局。常见的规划布局形式见表5-3。

表 5-3 常见的规划布局形式

常见形式	布局要点
行列式	按一定的房屋朝向和间距成排布置，大部分是南北向重复排列，其优点是每户都有好的朝向，而且施工方便，但形式的空间较为单调
周边式	沿街坊或院落周围布置，其优点是内部环境比较安静，土地利用率高，但其中部分住宅的通风和朝向均较差
混合式	采取行列式和周边式相结合的方法进行布置，可以采纳上述两种形式之长，形成半敞开式的住宅院落
自由式	结合地形、地貌、周围条件，不拘泥于某种固定的形式灵活布置以取得良好的日照通风效果

三、住宅建筑选型

住宅建筑选型是规划设计的重要内容之一，它直接影响到土地的经济利用、住宅需求、建筑造价、景观效果以及施工的难易程度。住宅建筑类型有多种分类方式，常见的分类方式见表 5-4。

表 5-4 住宅建筑分类

分	类	内 容
按建筑层数划分	低层住宅	低层住宅是指层数在 1~3 层的住宅。就我国目前的情况而言，城市低层商品住宅尚属于高档住宅，常见的有单层住宅、独栋别墅和联排别墅等，近年还出现了类别墅的建筑形式。随着对中国传统文化的尊重和怀念，房地产开发和建筑创作中也出现了一种"文化回归"理念
	多层住宅	多层住宅一般指层数在 4~6 层不设电梯的住宅。采用若干户作水平组合，形成标准层，层与层之间用公共楼梯作垂直组合。多层住宅造价较低，价格适中，易于被普通消费者所接受，是我国住宅建设中主要的住宅类型之一。但是随着城市土地资源的减少，大城市中多层住宅开发比例逐渐降低
	高层住宅	国家标准《住宅设计规范》(GB 50096—2011)中规定 7~9 层为中高层住宅，10 层及 10 层以上住宅为高层住宅，总高度超过 100 m 的为超高层住宅。《住宅设计规范》(GB 50096—2011)规定住宅层数为 7 层以上应设电梯，12 层及以上的单元式和通廊式住宅应设消防电梯
按平面特点划分	点式住宅	宽度和长度比较接近的住宅称点式住宅，又称塔式住宅。点式住宅能适应不同尺寸和平面形状的用地，其本身所形成的阴影区小，对邻近建筑物日照时间的影响短，在群体中对周围建筑物的通风、视野遮挡也少，再加上其挺拔的体型，往往成为住宅群中富于个性的建筑类型。点式住宅一梯可以安排 4~6 户，充分发挥电梯和楼梯的服务效率；整体抗震性能好
	条式住宅	由两个或两个以上的居住单元按直线邻接的住宅称条式住宅，又称板式住宅。条式住宅具有朝向好、通风向阳、造价相对点式住宅低以及施工方便等优点，其不足之处是布置不够灵活，立面造型不如点式住宅生动，因体型大而容易对周围建筑物的日照、通风、视野造成影响，抗震性能较点式住宅差等

续表

分类		内容
按结构类型划分	砖混结构	这种结构类型主要有砖、石和钢筋混凝土等作为承重材料的建筑物。其构造是采用砖墙、砖柱为竖向构件来承受竖向荷载，钢筋混凝土作楼板、大梁、过梁、屋架等横向构件，搁置在墙、柱上，承受并传递上部传下来的荷载。这种结构的房屋造价较低，是我国目前建造量较大的房屋建筑。但是，这种房屋的抗震性能较差，开间和进深的尺寸都受到一定的限制，其层高也受到限制，多层住宅多采用这种结构
	框架结构	框架结构是由钢筋混凝土梁、柱组成的承受竖向荷载和水平荷载的结构体系。墙体只起维护和隔断作用。框架结构具有使用平面灵活、室内空间大等优点，但施工周期较长。由于梁、柱截面有限，侧向刚度小，在水平荷载作用下侧移大，故框架结构一般又称为柔性结构。其建造住宅的高度不宜超过15~20层，地震区不宜超过7层
	框架-剪力墙结构	框架-剪力墙结构也称框剪结构。剪力墙主要承受水平地震作用或风荷载所产生的剪力，框架主要承受竖向荷载和少部分剪力。这种结构抗侧移能力提高了很多，建筑结构更加稳固，一般称为半刚性结构体系，适合层数较多的居住建筑
按户内空间布局划分	平层	平层是指一套住宅的厅、卧、卫、厨、阳台等不同功能的所有空间都处于同一层面的住宅。平层布局紧凑，功能合理，交通路线简捷，但空间层次感不强。平层住宅是目前最为普遍的住宅户型
	错层	错层主要是指一套住宅的各功能区不处于同一平面。错层住宅在居住功能上具有较大的合理性，不同的功能区域完全是独立的空间，能够动静分区，干湿分离，居住的私密性大大加强，又使室内空间具有层次感，富有流动感，活跃了室内环境。错层式住宅还具有类似别墅的感觉，使居住的档次和品位得到提升，在居住舒适度上有着一般住宅无法比拟的超前性和实用性，能够满足不同人群的心理需求
	复式	复式住宅在概念上是一层，并不具备完整的两层空间，但层高较普通住宅高，可在局部掏出夹层，安排卧室或书房等，用室内楼梯联系上下空间，其目的是在有限空间里增加使用面积，提高住宅的空间利用率。复式住宅平面利用率高，可使住宅使用面积提高50%~70%，同时也比较经济，并且打破了原有普通单元式住宅单调的平面形式，把室内居住环境空间化、层次化，能满足人们对空间变化的追求，更适合年轻人居住
按户内空间布局划分	跃层	跃层式住宅是指同楼层的一套住宅单位在内部的结构设计上表现为相对独立的两层居住空间，也有人称为"楼中楼"。跃层住宅内部设计有上下两层楼面，卧室、起居室、客厅、卫生间、厨房及其他辅助用房可以分层布置，上下层之间的交通不通过公共楼梯而采用户内楼梯连接。跃层式住宅动静分区明确，互不干扰；每户都有二层或二层合一的采光面，即使朝向不好，也可通过增大采光面积来弥补；通风较好；户内居住面积和辅助面积较大；布局紧凑，功能明确，相互干扰较小。跃层住宅可分为"上跃型住宅"和"下跃型住宅"两种类型，最常见的为"上跃型住宅"

模块五 房地产项目规划设计及评价

知识链接

四、建筑风格

建筑风格是指建筑设计中在内容和外貌方面所反映的特征，主要在于建筑的平面布局、形态构成、艺术处理和手法运用等方面所显示的独创和完美的意境。建筑风格因受不同时代的政治、社会、经济、建筑材料和建筑技术等的制约以及建筑设计思想、观点与艺术素养等的影响而有所不同。具体到住宅区的建筑风格，可以从历史角度、流行风格角度、文化角度、技术角度四个方面来构思和设计建筑风格。

住宅类型赏析

对于房地产开发商而言，适宜的建筑风格对楼盘促销具有相当大的积极意义，它可以作为楼盘的卖点之一，为项目开发奠定良好的基础；对于消费者而言，清新宜人的建筑风格能获得人们的认同，引起精神上的愉悦；对于城市建设而言，新颖的建筑风格能为城市增添一道道亮丽的风景线。

我国在房地产开发实践中，不同时期、不同地域出现了多种建筑风格，建筑风格从大的方面可以分为古典主义风格、现代主义风格、后现代主义风格等几种形式。

1. 古典主义风格

古典建筑分为中国古建筑和西方古典建筑。中国古建筑以木结构为代表，其主要特点是结构灵巧、风格优雅，其基本形式是在地面立好柱子，在柱子上架设木梁和木枋，梁、枋上再用木料做成屋顶的构架，最后再这些构架上铺设瓦屋顶面，围绕柱子四周用砖或其他材料构造墙体。西方古典建筑主要包括：

（1）古希腊风格建筑（图5-1）。希腊人用石材建造房屋，产生了柱廊和三角形山墙的外立面形式，以挺拔的柱式及简洁的形式使人感觉亲切，其柱顶通常作出装饰花纹。

图 5-1　古希腊风格建筑

(2)古罗马风格建筑(图 5-2)。罗马人利用混凝土建造了大跨度的拱券,创造出柱式和叠柱式多层建筑形式。其中,罗马式拱券有着古朴的风格和动感的造型,拱券与优美的柱子的组合成为建筑的经典。

图 5-2　古罗马风格建筑

(3)欧洲中世纪建筑(图 5-3)。这种风格建筑大量采用直线条和尖塔装饰,尖券比例瘦长,飞扶壁凌空动感强,全部柱墩垂直向上,给人以挺拔向上之势,直冲云霄之感,其外立面通常大量采用彩色玻璃和高浮雕技术。

图 5-3　欧洲中世纪建筑

(4)文艺复兴时期建筑(图5-4)。这种风格建筑采用古典柱式,将力学上的成就,绘画的透视规律以及新的施工机具都运用到建筑立面实践中,使这个时期建筑的外立面有繁有简,拱券、门窗、柱式、基座、屋顶等比例协调,相互呼应。

图5-4 文艺复兴时期建筑

2. 新古典主义风格

新古典主义风格是经过改良的古典主义风格,一方面保留了材质、色彩的大致风格,仍然可以很强烈地感受传统的历史痕迹和浑厚的文化底蕴,另一方面又摒弃了过于复杂的肌理和装饰,简化了线条(图5-5)。

图5-5 新古典主义风格建筑

3. 现代主义风格

现代主义风格建筑(20世纪20年代至50年代)的特征是反映当时建筑工业化时代精神，建筑外观成为新技术的体现尤其突出建筑造型自由且不对称，外立面简洁、明亮、轻快(图5-6)。

图 5-6　现代主义风格建筑

4. 后现代主义风格

后现代主义风格建筑注重地方传统，强调借鉴历史，建筑内容丰富，如现代化办公楼的钢结构形式与玻璃幕墙结合，外观和谐，细部处理得当，具有强烈的视觉感染力(图5-7)。

图 5-7　后现代主义风格建筑

五、住宅户型

户型也称房型，是指房屋（多指单元房）内部格局的类型，如一套住宅是几室几厅几卫。户型是在现代建筑业发展过程中出现的一种对房屋住宅类型的简称。住宅的面积和空间是有限的，而住宅的使用功能相互之间会有很多关联，经济能力、设备配置等客观因素对功能分区也会产生一定的制约。所以，在进行住宅设计时必须抓住主要矛盾，应强调空间组合的层次清晰、布局合理。

一套住宅的户型图，是该套住宅的平面空间布局图。从该图上一般可直观地看出该套住宅内部各个独立空间的数量、使用功能（如门厅、客厅、餐厅、卧室、书房、厨房、卫生间、过道、贮藏室、壁柜、阳台等）、相对位置、大小、长宽、朝向、门窗位置等情况。

1. 住宅功能分区

居住水平的提高，反映在居住功能上就是功能空间专用程度的提高。

根据居住行为模式，可将家庭生活行为空间分为私人行为空间、公共行为空间、家务行为空间、卫生行为空间、交通空间、室外过渡空间等，见表5-5。

表 5-5 住宅功能分区

分	区	内　　容
私人行为空间	主卧室	主卧室一般是指家庭主人夫妻卧室，年轻夫妻可以考虑放置婴儿床的空间。主卧室是住宅内最为稳定的空间，使用年限最长，私密性最强，有良好的家庭归属感。一般要求具有理想的朝向和较为开阔的观景视角
	单人次卧室	单人次卧室为家庭某一成员使用，应根据使用人不同的年龄阶段考虑其适用性
	客房和保姆室	客房和保姆室的居住标准和面积要求相对较低，以满足亲戚、朋友、保姆等短期居住需求即可
公共行为空间	起居室	起居室是家庭成员团聚、交流、活动的空间，要有较为良好的视线和观景条件
	客厅	客厅是家庭成员接待来访、社交、会客行为的场所，与家庭成员活动应分开设置
	餐厅	餐厅是家庭成员就餐的地方，应与厨房就近布置
	工作室	工作室既可以是个人学习的空间，也能成为多人共同学习、交流的场所
	健身房	健身房要根据家庭成员的爱好来布置，一般家庭会选择占用空间不大的器械
	过厅	过厅是进入住宅的第一个区域，在入口处设置玄关，玄关设置微型衣帽间，既可以满足私密性要求，又使空间过渡更为合理
家务行为空间、卫生行为空间	厨房	厨房是住宅设计的核心组成部分，是家庭服务的中心，是专门处理家务、膳食的公共场所，其位置和空间大小的布置必须便于生活
	洗衣房、家务室	洗衣房和家务室通常合并设在一起，以提高家务工作时间的综合使用效率
	卫生间	卫生间是供住户家庭卫生和个人生理卫生的专用空间，其通风、采光、景观以及卫生洁具布局的设计越来越受到重视。实践中，对于较大户型可以分别设置公用卫生间和主人卫生间

续表

分区		内容
交通空间、室外过渡空间	过道和走廊	住宅的过道和走廊是户内平面的主要交通联系。大多数情况下，住宅的过道、走廊会与其他的空间结合设置，增加住宅内空间转化的灵活性；但是设计中，应避免交通面积过大而影响住宅使用功能的优化
	户内楼梯	住宅的户内楼梯常见于复式、跃层或别墅户型内，多采用单跑直梯、弧形、螺旋形等形式，较大面积的独栋别墅也可以设置双跑直梯。户内楼梯也可以与住宅的公共空间结合在一起，如与起居室、餐厅等空间相结合。户内楼梯可以起到美观、装饰、储藏等作用
	阳台	阳台是住宅中住户的专用室外空间，是住宅内部与自然沟通的场所。阳台按功能可以分为生活阳台和服务阳台。生活阳台是供生活起居用的，一般位于起居室和卧室的外部，多设置在南侧向阳处；服务阳台是为居住的杂务活动服务的，一般位于厨房的外部，多设置在住房的北侧
	露台	露台是对住宅其他房间的顶部进行专门的处理，达到可上人的使用要求。可在上面覆土、种植、绿化，改善环境小气候。露台常见于顶部住宅以及退台式住宅中

2. 住宅功能分区技术要点

功能分区设计要为住户提供最佳的功能空间，要以我国城市住宅建设基本原则为指导，并与一定的技术经济条件相适应。

（1）采光要好，通风要流畅，最好能有穿堂风，通常以朝南最佳，朝东西次之，朝北最次。除朝向外，窗景也非常重要。

（2）要尽可能重视卧室的采光效果。起居室、厨房、卫生间的采光效果依次类推。

（3）客厅卧室分离，厨房餐厅分离，但要相互挨着，户门不宜直接对着客厅。

（4）客厅中的门尽可能减少，尽量减少不能利用的通道走廊，还应宽敞、明亮、通风、有较好的朝向和视野。

（5）卧室应当安静、舒适、私密、安全，主次卧区分严格，主卧室最好有好的朝向，窗户朝阳，采光通风要好。

（6）卫生间干湿分离，与主卧室的位置要近，不宜正对客厅和餐厅，不宜与厨房紧连。

（7）厨房直接对外采光、通风。

（8）阳台最好与客厅相连，如果条件允许，阳台应大一些，能有两个就更好了。

（9）面积较大的套型应设有储藏空间，储藏室可不采光通风。

六、公共设施规划

1. 公共服务设施规划

一般来说，住宅区的公共服务设施可分为公益性设施和盈利性设施两大类。按其服务的内容，又可分为商业设施、教育设施、文化运动设施、医疗设施和社区管理设施五类。

上述设施在布局中可以考虑在平面上和空间上的结合。其中，公共服务设施、交通设施、教育设施和户外活动设施的布局对住宅区域规划布局结构的影响较大。

2. 停车设施规划

住宅区停车设施建设可以根据条件和规划要求采用多种形式，如可与住宅结合，设于住宅底层的架空层内或设于住宅的地下层内；可与配套公共设施相结合设于地下层等；可通过路面放宽将停车位设在路边；还可与绿化地和场地结合，设于绿地和场地的地下或半地下空间，在其上覆土绿化或作为活动场地。

3. 安全设施规划

居住区的安全设施根据所采用的安全系统一般较为常用的有对讲系统设施和视频监视系统设施。对讲系统是指住户与来访者之间通过对讲机进行单元门或院落门门锁开启的安全系统；视频监视系统是指在居住区内和外围设置能够监视居住区全部通道出入的摄像装置并由居住区保安管理监控室负责监控和处理。这两种保安系统均由居住区的专用线或数据通信线传送信息，需要设置居住区的中央保安监控设施。

4. 户外场地设施规划

住宅区的户外场地设施包括户外活动场地、住宅院落以及其中的各类活动设施和配套设施。在住宅区中，户外活动场地有幼儿游戏场地、儿童游戏场地、青少年活动与运动场地、老年人健身与消闲场地和其他社会性活动场地。各类活动设施包括幼儿和儿童的游戏器具、青少年运动的运动器械及为老年人健身与消闲使用的设施。配套设施包括各类场地中心的桌凳、亭廊、构架、废物箱、照明灯、矮墙、雕塑、喷水等景观性小品。

5. 服务管理设施规划

住宅区的管理设施包括社区管理部门和物业管理部门。社区管理部门主要承担对关系到住宅区的各项建设与发展和住户利益事务的居民意愿、意见的征求以及讨论决策；物业管理部门则受居民业主委员会委托负责住宅区内部所有建筑物、市政工程设施、绿地绿化、户外场地的维护、养护和维修，负责住宅区内环境清洁、保安以及其他服务。在规划设计中，可以将社区管理机构和物业管理部门办公场所合并考虑。

物业管理机构与居民日常生活关系紧密，许多物业管理公司已经发展了许多为业主服务的新项目。因此，在布局上宜与社区（活动）中心结合，一般服务半径不宜超过 500 m，以便于联系与运作。

七、道路交通规划

按照居住区规划设计的理论，结合相应的人口规模和用地规模，将居住区道路进行分级是必要的。居住区道路的宽度则是按照其等级来确定的。居住区的道路通常可分为居住区级道路、居住小区级道路、居住组团级道路和宅间小路四级。

1. 居住区道路宽度的要求

居住区道路宽度要求见表 5-6。

表 5-6　居住区道路宽度要求

类别	道路宽度要求
居住区级道路	居住区级道路为居住区内外联系的主要道路，道路红线宽度一般为 20～30 m，山地居住区不小于 15 m。车行道一般需要 9 m，如考虑通行公交时应增加至 10～14 m，人行道宽度一般为 2～4 m
居住小区级道路	居住小区级道路是居住小区内外联系的主要道路，道路红线宽度一般为 10～14 m，车行道宽度一般为 5～8 m。在道路红线宽于 12 m 时可以考虑设人行道，其宽度为 1.5～2 m

续表

类别	道路宽度要求
居住组团级道路	居住组团级道路为居住小区内部的主要道路，它起着联系居住小区范围内各个住宅群落的作用，有时也伸入住宅院落中。其道路红线宽度一般为8～10 m，车行道要求为5～7 m，大部分情况下居住组团级道路不需要设专门的人行道
宅间小路	宅间小路是指直接通到住宅单元入口或住户的通路，它起着连接住宅单元与单元、连接住宅单元与居住组团级道路或其他等级道路的作用。其路幅宽度不宜小于2.5 m，连接高层住宅时其宽度不宜小于3.5 m

2. 居住区交通组织方式

居住区交通组织有两种方式，即人车分行、人车混行结合局部分行。

（1）人车分行。建立"人车分行"的交通组织体系的目的在于保证住宅区内部居住生活环境的安静与安全，使住宅区内各项生活活动能正常舒适地进行，避免住宅区内大量私人机动车交通对居住生活质量的影响，如交通事故、噪声、空气污染等。

（2）人车混行结合局部分行。人车混行的交通组织方式是指机动车交通和人行交通共同使用一套路网。这种交通组织方式在私人汽车不多的国家和地区，既方便又经济，也是一种传统的、常见的住宅区交通组织方式。人车混行交通组织方式下的住宅区路网布局要求道路分级明确，并应贯穿于住宅区内部，主要路网一般采用互通型的布局形式。人车混行交通组织方式在小孩或老人出入频繁的特殊区域应注重结合局部分行的设计原则。

3. 路网规划原则

居住区道路系统是居住区的骨架，有分割地块及联系不同功能用地的作用，对整个居住区的合理布局起决定性作用。为使居民日常出行安全、便捷，使居民日常生活安静、舒适，居住区交通组织考虑的因素包括合理处理人与车、机动车与非机动车、快车与慢车、内部交通与外部交通、静态交通与动态交通之间的关系。

随着居民生活水平和对居住环境要求的提高，完全的人车混行方式已不能满足居住需求，正在逐步向人车分行、人车混行结合局部分行方式发展。居住区路网布局规划应在居住区交通组织规划的基础上，采用适合于相应交通组织方式的路网形式，并应遵循以下原则：

（1）顺而不穿，保持居住区内居民生活的完整和舒适。
（2）分级布置，逐级衔接，保证居住区交通安全、环境安静以及居住空间领域的完整。
（3）因地制宜，使居住区的路网布局合理、建设经济。
（4）功能复合化，营造人性化的街道空间。
（5）构筑方便、系统、丰富、整体的居住区交通、空间和景观网络。
（6）避免影响城市交通。

八、绿地与景观规划

1. 绿地规划

绿地率是衡量居住区生态质量、环境质量的重要指标。居住区绿地包括公共绿地、宅旁绿地、配套公建所属绿地、道路绿地，但不包括不能满足植树绿化覆土3 m深度要求的屋顶、晒台的人工绿地，以及距离建筑外墙1.5 m和道路边线1 m以内的用地。

为方便居民日常的游憩活动需要，利于创造层次丰富的公共活动空间，达到良好的空

模块五　房地产项目规划设计及评价

间环境效果，按照集中与分散相结合、点线面相结合的原则，公共绿地系统的布局必须设置一定的中心公共绿地，小区级小游园的用地规模不小于 4 000 m^2，组团绿地不小于 400 m^2。为方便居民使用，中心绿地应与道路相邻，并开设出入口。

居住区各级公共绿地是居住区空间环境的重要组成部分，公共绿地应采用"开敞式"布局方式，并应在空间上与建筑及周边环境相协调。

组团绿地首先要满足日照环境的基本要求，即应由不少于 1/3 的绿地面积在当地标准的建筑日照阴影线范围之外；其次要满足功能要求，即要便于设置儿童游戏设施和适于成人游憩活动，而不干扰居民生活；还要考虑影响空间环境的因素，即绿地四邻建筑物的高度及绿地空间的形式。

2. 景观规划

景观规划包括步行环境、铺地环境、水体环境以及户外设施环境几个方面内容。

（1）步行环境规划。步行环境的规划与设计应该同时考虑功能与景观问题。就功能而言，包括提供一个不易磨损的路面和场地系统，使人能安全、有效、舒适地从起点到达目的地或开展活动；就景观而言，要求能吸引人，并提供一个使人产生丰富感受的景观环境。

（2）铺地环境规划。铺地设计主要从满足使用要求和景观要求两方面出发，考虑舒适、自然、协调。对地坪的铺装应考虑材料、色彩、组合等因素：第一，要考虑地面的坚固、耐磨和防滑，即行走、活动和安全的要求；第二，要利用地面材料、色彩和组合图案引导行走方向和限定场地界限；第三，要通过一种能表现和强化特定场地特性的组合创造地面景观；第四，应该与周围建筑物形成良好的结合关系。

（3）水体环境规划。水是我国古代造园艺术的精髓之一，水具有灵动之美，水体的运用往往能为小区环境创造出清新宜人的效果。《城市居住区规划设计标准》（GB 50180—2018）中将水体面积并入绿地面积来计算绿地率，可见水体对于环境影响的重要性。水体有多种运用手法，其中最重要的是利用水体的"活"性，顺应自然，利用自然，因势利导，创造生气活泼而又不矫揉造作的水环境的原则。

（4）户外设施环境规划。住宅小区在规划设计中，营造良好的户外设施环境是必不可少的工作，户外设施主要包括：独立的小型公建，如门房、警卫室、居委会、小型存车户等；公用工程设施中的小型土建，如水泵房、开闭所、加压站、小型热力站（锅炉房）、煤气站等；环卫设施及消防设施；照明灯、指示牌、标志物、公益广告牌、公用电话亭等；其他建筑小品、围墙、园林建筑与雕塑等。

这些零散的建筑物和构筑物，是小区功能设施的重要组成部分，需要纳入统一的规划设计与管理。其建筑风格、环境风格、建筑色彩等需要与小区整体风格相一致、相协调，使之成为小区环境的亮点。

单元三　房地产项目规划方案评价

一、房地产项目规划方案评价指标

房地产综合开发方式产生后，出现了大量独立经营的开发商，客观上要求城市规划行政主管部门转变职能,将大包大揽地直接完成所有的规划设计工作,转变为将修建性详细规划以后的自主权交给开发商,由其按照市场需要和自己的意图委托专业设计人员设计。城市规划行政主管部门对开发项目的规划设计的控制则更多地体现在下达规划指标上。对房地产开发企业而言,规划指标也是对该项目的规划设计方案进行技术经济评价的重要参考依据。

1. 居住区开发项目的技术经济指标

居住区开发时通常采用以下技术经济指标作为衡量居住区规划方案的经济性和合理性的标准:

(1)居住区总用地(km^2)是指居住区范围内的总用地面积。其中包括居住用地、公共建筑用地、道路用地、绿化用地。

(2)居民人均占地(m^2/人)是指居住区内人均占地指标。其中包括人均居住用地、人均公共建筑用地、人均道路用地、人均绿化用地。

(3)居住区总建筑面积(m^2)是指居住区范围内的总建筑面积。其中包括居住区建筑面积、公共建筑面积。

(4)总户数、总人数、平均每户人口(口/户)是指居住区内可容纳的总户数、总人口、总人口与总户数之比。

(5)平均每户居住建筑面积(m^2/户)是指居住区内居住建筑面积与总户数之比。

(6)居住建筑密度是指居住建筑对居住建筑用地的覆盖率。其计算公式为

$$居住建筑密度 = \frac{居住建筑基底面积}{居住建筑用地面积}(\%)$$

(7)容积率(居住建筑面积密度)的计算公式为

$$容积率 = \frac{居住建筑面积}{居住区用地面积}(m^2/hm^2)$$

(8)人口毛密度是指居住区内可居住的总人口与总用地面积之比。其计算公式为

$$人口毛密度 = \frac{总人口}{总用地}(人/hm^2)$$

(9)人口净密度是指居住总人口与居住建筑用地面积之比。其计算公式为

$$人口净密度 = \frac{总人口}{居住建筑用地面积}(人/m^2)$$

(10)住宅平均层数是指居住建筑总面积与居住建筑基底总面积之比。其计算公式为

$$住宅平均层数 = \frac{居住建筑总面积}{居住建筑基底总面积}$$

(11)高层比例即高层住宅占总建筑面积的比例。其计算公式为

$$高层比例 = \frac{高层住宅建筑面积}{居住区总建筑面积}(\%)$$

(12)住宅间距(m)是指相邻居住建筑之间的距离。

(13)居住区平均造价的计算公式为

$$平均造价 = \frac{总造价}{居住区总建筑面积}(元/m^2)$$

(14)建设周期是指自工程开工至全部工程完工之间的持续时间。

(15)绿地率是指居住区用地范围内各类绿地总面积占居住区用地总面积的比率。

2. 非居住区开发项目的技术经济指标

为评价非居住区开发项目规划设计方案的经济性和合理性，经常采用以下技术经济指标作为衡量的标准：

(1)建筑容积率是指项目规划建设用地范围内的全部建筑面积与规划建设用地面积之比。附属建筑物计算在内，但应注明不计算面积的附属建筑物除外。

(2)总建筑面积是指各层建筑面积总和。

(3)地上建筑面积是指地上各层建筑面积总和。

(4)建筑密度即建筑覆盖率，是指项目用地范围内所有建筑物的基底面积之和与规划建设用地面积之比。

(5)规划建设用地面积是指项目用地规划红线范围内的土地面积。

(6)建筑高度是指城市规划行政主管部门规定的建筑物檐口高度上限。

(7)绿地率是指规划建设用地范围内的绿地面积与规划建设用地面积之比。

(8)停车位个数是指在规划用地范围内设置的地面和地下停车位的总个数。

(9)有效面积系数是指建筑物内可出租使用的建筑面积与总建筑面积之比。

(10)开发项目总造价、平均造价和开发建设周期。

二、房地产项目规划方案评价方法

房地产开发项目规划设计方案的评价方法要从明确评价目标开始。首先，要明确评价总目标，将总目标分解为可以明确表述的两三个评价分目标；其次，进一步细化评价内容或评价指标，从而构成结构明确、层次清楚的指标体系；再次，选定可以操作的评价方法，对方案进行分析和评价；最后，通过对可选方案的比较分析，选择最佳方案。

规划设计方案评价有法规评价、技术评价、施工评价和效益评价四个方面。

法规评价是指开发项目是否符合环境保护及建筑设计施工方面的相关法律法规。建设项目涉及依法划定的自然保护区、风景名胜区、生活饮用水水源保护区及其他需要特别保护的区域的，应当符合国家有关法律法规对该区域内建设项目环境管理的规定；依法需要征得有关机关同意的，建设单位应当事先取得该机关的同意。

技术评价和施工评价主要包括土建、采暖卫生与煤气工程、电梯和消防四个方面的评价。评价时，要认真学习工程力学、工程结构、建筑材料、民用建筑构造、岩土工程与地基基础、工程测量、建筑防火、城市绿化、古建保护和人防的基本知识，执行相关房屋建筑工程技术标准。

效益评价包括成本效果分析和成本效益分析。前者是指为实施项目计划所投入的成本与所产生的卫生效果的比较分析；后者是指投入的成本与所产生的卫生效果转换成货币量度之间的比较分析。效益是在效果的基础上测得的。

房地产开发项目规划设计方案评价的常用方法有德尔菲法和层次分析法等。

1. 德尔菲法

德尔菲法是在 20 世纪 40 年代由 O. 赫尔姆和 N. 达尔克首创，经过 T. J. 戈尔登和兰德公司进一步发展而成的。德尔菲法是为了克服专家会议法的缺点而产生的一种专家预测方法。在预测过程中，专家彼此互不相识、互不往来，这就克服了在专家会议法中经常发生的专家们不能充分发表意见、权威人物的意见左右其他人的意见等弊病。德尔菲法依据系统的程序，采用匿名发表意见的方式，即专家之间不得互相讨论，不发生横向联系，只能与调查人员发生关系，通过多轮次调查专家对问卷所提问题的看法，经过反复征询、归纳、修改，最后汇总成专家基本一致的看法，作为预测的结果。这种方法具有广泛的代表性，较为可靠。德尔菲法作为一种主观、定性的方法，不仅可以用在预测领域，而且可以广泛应用于各种评价指标体系的建立和具体指标的确定过程。

2. 层次分析法

层次分析法是指将一个复杂的多目标决策问题作为一个系统，将目标分解为多个目标或准则，进而分解为多指标（或准则、约束）的若干层次，通过定性指标模糊量化方法算出层次单排序（权数）和总排序，以作为目标（多指标）、多方案优化决策的系统方法。层次分析法是将决策问题按总目标、各层子目标、评价准则直至具体的备投方案的顺序分解为不同的层次结构，然后用求解判断矩阵特征向量的办法，求得每一层次的各元素对上一层次某元素的优先权重，最后用加权和的方法递阶归并各备择方案对总目标的最终权重，此最终权重最大者即为最优方案。这里所谓的"优先权重"是一种相对的量度，它表明各备择方案在某一特点的评价准则或子目标，标明优越程度的相对量度以及各子目标对上一层目标而言重要程度的相对量度。层次分析法比较适用于具有分层交错评价指标的目标系统，而且目标值又难以定量描述的决策问题。其用法是构造判断矩阵，求出其最大特征值。

层次分析法的应用步骤是：建立递阶层次结构；构造两两比较判断矩阵；针对某一个标准，计算各备选元素的权重。

模块小结

城市规划和房地产开发是城市建设的不同阶段。城市规划指导和制约着城市房地产开发，而城市规划所绘制的城市发展蓝图要依靠房地产开发来实现，并针对开发过程中出现的新情况作出调整和补充。房地产项目规划设计包括居住区规划布局、住宅建筑选型、建筑风格设计、住宅户型设计、公共设施规划、道路交通规划及绿地与景观规划等。房地产开发企业应从法规评价、技术评价、施工评价和效益评价四个方面对房地产项目规划设计方案进行评价。

思考与练习

一、填空题

1. 城市规划是_____的基本依据，是保证城市土地合理利用和房地产开发等经营活动协调进行的前提和基础，也是实现城市经济和社会发展目标的重要手段。

2. 城市规划区的具体范围由_____在编制的城市总体规划中划定。

3. 城市规划根据侧重点和应用范围的不同一般可以划分为三个层次，即_____、_____和_____。

4. 城市规划管理包括_____和_____两部分。
5. 一般来说，住宅区的公共服务设施可分为_____和_____两大类。
6. 居住区的安全设施根据所采用的安全系统一般较为常用的有_____和_____。
7. 住宅区的管理设施包括_____和_____。
8. 居住区交通组织有两种方式，即_____、_____。
9. 房地产项目规划方案效益评价包括_____和_____。

二、选择题

1. 一般城市总体规划的规划期限为（　　）年。
   A. 3　　　　　　B. 10　　　　　　C. 20　　　　　　D. 30
2. （　　）是指建筑设计中在内容和外貌方面所反映的特征。
   A. 建筑设计　　B. 建筑外观　　C. 建筑造型　　D. 建筑风格
3. 居住小区级道路，道路红线宽度一般为（　　）m。
   A. 3～5　　　　B. 5～10　　　　C. 10～14　　　D. 15～20
4. （　　）是衡量居住区生态质量、环境质量的重要指标。
   A. 绿地率　　　B. 公共绿地　　C. 宅旁绿地　　D. 绿地面积

模块六 房地产开发项目的前期工作

模块导读

房地产开发项目须遵循客观严谨的开发流程。房地产开发项目的前期工作包括获取土地使用权、规划方案和施工图设计、前期手续办理等，是整个项目的总方向和总目标。一旦对前期工作的重视不够，就不能把握房地产市场，有力地控制工程投资，最终就会影响整个开发计划的结果。

在房地产开发项目中，都有哪些前期工作要做好？为什么说前期工作贯穿项目建设的始终，又直接决定了项目建设的优劣和成败？

知识目标

通过本模块内容的学习，掌握房地产开发项目前期工作流程；熟悉土地使用权的取得方式；熟悉房地产项目的立项与审批程序，了解拆迁管理及房地产项目的基础设施建设知识，掌握房地产开发项目前期工作内容及其管理。

能力目标

通过本模块内容的学习，能够按照房地产项目开发流程按要求完成各项前期工作，并具备房地产开发项目前期工作的管理能力。

单元一 土地使用权的取得

土地使用权是指国家机关，企、事业单位，农民集体和公民个人，以及三资企业，凡具备法定条件者，依照法定程序或约定对国有土地或农民集体土地所享有的占有、利用、

模块六　房地产开发项目的前期工作

收益和有限处分的权利。土地使用权是外延比较大的概念,其包括农用地、建设用地、未利用地的使用权。

获取土地是房地产开发的第一个步骤。所谓土地使用权的获取,是指开发商通过出让、转让或其他合法方式,有偿有期限地取得国有土地使用权的行为。

土地使用权出让,可以采取拍卖、招标或者双方协议的方式。商业、旅游、娱乐和豪华住宅用地,有条件的,必须采取拍卖、招标方式;没有条件,不能采取拍卖、招标方式的,可以采取双方协议的方式。采取双方协议方式出让土地使用权的出让金不得低于按国家规定所确定的最低价。当一个房地产开发项目完成项目策划分析后,就要进入实施阶段,而实施过程中的第一步就是获取土地使用权。要根据建设项目和土地的不同性质、不同情况,通过不同途径获得土地使用权。

土地管理法

土地管理法实施条例

一、土地使用权划拨

土地使用权划拨是指经县级以上人民政府依法批准,在土地使用者缴纳补偿、安置等费用后取得的国有土地使用权,或者经县级以上人民政府依法批准后无偿取得的国有土地使用权。由此可见,划拨土地使用权有以下两种基本形式:

(1)经县级以上人民政府依法批准,土地使用者缴纳补偿、安置等费用后取得的国有土地使用权。

(2)经县级以上人民政府依法批准后,土地使用者无偿取得的土地使用权。

二、土地使用权出让

国有土地使用权出让是指国家将国有土地使用权在一定年限内出让给土地使用者,由土地使用者向国家支付土地使用权出让金的行为。

1. 土地使用权出让的法律特征

(1)土地使用权出让法律关系的主体身份具有特定性。

1)土地使用权出让的主体,一方为出让方,另一方为受让方。由于国家是国有土地的所有权人,因此出让方只能是国家。

2)土地使用权出让中的受让方是指土地使用者。根据《中华人民共和国城镇国有土地使用权出让和转让暂行条例》第三条规定:"中华人民共和国境内外的公司、企业、其他组织和个人,除法律另有规定者外,均可依照本条例的规定取得土地使用权,进行土地开发、利用、经营。"由此可见,受让方一般不受限制,除非法律另有规定。

(2)土地使用权出让双方的基本权利与义务。《中华人民共和国城市房地产管理法》第十六条和第十七条分别规定了土地使用权出让双方的基本权利与义务:"土地使用者必须按照出让合同约定,支付土地使用权出让金;未按照出让合同约定支付土地使用权出让金的,土地管理部门有权解除合同,并可以请求违约赔偿。""土地使用者按照出让合同约定支付土地使用权出让金的,市、县人民政府土地管理部门必须按照出让合同约定,提供出让的土

地；未按照出让合同约定提供出让土地的，土地使用者有权解除合同，由土地管理部门返还土地使用权出让金，土地使用者并可以请求违约赔偿。"

（3）土地使用权出让的客体是一定年限的国有土地使用权。土地使用权出让的客体不是国有土地所有权而是国有土地使用权。根据《中华人民共和国宪法》第十条的规定，城市的土地属于国家所有。农村和城市郊区的土地，除由法律规定属于国家所有的以外，属于集体所有；宅基地和自留地、自留山，也属于集体所有。国家为了公共利益的需要，可以依照法律规定对土地实行征收或者征用并给予补偿。任何组织和个人不得侵占、买卖或者以其他形式非法转让土地。但土地使用权可以依照法律的规定转让。另外，规定出让土地使用权的期限，是土地使用权出让的重要内容。

（4）土地使用权出让是要约法律行为。土地使用权出让时须签订书面出让合同，而且需要向县级以上地方人民政府土地管理部门申请登记。若不签订书面出让合同并办理土地使用权登记，则土地使用权出让行为无效。

2. 土地使用权的出让年限

出让土地使用权的最高年限，就是法律规定的一次签约出让土地使用权的最高年限。土地使用权年限届满时，土地使用者可以申请续期，具体由出让方和受让方在签订合同时确定，但不能高于法律规定的最高年限。

《中华人民共和国城镇国有土地使用权出让和转让暂行条例》第十二条按照出让土地的用途不同规定了各类用地使用权出让的最高年限：居住用地 70 年；工业用地 50 年；教育、科技、文化、卫生、体育用地 50 年；商业、旅游、娱乐用地 40 年；综合或者其他用地 50 年。

3. 土地使用权的出让方式

土地使用权的出让方式是指国有土地的代表将国有土地使用权出让给土地使用者时所采取的方式或程序，它表明以什么形式取得土地使用权。目前，我国土地使用权出让有拍卖、招标和协议三种方式，见表 6-1。

表 6-1 我国土地使用权的出让方式

出让方式	主要内容	适用范围
拍卖出让	拍卖出让是指在指定的时间、地点利用公开场合，由政府的代表者主持拍卖土地使用权，土地公开叫价竞报，按"价高者得"的原则确定土地使用权受让人的一种方式。拍卖出让方式引进了竞争机制，排除了人为干扰，政府也可获得最高收益，较大幅度地增加财政收入	适用于投资环境好、盈利大、竞争性强的商业、金融业、旅游业和娱乐业用地，特别是大、中城市的黄金地段
招标出让	招标出让是指在规定的期限内由符合受让条件的单位或者个人（受让方）根据出让方提出的条件，以密封书面投标形式竞报某地块的使用权，由招标小组经过开标、评标，最后择优确定中标者。投标内容由招标小组确定，可仅规定出标价，也可既规定出标价，又提出一个规划设计方案，开标、评标、决标须经公证机关公证	适用于一些大型或关键性的发展计划与投资项目
协议出让	协议出让是指土地使用权的有意受让人直接向国有土地的代表提出有偿使用土地的愿望，由国有土地的代表与有意受让人进行谈判和磋商，协商出让土地使用的有关事宜的一种出让方式	适用于工业项目、市政公益事业项目、非盈利项目及政府为调整经济结构实施产业政策而需要给予扶持、优惠的项目

在具体实施土地使用权出让时，由国有土地代表根据法律规定，并根据实际情况决定采用哪种方式，一般对地理位置优越、投资环境好、预计投资回报率高的地块，应当采用招标或拍卖方式；反之，可适当采用协议方式。

4. 土地使用权出让合同

国有土地使用权出让合同，是指市、县人民政府土地管理部门代表国家（出让人）与土地使用者（受让人）之间就土地使用权出让事宜所达成的、明确相互之间权利义务关系的书面协议。国有土地使用权出让必须通过合同形式予以明确。土地使用权出让合同包括以下几个方面的内容：

（1）出让方的权利、义务。出让方享有的权利主要有两项：一是受让方在签订土地使用权出让合同后，未在规定期限内支付全部土地使用权出让金的，出让方有权解除合同，并可请求违约赔偿；二是受让方未按土地使用权出让合同规定的期限和条件开发、利用土地的，土地管理部门有权予以纠正，并根据情节轻重给予警告、罚款，直至无偿收回土地使用权的处罚。

出让方应履行的义务有按照土地使用权出让合同的规定提供出让的土地使用权；向受让方提供有关资料和使用该土地的规定。

（2）受让方应履行的义务。受让方应履行的义务主要有在签订土地使用权出让合同后的规定期限内支付全部土地使用权出让金；在支付全部土地使用权出让金后，依规定办理登记手续，领取土地使用证；依土地使用权出让合同的规定和城市规划的要求开发、利用、经营土地；需要改变土地使用权出让合同规定的土地用途的，应该征得出让方同意并经土地管理部门和城市规划部门批准，依照规定重新签订土地使用权出让合同，调整土地使用权出让金并办理登记。

在我国现有的土地使用权出让实践中，出让合同一般包括出让土地的位置、面积、界线等土地自然状况，出让金的数额、支付方式和支付期限，土地使用期限，建设规划设计条件（也称使用条件），定金及违约责任等几项内容。

三、土地使用权转让

土地使用权转让是指土地使用者将土地使用权再转移的行为，包括出售、交换和赠送。未按土地使用权出让合同规定的期限和条件投资开发、利用土地的，土地使用权不得转让。土地使用权转让应当签订转让合同。土地使用权转让时，土地使用权出让合同和登记文件中所载明的权利、义务也随之转移；土地使用权转让时，其地上建筑物、其他附着物的所有权转让的，应当依照规定办理过户登记；土地使用权和地上建筑物、其他附着物所有权分割转让的，应当经市、县人民政府土地管理部门和房产管理部门批准，并依法办理过户登记。土地使用权转让须符合上述规定，否则即为非法转让。

1. 土地使用权转让的特点

土地使用权的转让是不动产物权的转让，该行为除可能涉及合同法的诸多规定外，还具有不动产物权变动的各项特点，主要包括以下几项：

（1）土地使用权与地上建筑物、附着物一同移转。关于土地与地上物，理论上有一元主义和二元主义之说。所谓一元主义，是将土地和其地上物视为一个整体的权利。一元主义

者，附属物不得离开主体权利而独立存在。所谓二元主义，是将土地和地上物视为两个独立的权利，两者互不附属。二元主义并无绝对不妥，如果房产被视为是一种独立的权利，并能对其占用的土地权利建立相应的补偿制度，两种独立的权利也可相安无事。在我国，在地方政府分设国土管理和房产管理两个部门分别归口管理土地使用权和地上建筑物，并对其分别发证，但因两种权利之间缺乏相互协调和补偿的法律规定，在土地使用权与房产权分属不同当事人时，当事人对各自权利的处分常常互相排斥、互相抵触，致使人们对二元主义产生误解。

根据我国现时法律，建筑物和其他定着物、附着物均附属于土地，土地使用权转让，地上物一并转让。

(2)权利义务一同转移。权利义务是指土地使用权从土地所有权分离时出让合同所载明的权利义务及其未行使和未履行部分。如土地的用途，出让合同约定为住宅用地，无论该地块的土地使用权经过多少次转让，均不因为转让而变成其他用途。而对于土地使用权的年限，应以出让合同设定的年限减去转让时已经使用的年限，其得数视为出让合同尚未履行之权利与义务，在转让土地使用权时随同转让。

(3)土地使用权的转让需办理变更登记。我国现行立法对物权变动采取登记要件主义，即土地使用权转让合同的签订并不直接意味着土地使用权的移转，土地使用权的移转以登记为要件，转让合同中的受让人不是在转让合同签订以后，而是在土地使用权依法登记到受让人名下以后方取得土地使用权。前者以变动物权的契约为充分条件，当事人达成变动物权的契约，即使未行登记或交付，变动即为发生；后者也称物权行为无因性理论，是指物权的变动不仅有变动物权的债权契约，更有一个独立于债权契约之外的、以物权变动为目的的物权行为。

2. 土地使用权转让的公证

土地使用权转让，一般需经公证机关进行公证证明，基本规则如下所示：

(1)土地使用权转让公证的管辖。它与土地使用权出让公证的管辖相同。

(2)申办土地使用权转让公证应提交的材料。申办土地使用权转让公证，除提交与土地使用权出让公证相同的材料外，还有关于转让人已按土地使用权出让合同规定的期限和条件投资、开发、利用土地的证明文件；土地使用权转让合同正本；土地使用权证件及原土地使用权出让合同正本等几种。

(3)对申办土地使用权转让公证的审查。公证处应着重审查当事人提供的证明材料是否属实、有效，当事人的办证目的、合同条款是否完备等内容。

(4)合同规定的土地使用地块、条件、用途及期限，是否与出让合同和登记文件中载明的权利义务相符。转让活动不对国家土地所有权产生任何影响。

(5)转让方是否已按土地使用权出让合同规定的期限和条件，投资、开发和利用土地。依各国通例，转让方须在对土地进行一定开发之后，才能转让其权利。我国法律也严厉禁止炒买炒卖土地的行为。

(6)转让价格是否合理，是否符合有关规定。转让价格明显低于市场价格的，应与当地土地管理部门联系，做出调整。我国法律规定，国家在土地使用权买卖交易中有优先购买权。国家的优先购买权为一项法定权利，不依当事人约定，当事人也不能以约定加以剥夺。这项权利适用于一切国有土地使用权的买卖。

模块六　房地产开发项目的前期工作

(7)土地用途。需要改变土地使用权出让合同规定的土地用途的，应报经土地管理部门、城市规划部门批准，依照有关规定重新签订土地使用权出让合同，调整土地使用权出让金，并办理登记。

(8)登记。土地使用权的转让为不动产物权的变更，须办理登记手续。

(9)被转让的土地使用权有无出租情况。承租人具有物权性质的租赁权。在租赁关系存续期间，出租人可以将国有土地使用权转让给他人，但这一行为不能消灭租赁权，承租人仍可对新的土地使用权享有者主张租赁权。同时，承租人还有优先购买权，即土地使用权享有者将土地使用权出售时，承租人具有在同等条件下优先购买的权利。

(10)土地使用权有无抵押情况。我国法律规定，国有土地使用权可以抵押。抵押时，地上建筑物、附着物随之抵押。以国有土地使用权抵押，只能抵押土地使用权出让合同规定的使用年限的余期使用权。如果转让方已将土地使用权抵押，则抵押权人具有优先权。

四、农地征用和补偿

农地征用指国家为了社会公共利益的需要，依据法律规定的程序和批准权限批准，并依法给予农村集体经济组织及农民补偿后，将农民集体所有土地变为国有土地的行为。农地征用的过程，就是将待征土地的集体所有权变为国有土地所有权的过程。

按照现行法律规定，我国征用集体土地的补偿费包括土地补偿费、安置补助费以及地上附着物和青苗补偿费等。另外，对被征(购)用土地上的农民进行妥善大安置是农地征用后的关键工作，安置工作应当实行由"以安排劳动力就业为主"转向"以市场为导向的多种途径安置"的原则，拓宽渠道。具体的安置途径如下：

(1)货币安置。由土地行政主管部门将征(购)地费中农民个人应得的所有款额在规定的时间内一次性支付给农民个人，用于本人在社会上发挥专长、自谋职业。

(2)地价款入股安置。将征用(购)的地价款入股，由被征(购)地者参与用地者的生产经营，并作为股东参与经营，享受经营利润并承担风险。

(3)社会保险安置。经农民本人申请，土地行政主管部门可将征地费中的农民个人应得的所有款额一次性付给保险公司，由保险公司按有关规定办理医疗保险和养老保险等有关险种。

(4)留地安置。在经济发达或城乡接合部并保留集体经济组织的地区，可在被征用土地中按照规划用途预留一定比例的土地确定给被征地的农村集体经济组织，从事开发经营，发展生产。

(5)用地单位安置。用地单位根据需要，按照本单位的用工制度，依法招聘被征(购)土地的农民，在同等条件下优先录用。

(6)农业安置。将地上附着物和青苗的补偿费付给农民个人之后，由农村集体经济组织调整本集体经济组织内部的土地承包经营权进行安置。

(7)土地开发整理安置。通过整理农用地、复垦被破坏的土地、开发未利用地等途径，增加耕地面积，扩大农用地范围，以发展农业生产的办法对被征地的农民进行安置。

各种安置途径应结合被征用(购)地的农村集体经济组织的实际情况因地制宜地运用，但不管采取何种途径，应坚持"保护农民的合法利益"的原则，使农民在失去土地后还能保证其生存权和发展权。

五、城市房屋拆迁、补偿和安置

城市房屋拆迁是指在城市开发中的旧城改造过程中，依据国家的有关法律、法规的规定而实施的依法拆除房屋，并给予适当补偿和安置的行为。房屋的拆迁有两个过程：即"拆"和"迁"。其中，"拆"解决的是对旧有房屋拆除的问题；"迁"解决的是对拆迁户安置的问题。在房屋拆迁的过程中，会涉及如房屋所有权或使用权的移转关系、因拆迁而产生的补偿关系等较为复杂的法律关系。

1. 房屋拆迁的法律特征

房屋拆迁行为引起的拆迁关系是一种法律关系，它主要发生在拆迁人与被拆迁人之间，以及拆迁人与拆迁主管部门之间。房屋拆迁具有以下法律特征：

城市房屋拆迁
管理条例

（1）具有强制性。由于拆迁行为发生的前提是城市建设发展的需要，是城市规划实施的要求，它体现的是社会公共利益、国家整体利益和人民长远利益的要求，作为土地使用者的被拆迁人为此做出牺牲是必要的，他们既是某种利益的牺牲者，同时，也是城市建设未来的受益者。在城市发展的过程中，这种利益冲突和调整是不可避免的。所以，拆迁行为的发生，不以被拆迁人同意为前提，具有明显的强制性。从整体利益和长远利益出发，批准列入被拆迁范围的房屋所有权人和使用权人必须服从城市发展建设的需要。

（2）必须经过人民政府依法批准。房屋拆迁实质上是对土地资源占有使用关系的重新调整，是资源使用利益的重新分配，它直接关系到被拆迁人的切身利益和财产权利的保护。因此，这种具有强制性的行为不能是任意的，从拆迁主体的确定到拆迁行为的实施都必须依法进行。

（3）房屋拆迁的条件是对被拆迁人给予合理的补偿。尽管房屋拆迁的前提是城市建设发展的需要，是社会公共利益和长远利益的要求，但房屋拆迁的直接后果是被拆迁人享有所有权或使用权的房屋被拆除，其价值和使用价值随之消灭。这意味着被拆迁人财产的损失和居住条件的改变。因此，他们在服从需要的同时，应该获得合理的补偿。有关补偿的范围、标准和方式，国家有关法规都作了明确的规定。拆迁人在进行房屋拆迁时，必须依法对被拆迁人所受的损失给予补偿，使他们的生产、生活能够正常进行。

2. 房屋拆迁的原则

房屋拆迁的原则是指房屋拆迁活动中必须遵守的行为准则，它包括以下几个方面：

（1）服从国家利益的原则。一方面，建设单位（拆迁方）在实施房屋拆迁时，必须维护国家利益，服从国家统一安排，不得任意拆迁；另一方面，被拆迁方在具体房屋拆迁活动中，必须服从国家建设需要，按时迁出，保证国家建设活动顺利进行。

（2）符合城市规划的原则。城市规划是建设城市和管理城市的基本依据。城市房屋拆迁是建设项目实施的前期工作。拆迁活动遵循城市规划、拆迁的审批遵从城市规划，是拆迁行政管理的必要条件。拆迁必须符合城市规划的原则，具体体现在拆迁人在取得建设用地规划许可证后方可申请领取房屋拆迁许可证、拆迁人应当在房屋拆迁许可证确定的拆迁范围内实施拆迁、拆迁人应当按照城市规划的要求重建公益事业用房等方面。

(3)保护被拆迁当事人合法权益的原则。要用法律形式确立房屋拆迁当事人双方的权利义务关系，并用法律维护双方当事人的合法权益，特别是被拆迁公民、法人和其他组织享受的安置与受补偿权。在拆迁时要做到合理安置、适当补偿。负责拆迁安置和补偿的应是拆迁人。若是为了公共利益的征地拆迁，应由国家负责安置和补偿；若是为了建设单位自身的利益而进行的房屋拆迁，那么建设单位在房屋建成后，应对被拆迁方的安置与补偿负全面责任。

(4)有利于生态环境改善的原则。我国生态环境形势严峻，成为制约经济社会良性发展的重要因素。按照《中华人民共和国环境保护法》《中华人民共和国城乡规划法》《建设项目环境保护管理条例》等法律法规的规定，必须充分重视建设项目对周围生态环境的影响。因此，城市房屋拆迁的实施，应尽可能避免破坏生态环境的情形，应当注意保护生态环境，有利于生态环境的改善。

(5)有利于城市旧区改造的原则。城市房屋拆迁与城市旧区改建密切相关。为了加快旧城区改造的速度，应当对旧城区的危改项目给予特殊政策扶持，充分发挥土地级差地租的作用，实现土地资源的优化配置。城市房屋的拆迁应当有利于实现《中华人民共和国城乡规划法》规定的城市旧区改建的基本方针和原则。

(6)保护文物古迹的原则。《中华人民共和国文物保护法》已经对建设活动中的文物古迹的保护作了相应的规定：拆迁人在进行选址和工程设计的时候，因建设项目涉及文物保护单位的，应当事先会同文化行政管理部门确定保护措施，列入设计计划书。因工程项目建设特别需要而必须对文物保护单位进行迁移或者拆除的，应当根据文物保护单位的级别，经该级人民政府和上一级文化行政管理部门同意。全国重点文物保护单位的迁移或者拆除，由省、自治区、直辖市人民政府报国务院决定。

3. 房屋拆迁的程序

房屋拆迁工作既涉及拆迁人对被拆迁人的财产补偿关系，又涉及行政主管部门对拆迁人的管理关系，因此，房屋拆迁在实施的步骤上十分复杂。

(1)申领规划用地许可证。城市房屋拆迁首先应当获得被拆迁房屋的土地使用权。拆迁人按规定向有关政府规划管理部门申请建设用地规划许可证，经审查符合条件的，由规划管理部门核发建设用地规划许可证，确定拆迁房屋的地域范围。同时，由规划管理部门通知被拆迁人停止房屋及其附属物的改建、扩建等工程。

(2)编制拆迁计划和方案。拆迁人在获得土地使用权后，应当到当地公安派出所和房管所摘录拆迁范围内的常住人员及其房产状况，对被拆迁人进行逐一采访，摸清要求，并分类做好记录。拆迁人再根据核实的情况和国家、地方有关拆迁补偿安置的规定，编制出详细的拆迁计划和方案。

(3)申领拆迁许可证。国家对房屋拆迁实行许可制度。拆迁房屋的单位取得房屋拆迁许可证后，方可实施拆迁。

(4)发布拆迁公告。房屋拆迁管理部门在发放房屋拆迁许可证的同时，应当将房屋拆迁许可证中载明的拆迁人、拆迁范围、拆迁期限等事项，以房屋拆迁公告的形式予以公布。房屋拆迁公告一般张贴于拆迁范围内及周围较为醒目、易于为公众阅读的地点，对于规模较大的拆迁，应登载在当地的报纸上。

(5)签订房屋拆迁补偿安置协议。拆迁公告发布后,拆迁人与被拆迁人应当依照规定,就补偿方式和补偿金额、安置用房面积和安置地点、搬迁期限、搬迁过渡方式和过渡期限等事项,订立房屋拆迁补偿安置协议。房屋的所有人和使用人是同一人,拆迁人只与房屋的所有人签订房屋拆迁协议。但如果房屋的所有人与使用人不是同一人的,拆迁人需要分别与所有人和使用人签订补偿安置协议。

(6)实施拆迁。拆迁人应当在规定的期限内完成拆迁任务。搬迁结束后,拆迁人应向被拆迁人出具包括被拆迁房屋所有人姓名或者名称、房屋产权性质、地点、面积、搬迁时间等内容的搬迁验收单,对完成搬迁后的房屋断水、断电、断热、断气,组织房屋拆除工作。

4. 房屋拆迁的补偿

按照《城市房屋拆迁管理条例》的规定,房屋拆迁人向被拆迁人即被拆迁房屋的所有权人给予一定经济补偿的行为,称为房屋拆迁补偿。补偿是拆迁行为的法律后果,所有权不是法律保护的房屋以及违章房屋的拆迁,不予补偿。

(1)房屋拆迁补偿的对象和范围。拆迁补偿的对象是被拆除房屋及其附属物的所有权人。近年来,随着我国住房制度改革的深化,我国的房屋产权结构已经从公有房屋为主体逐步转变为公民个人拥有房屋为主体,加之房屋所有人和使用人之间只是一种房屋租赁关系,房屋使用人处于次要、从属地位,在未得到所有权人授权或许可的情况下,使用人无权对房屋进行处分、收益。

拆迁补偿的范围包括被拆除的房屋及其附属物。附属物一般是指如室外厕所、门楼、烟囱、化粪池等。这些附属物对产权人来说也具有经济价值,拆除附属物也会给被拆迁人带来一定的经济损失,因此,拆迁补偿范围应当包括对附属物的补偿。

(2)房屋拆迁补偿的方式。房屋拆迁补偿有货币补偿和房屋产权调换两种方式。

1)货币补偿是指在拆迁补偿中,经拆迁人与被拆迁人协商,被拆迁人放弃产权,由拆迁人按市场评估价为标准,对被拆除房屋的所有权人进行货币形式的补偿。货币补偿是一种以支付货币的形式,赔偿被拆迁人因拆除房屋所造成的经济损失的补偿方式。货币补偿的金额,根据被拆迁房屋的区位、用途、建筑面积等因素,以房地产市场评估价格确定,具体办法由省、自治区、直辖市人民政府制定。评估必须按照一定的程序、标准和方式进行。

2)房屋产权调换是指拆迁人用自己建造或购买的房屋与被拆迁房屋进行调换产权,并按拆迁房屋的市场评估价与调换房屋的市场评估价进行结算,结清产权调换差价的行为。产权调换的特点是以实物形态来体现拆迁人对被拆迁人的补偿,即以房换房。实际上,房屋产权调换同时包含着土地使用权的调换。在实践中,实行产权调换时,调换房屋的建筑面积与被拆除房屋的建筑面积往往是不相等的,即使调换的面积相等,也往往由于地理位置、结构、质量等方面的不同,而使实际价格不等,因而产生了差价结算的问题。

(3)特殊房屋的拆迁补偿。特殊房屋是指公益事业用房、租赁房屋、产权不明房屋、设有抵押权房屋以及其他特殊房屋。其拆迁补偿的具体要求见表6-2。

表 6-2　特殊房屋拆迁补偿

转让方式	内容
买卖	作为土地使用权转让的最广泛的方式，买卖以价金的支付为土地使用权的对价。由于"买卖"是土地使用权"转让"的主要表现形式，我们通常所说的土地使用权"转让"指的就是土地使用权"买卖"。下文关于土地使用权转让合同的讨论实际上也是关于土地使用权买卖合同的讨论，所以说，"转让"有广义、狭义之分，当"转让"是广义概念时，它包括所有的以权利主体变更为目的的土地使用权的移转行为；当"转让"是狭义概念时，它与买卖具有同样的含义
抵债	抵债是买卖的一种特殊形式，只不过价金支付的条件和期限不同而已。在土地使用权买卖时，土地使用权的移转和价金的支付是对等进行的，而在以土地使用权抵债时，价金支付在前，所抵之债视为已付之价金
交换	以交换的方式转让土地使用权的，土地使用权的对价不是价金，而是其他财产或特定的财产权益。土地使用人将土地使用权移转给受让人，以此取得受让人提供的其他财产或特定的财产权益
作价入股	作价入股介于买卖和交换之间，既类似于买卖，又类似于交换。说它类似于买卖，是因为将土地使用权用来作价，所作之价如同买卖之价金；说它类似于交换，是因为土地使用权被用来入股，所得之股如同其他财产或特定的财产权益
合建	在开发房地产时，合建与以土地使用权作价入股都属于一方出地、他方出钱建房的合作形式。为合作建房的目的而设立独立法人的，土地使用权转让的对价是股权；不设立独立法人，而采取加名的方式，或甚至不加名、仅以合建合同约定合作各方产权分配的，土地使用权的对价是房屋建成以后的产权。因合建而分配产权以后原土地使用人虽然拥有部分房屋产权及该房屋占用范围和公用面积的土地使用权，却不再拥有原来意义上的土地使用权，可视为交换的一种特殊形式，即用地人以部分土地使用权换取房屋产权
赠予	赠予是用地人将其土地使用权无偿移转给受赠人的法律行为。以赠予方式转让土地使用权的，土地使用权的移转没有直接的对价，它无须价金的支付或财产权利的提供作为对应条件。但土地使用权赠予合同可能会附加其他条件，如用地人在将土地赠予学校使用时，可能会将土地的使用限于与教育有关的目的
继承	在用地人是自然人时，用地人的死亡会使其继承人取得相应的土地使用权。在用地人是法人或其他组织时，其合并或分立也会导致合并或分立之后的主体取得相应的土地使用权。通过继承取得土地使用权时，土地使用权的移转也没有直接的对价，但可能会有间接的对价，如在通过合并取得土地使用权的法律关系中，新公司继承了原公司的财产，也会继承原公司的债务，新公司取得土地使用权的对价，可能以承担原公司的其他债务的方式体现出来

5. 房屋拆迁安置

房屋拆迁安置是房屋拆迁的内容之一，解决的是被拆迁人的原有房屋被拆除后的居住和房屋使用问题。房屋拆迁安置对保护被拆迁人的合法权益具有特殊的意义。在现实开发活动中，有许多纠纷和上访活动就是由于安置不当导致的。因此，搞好房屋拆迁的安置工作对社会稳定具有积极意义。

(1) 房屋拆迁安置的原则。房屋拆迁安置中要遵循谁拆迁谁安置的原则、安置相当的原则以及安置和补偿相分离的原则。

1) 谁拆迁谁安置的原则。在房屋拆迁的法律关系中，拆迁人与被拆迁人因为房屋拆迁产生了特定的债权和债务关系，拆迁人是受益者，被拆迁人是受损者，因此，拆迁人应当对被拆迁人的房屋的所有权和使用权予以恢复。

2) 安置相当的原则。拆迁人对被拆迁人安置的目的是使被拆迁人因拆迁而导致的房屋所有权或使用权的损失得以弥补，因此，拆迁人为被拆迁人提供的新房屋与原来拆除的房屋应大体相当，不应相差过大。否则，额外的受益方还应向对方给予一定补偿。

3) 安置和补偿相分离的原则。在房屋拆迁的过程中，如果房屋的所有权人和使用权人即被拆迁人和使用权人是同一人，这样，安置对象和补偿对象是合一的。但如果原房屋的使用权人不是该房屋的所有权人，安置对象和补偿对象是分离的，按有关法律规定，对被拆迁人给予一定的补偿，对原房屋的使用人则给予安置。

(2) 房屋拆迁安置的对象。拆迁安置的对象为被拆迁房屋的所有人、承租人，即在拆迁范围内具有正式户口的公民和在拆迁范围内具有营业执照或者作为正式办公地的机关、团体、企业、事业单位。

(3) 拆迁安置的地点。拆迁安置地点有两种，即原地安置和异地安置。原地安置是在拆迁范围内的建设工程完工后，将安置对象迁回原地安置；异地安置是将安置对象迁往他处安置。对被拆除房屋使用人的安置地点，应当根据城市规划对建设地区的要求和建设工程的性质，按照有利于实施城市规划和城市旧城区改造的原则确定。实行异地安置会给被拆迁人的生活带来一定的不利影响，因此，对从区位好的地段迁入区位差的地段的被拆除房屋使用人，可以适当增加安置面积。

(4) 拆迁安置期限。拆迁安置的期限是指房屋被拆除后，安置用房不能一次解决的，被拆迁人等待拆迁人提供安置用房所需要的时间，即从房屋被拆除之日起到被拆迁人办理入迁或回迁手续之日止。此期限在法律上被称为过渡期限。过渡期限是被拆迁人行使房屋安置请求权的时间界限，应由拆迁人和被拆迁人在拆迁补偿协议中明确约定。

(5) 拆迁安置费。房屋拆迁安置费包括搬迁补助费、临时安置补助费和经济补偿费等几种。由于拆迁非住宅房屋造成停产、停业的，拆迁人应当给予适当补偿。对经营性企业而言，因搬迁造成的经济损失不仅仅是搬迁补助费的问题，而且还包括因停业造成的直接经济损失和安置到较差区位而减少的经营收入。

六、土地合作

在我国，随着土地出让方式制度的改革，现在很多房地产中小开发商在一级市场中"拿地"的成功性在逐年下降，从而转向其他的

土地价值的判断

土地获取方式。其中，与拥有土地使用权的机构进行合作开发是一种目前常见的土地取得方式。土地合作的方式很多，可以土地作价入股成立项目公司，也可以进行公司之间的并购或资产重组。

单元二 房地产开发项目立项与报批

一、开发项目立项与报批的工作内容

房地产开发项目的前期立项与报批阶段的工作内容主要有：项目立项、建设项目选址审批、申领《建设用地规划许可证》、规划设计条件审批、规划设计方案审批、申领《建设工程规划许可证》、申领《建筑工程施工许可证》及《商品房预售许可证》等工作。

二、开发项目立项与报批的程序

城市政府制定了严格的项目报建审批程序制度，以确保城市规划的顺利实施，房地产开发项目在立项与报批阶段必须遵循一定的程序，在取得政府相关许可文件后方可开工建设和商品房预售行为，房地产立项与报批阶段的基本程序具体如下。

1. 项目立项

开发商持立项申请报告、国有土地使用权证、房地产开发资质证书等资料向城市计划管理部门（发改委）提出立项申请，目前不使用国有资金的房地产项目采用备案制。

2. 建设项目选址审批

开发商持获批的立项文件、申请用地函件、房地产开发资质证书、工程情况简要说明和选址要求、建设项目拟规划设计方案图、开发项目意向位置地形图等材料向城市规划管理部门提出开发项目选址、定点申请。

3. 申领《建设用地规划许可证》

开发商持获批的征收土地的计划任务、市政府批准征收农田的文件（使用城市国有土地时，需持城市土地管理部门的拆迁安置意见）、地形图、《选址规划意见通知书》、要求取得的有关协议与函件及其他相关资料，向城市规划管理部门提出申请。

4. 规划设计条件审批

开发商持获批的计划任务、开发商对拟建项目的说明、拟建方案示意图、地形图和设计单位提供的控制性规划方案及其他相关资料，向城市规划管理部门提出申请。

5. 规划设计方案审批

开发商委托有规划设计资格的设计机构完成不少于两个方案设计，然后持设计方案报审表、项目各设计方案的总平面图、各层平立剖面图、街景立面图等方案说明书及其他相关资料，向城市规划管理部门提出设计方案审批申请。

6. 申领《建设工程规划许可证》

开发商持由城市建设主管部门下发的年度施工任务批准文件、工程施工图纸、工程档

案保证金证明、其他行政主管部门审查意见和要求取得的有关协议，向城市规划管理部门提出申请。

7. 申领《建筑工程施工许可证》

开发商持工程施工图纸、保证工程质量和安全的具体措施、其他行政主管部门审查意见和要求取得的有关协议向城市住房城乡建设主管部门提出申请。

8. 申领《商品房预售许可证》

开发商持土地使用权证书、建设工程规划许可证、施工许可证、投入资金达到工程建设总投资25%以上的证明、开发企业的营业执照和资质登记证书、工程施工合同、商品房预售方案等资料，向当地市、县人民政府房地产管理部门提出申请。

房地产开发项目备案和立项的区别

单元三　房地产开发项目的勘察设计

勘察设计是工程建设的重要环节，勘察设计的好坏不仅影响建设工程的投资效益和质量安全，其技术水平和指导思想对城市建设的发展也会产生重大影响。

一、勘察设计的目的与作用

项目勘察主要是对地形、地质及水文等状况进行测绘、勘探和测试。工程勘察的目的是为工程建设单位及工程设计单位提供地质、测量、水文、地震等勘察文件，以满足建设工程规划、选址、设计、岩土治理和施工的需要。

工程设计是对拟建工程的生产工艺流程、设备选型、建筑物外形和内部空间布置、结构构造、建筑群的组合以及与周围环境的相互联系等方面提出清晰、明确、详细的概念，并体现于图纸和文件上的技术经济工作。其主要目的是解决如何进行建设的具体工程技术和经济问题。项目设计的作用如下：

(1)实现先进的科学技术与生产建设相结合。
(2)建设项目的使用功能与其价值的有机结合。
(3)作为安排建设计划、设备的采购安装和组织施工的依据。
(4)作为编制招标标底及投资控制的依据。
(5)设计阶段的项目费用估算，将使业主明确实施建设所需的费用，可作为其筹措资金的依据和用于授权及实施成本的控制。

二、勘察设计单位资质要求

国家对从事建设工程勘察、设计活动的单位，实行资质管理制度。工程勘察设计资质按承担不同业务范围一般分为甲、乙、丙、丁四个等级。国务院有关部门和县级以上人民

模块六　房地产开发项目的前期工作

政府住房城乡建设主管部门,对持证单位的资质实行资质年检制度。建设工程勘察、设计单位应当在其资质等级许可的范围内承揽建设工程勘察、设计业务。

禁止建设工程勘察、设计单位超越其资质等级许可的范围或者以其他建设工程勘察、设计单位的名义承揽建设工程勘察、设计业务。禁止建设工程勘察、设计单位允许其他单位或者个人以本单位的名义承揽建设工程勘察、设计业务。

三、勘察设计的工作内容

一般情况下,对于工程勘察的内容,由工程设计单位提出准确的范围与深度要求,由勘察单位组织完成。具体内容包括:水文泥沙调查和洪水分析;地形测量、陆地摄影、航测成图;区域构造稳定和地震危险性调查分析;卫生照片和航测照片、遥感资料的地质解释;各种比例的区域和现场地质测绘;综合物探调查、测试;水文地质调查测试和地下水动态观测;钻探、坑探、槽探、井探;天然建筑材料调查、勘探和试验;建筑物地基、边坡和地下洞室围岩等的现场测试。提交的勘察文件不仅应提供图纸,还要写出文字说明。

勘察单位要确保其勘察成果符合国家标准、规范、规程,特别是要严格执行国家强制性标准、规范和规程。勘察单位要加强对原始资料收集、现场踏勘、勘察纲要编制和成果处理等各环节的质量控制。勘察单位应认真做好后期服务工作,参加工程地基基础检验,参加与地基基础有关的工程质量事故调查,并配合设计单位提出技术处理方案。勘察单位要对勘察质量承担相应的经济责任与法律责任。勘察单位内部要建立质量责任制度,明确各自的质量责任(负终身责任)。

设计单位应当根据勘察成果文件进行建设工程设计。设计文件应当符合国家规定的设计深度要求,并注明工程合理使用年限。设计阶段的划分,国际上一般分为"概念设计""基本设计"和"详细设计"三个阶段。我国习惯的划分,中、小型工程分为"初步设计"和"施工图设计"两个阶段;大型工程或技术程度高难的工程,往往分为"方案设计""初步设计"和"施工图设计"三个阶段。

方案设计——反映建筑平面布局、功能分区、立面造型、空间尺度、建筑结构、环境关系等方面。

初步设计——在方案设计的基础上,提出设计标准、基础形式、结构方案及各专业的设计方案。

施工图设计——标明工程各构成部分的尺寸、布置和主要施工方法,绘制详细的建筑安装详图及必要的文字说明。

建设工程项目设计的质量要求

设计方案应征询环保、人防、消防、自来水、市政、供电、煤气、绿化电信等部门的意见,且与城市规划管理部门协商,获得规划部门许可。

单元四　房地产开发项目的招标

房地产开发项目招标是实现项目"三控两管"(质量控制、进度控制、成本控制、合同管理、安全管理)的前提与基础。

一、招标的组织形式

房地产招标的组织形式有房地产开发企业自行招标和委托招标机构代理招标投标两种形式。

1. 房地产开发公司自行招标

开发商具有编制招标文件和组织评标能力的,可以自行办理房地产开发经营活动中各项工作的招标,任何单位和个人不得强制其委托招标代理机构办理招标事宜。

2. 委托招标机构代理招标投标

开发商有权自行选择招标代理机构,委托其办理房地产开发经营活动中各项工作的招标事宜。开发商与招标代理机构之间应签订委托代理合同,招标代理机构应当在其资质等级规定的范围内及招标人委托的合同范围内承担招标事宜,不得无权代理、越权代理,不得明知委托事项违法而进行代理。

二、招标程序

1. 申请招标

房地产开发企业必须向当地招投标管理部门登记、申请招标,并领取招标用表。房地产开发企业只有在获得招标批准后,方可进行招标。

2. 编制招标文件

招标文件是招标人向投标人介绍工程情况和招标条件的重要文件,招标人应当根据招标项目的特点和需要编制招标文件。

3. 编制招标工程标底

编制标底是招标的一项重要准备工作,标底可由项目招标人请有资格的概预算人员编制,也可委托具有相应资质的单位编制,但开发商应仔细审核,通过制定标底,使招标人预先明确自己在拟建工程中应承担的财务义务,从而安排资金计划。

4. 明确招标方式

项目招标人采用公开招标方式时,应在报刊、广播等指定的报刊和信息网络上发布招标公告,招标公告应当载明招标人的名称和地址,招标项目的性质、数量、实施地点和时间以及获取招标文件的办法等事项。采用邀请招标方式时,应向投标人发出投标邀请书。

5. 资格预审

投标人资格审查的目的是了解投标人的技术和财务实力以及项目运作经验,限制不符合条件的单位盲目参加投标,以使招标能获得比较理想的结果。在公开招标时,投标人资格审查通常放在发售招标文件之前进行,审查合格者才准许购买招标文件,所以称之为资格预审。在邀请招标情况下,则在评标的同时进行资格审查。

项目招标人对投标人的资格审查内容包括:投标人合法性审查;对投标人能力的审查;以往承担类似项目的业绩情况。

6. 招标工程交底答疑

在招标人发出招标文件、投标人踏勘现场之后,招标人应邀请投标人的代表进行工程交底，并解答疑问。工程交底主要是介绍工程概况，明确质量要求、验收标准、工期要求及费用支付方式以及投标注意事项等内容。

7. 开标、评标和定标

开标由项目招标人主持，所有投标人参加，招标办的管理人员到场监督、见证。开标时，由投标人或者其推选的代表检查投标文件的密封情况，也可由项目招标人委托的公证机关检查并公证。经确认无误后，由工作人员当众启封，宣读投标人名称、投标价格和投标文件的其他主要内容。

评标由评标小组负责，其过程必须保密，不得外泄。评标小组根据送交招标办审核批准的评标办法，在所有的投标人中，评选出前三名的中标单位交给招标人作最后抉择。

一般对于不太复杂的工程，招标人可在开标会议上当场决定中标单位，同时公布标底。而对于规模较大、内容复杂的工程，招标人则应根据评标委员会推荐的候选中标单位，就决定标价的各种因素进行调查与磋商，全面衡量，择优决标。定标后，开发商应立即向中标单位发出中标通知书。

8. 签订合同

中标通知书发出后，招标人和中标单位应在约定期限内就签订合同进行磋商，双方就合同条款达成协议。

三、招标方式

招标方式有公开招标和邀请招标两种方式。房地产开发商可根据开发项目的建设规模和复杂程度选择招标方式。

1. 公开招标

公开招标是指房地产开发项目的招标人在指定的报刊、电子网络或其他媒体上发布招标公告，吸引众多的投标人参加投标竞争，招标人从中择优选择中标单位的招标方式。公开招标是一种无限制的竞争方式，按竞争程度又可以分为国际竞争性招标和国内竞争性招标。

采用公开招标方式，招标人有较大的选择范围，为实行公平竞争，提高项目开发建设的效率和效益，可在众多的投标人中选定报价合理、工期较短、信誉良好的承包商。公开招标通常适用于工程项目规模较大、建设周期较长、技术复杂的开发项目建设。

2. 邀请招标

邀请招标是指招标人以投标邀请书的方式邀请特定的法人或者其他组织投标，一般选择一定数目的法人或其他组织（一般不少于三家）。

邀请招标的优点在于经过选择的投标单位在房地产开发项目的经验、技术力量、经济和信誉上都比较可靠，因此，不仅能保证项目的进度和质量要求。而且，由于参加投标的承包商数量少，因而招标时间相对较短，招标费用也较低。

建设工程招标的范围

模块六　房地产开发项目的前期工作

单元五　施工许可证的申领

为加强对建筑活动的监督管理，维护建筑市场秩序，保证建筑工程的质量和安全，规定必须申请领取施工许可证的建筑工程未取得施工许可证的，一律不得开工。任何单位和个人不得将应该申请领取施工许可证的工程项目分解为若干限额以下的工程项目，规避申请领取施工许可证。

一、施工许可证的申领条件

建设单位申请领取施工许可证，应当具备下列条件，并提交相应的证明文件：
(1)已经办理该建筑工程用地批准手续。
(2)在城市规划区的建筑工程，已经取得建设工程规划许可证。
(3)施工场地已经基本具备施工条件，需要拆迁的，其拆迁进度符合施工要求。
(4)已经确定施工企业。按照规定应该招标的工程没有招标，应该公开招标的工程没有公开招标，或者肢解发包工程，以及将工程发包给不具备相应资质条件的，所确定的施工企业无效。
(5)有满足施工需要的施工图纸及技术资料，施工图设计文件已按规定进行了审查。
(6)有保证工程质量和安全的具体措施。施工企业编制的施工组织设计中有根据建筑工程特点制定的相应质量、安全技术措施，专业性较强的工程项目编制了专项质量、安全施工组织设计，并按照规定办理了工程质量、安全监督手续。
(7)按照规定应该委托监理的工程已委托监理。
(8)建设资金已经落实。建设工期不足一年的，到位资金原则上不得少于工程合同价的50%，建设工期超过一年的，到位资金原则上不得少于工程合同价的30%。建设单位应当提供银行出具的到位资金证明，有条件的可以实行银行付款保函或者其他第三方担保。
(9)法律、行政法规规定的其他条件。

二、施工许可证的申领程序

(1)建设单位向发证机关领取《建筑工程施工许可证申请表》。
(2)建设单位持加盖单位及法定代表人印鉴的《建筑工程施工许可证申请表》，并附《建筑工程施工许可管理办法》第四条规定的证明文件，向发证机关提出申请。
(3)发证机关在收到建设单位报送的《建筑工程施工许可证申请表》和所附证明文件后，对于符合条件的，应当自收到申请之日起15日内颁发施工许可证；对于证明文件不齐全或者失效的，应当限期要求建设单位补全，审批时间可以自证明文件补正齐全后作相应顺延；对于不符合条件的，应当自收到申请之日起15日内书面通知建设单位，并说明理由。建筑工程在施工过程中，建设单位或者施工单位发生变更的，应当重新申请领取施工许可证。

三、施工许可证的管理

（1）建设单位申请领取施工许可证的工程名称、地点、规模，应当与依法签订的施工承包合同一致。施工许可证应当放置在施工现场备查。

（2）施工许可证不得伪造和涂改。

（3）建设单位应当自领取施工许可证之日起三个月内开工。因故不能按期开工的，应当在期满前向发证机关申请延期，并说明理由；延期以两次为限，每次不超过三个月。既不开工又不申请延期或者超过延期次数、时限的，施工许可证自行废止。

（4）在建的建筑工程因故中止施工的，建设单位应当自中止施工之日起一个月内向发证机关报告，报告内容包括中止施工的时间、原因、在施部位、维护管理措施等，并按照规定做好建筑工程的维护管理工作。

（5）建筑工程恢复施工时，应当向发证机关报告；中止施工满一年的工程恢复施工前，建设单位应当报发证机关核验施工许可证。

建筑工程施工许可管理办法

单元六　房地产开发项目基础设施建设与管理

一、基础设施的范围

1. 城市基础设施

城市基础设施是建设现代化城市的基本条件。没有或缺少这些设施，城市的各项事业都难以维持和发展，任何一方面失灵，都将造成城市的局部混乱以至整个城市的瘫痪。城市基础设施多年来严重欠缺，已严重影响着或将会影响到城市化的进程。可以说，城市基础设施上不去，城市的全局就难以优化。

城市基础设施包括以下内容：

（1）城市公共汽车首末站、出租汽车停车场、大型公共停车场；城市轨道交通线、站、场、车辆段、保养维修基地；城市水运码头；机场；城市交通综合换乘枢纽；城市交通广场等城市公共交通设施。

（2）取水工程设施（取水点、取水构筑物及一级泵站）和水处理工程设施等城市供水设施。

（3）排水设施；污水处理设施；垃圾转运站、垃圾码头、垃圾堆肥厂、垃圾焚烧厂、卫生填埋场（厂）；环境卫生车辆停车场和修造厂；环境质量监测站等城市环境卫生设施。

（4）城市气源和燃气储配站等城市供燃气设施。

（5）城市热源、区域性热力站、热力线走廊等城市供热设施。

（6）城市发电厂、区域变电所（站）、市区变电所（站）、高压线走廊等城市供电设施。

(7)邮政局、邮政通信枢纽、邮政支局；电信局、电信支局；卫星接收站、微波站；广播电台、电视台等城市通信设施。

(8)消防指挥调度中心、消防站等城市消防设施。

(9)防洪堤墙、排洪沟与截洪沟、防洪闸等城市防洪设施。

(10)避震疏散场地、气象预警中心等城市抗震防灾设施。

(11)其他对城市发展全局有影响的城市基础设施。

2. 居住区基础设施

在城市文化和价值观念的影响和渗透下，人们对生产和生活环境的要求也逐渐提高，如物质环境方面，包括居住建筑、道路、水利、医疗卫生等公共设施的配套；景观环境方面，包括居住区、家庭的绿化和景观的营造等；文化环境方面，包括教育、文化娱乐设施等方面。经济越发达，居民生活水平越高，对这些设施的要求也越高。

居住区基础设施主要包括以下五大方面：

(1)能源系统，包括供电、供热、供气等。

(2)给水排水系统，包括取水、输水、净水、配水管网(上水道)、排水管网(下水道)、污水处理、排污工程等。

(3)道路交通系统。

(4)邮电、通信系统。

(5)环境系统：园林绿化、环境卫生、垃圾处理。

二、基础设施的建设管理

基础设施建设项目是指在国民经济和社会发展中处于基础地位，对国民经济持续快速健康发展和社会全面进步有重大促进作用的县级以上水利、能源、交通、邮电、环境保护、市政公用设施等新建、改建和扩建项目。

基础设施建设项目质量，是指根据国家和省有关项目质量管理规定、技术规范、规程和标准以及批准的设计文件和合同的约定，确保基础设施建设项目达到安全、适用、经济、美观等特性的综合要求。

1. 前期管理

基础设施建设项目应当严格执行国家基本建设程序，任何单位和个人不得擅自简化或者增加基本建设程序和审批环节。

基础设施建设项目建议书应当根据国民经济和社会发展计划、行业发展规划编制。项目可行性研究报告应当委托具有相应资质的咨询、设计单位负责编制。项目建议书、可行性研究报告应当按照项目的隶属关系经行业主管部门提出预审意见后，报计划部门审批。大中型项目的建议书、项目可行性研究报告应当委托有相应资质的咨询单位或专家评估论证后，才能上报审批。编制单位应当对编制的项目建议书、项目可行性研究报告承担责任，咨询单位应当对出具的评估论证意见承担责任。

除军事工程等特殊项目外，基础设施建设项目应当在可行性研究报告批准后，根据有关规定，实行项目法人责任制。未实行项目法人责任制的在建基础设施建设项目，必须在限期内整改。项目法人的法定代表人及其主要管理人员应当熟悉有关法律、法规、规章和

方针政策,并具有管理相关建设项目的专业理论水平和实际工作经验。项目法人的内部组织机构及其派驻施工现场的相关人员的素质必须满足工程质量监督管理的要求。

基础设施建设项目的勘察设计应当由具有相应资质的勘察设计单位承担,并由项目法人通过招标或竞争择优的方式选定。勘察单位应当加强对现场踏勘、勘察纲要编制、原始资料收集和成果资料审核等环节的管理,并对所提供的勘察资料承担责任。设计单位应当建立完整的设计文件的编制、审核、复核、会签和报批制度,并对设计文件的质量负责。初步设计文件由项目法人按规定报计划部门审批,计划部门应当及时会同行业主管部门组织对初步设计文件的审查。施工图设计必须依据批准的初步设计文件进行。施工图由项目法人组织监理、设计、施工等单位进行会审或委托有资质的设计监理单位审查。

2. 开工准备

基础设施建设项目的施工必须实行监理制。基础设施建设项目的设计逐步实行监理制。项目法人应当通过竞争择优的方式选定项目的监理单位,对基础设施建设项目的设计、施工、材料设备的采购等环节进行监理。

基础设施建设项目的主体工程或控制性工程必须通过公开招标的方式选定具有相应资质的施工单位。确需采用邀请招标或议标方式的,必须按规定报招投标主管部门批准。

由项目法人采购的主要设备和材料,应当通过公开招标的方式选定生产和供应单位。确需采用邀请招标或议标方式的,必须按规定报招投标主管部门批准。

基础设施建设项目在开工前必须完成征地拆迁、供水、供电、运输、通信和场地平整等准备工作,落实有关外部配套条件,确保项目开工后能够连续施工。

项目法人应当按照有关规定编制开工报告,并按规定报计划主管部门审批。对于达不到规定开工条件的项目,开工报告不予审批。按照国务院规定的权限和程序批准开工报告的基础设施建设项目,不再领取施工许可证。未经批准开工的项目,任何单位和个人不得擅自开工建设。

3. 组织实施

基础设施建设项目严禁转包。总承包单位如进行分包,除总承包合同中有约定的外,必须经发包单位认可,但主体结构不得进行分包。禁止分包单位将其承包的工程再分包。实行总承包的基础设施建设项目,总承包单位必须对全部工程承担质量责任,分包单位应当根据分包合同的约定对其分包的工程承担质量责任。

基础设施建设项目开工后,项目法人应当履行以下义务:

(1)在施工现场挂牌公示项目法人、勘察、设计、监理、施工、质量监督等单位的名称和责任人的姓名。

(2)向施工现场派驻熟悉建设项目施工管理的业务人员,对工程质量和各参建单位进行监督。

(3)对工程的重要结构部位和隐蔽工程,及时组织阶段性验收。

项目法人不得违反国家和省有关规定及合同的约定,对工程造价、建设工期、设备材料的采购等提出不合理的要求。

任何单位和个人不得擅自更改基础设施建设项目设计内容。因特殊原因确需进行重大设计变更的,项目法人必须报原设计审批部门批准,经批准后,由原设计单位出具设计变更文件。

模块六　房地产开发项目的前期工作

设计单位应当根据合同的约定向施工现场派驻设计代表,及时解决设计和施工中出现的问题。

施工单位在编制的施工组织方案中应当有保证工程质量的措施,并建立施工现场质量自检体系。施工单位应当对进入施工现场的材料分别进行检验并作出书面记录。

监理单位应当编制监理大纲,对工程质量、工期、投资和有关合同进行监理,并独立承担监理责任。监理单位应当向施工现场派驻足够的取得相应执业资格的监理工程师,监理工程师对工程质量承担相应的责任。未经监理工程师签字认可,施工单位不得进行下一道工序的施工,有关材料设备不得在工程上使用或安装,项目法人不得拨付工程进度款,不得进行竣工验收。监理单位应当对进入施工现场的材料设备分别进行检验并作出书面记录。

各地区、部门应当建立健全质量报告制度。有关单位和工程质量负责人应当如实填写质量报告,并对所填写内容的真实性承担责任。基础设施建设项目存在质量问题的,有关单位应当按照项目的隶属关系向主管部门和主管地方政府报告。省重点建设项目存在质量问题的,有关部门应当及时向省重点建设项目主管部门报告。

4. 基础设施的竣工验收

基础设施建设项目建成后,施工、设计、监理等单位应当向项目法人提交交工报告,并由质量监督机构核验工程质量等级。

以国家投资、融资为主的基础设施建设项目建成后,项目法人应当报审计部门办理竣工决算审计。

除国家另有规定外,基础设施建设项目建成并经过规定时间的试运营或交工验收后,行业主管部门(无行业主管部门的由项目法人)应当根据有关规定,会同有关部门及组织设计、监理、施工等单位进行单项验收和初步验收;初步验收合格后,计划部门根据项目法人编制的竣工验收报告,会同行业主管部门组织或委托有关单位进行竣工验收。未经竣工验收或验收不合格的基础设施建设项目,不得交付使用。

基础设施建设的重要性

项目法人应当建立健全项目档案管理制度。从项目筹划到竣工验收等项目建设各个环节的文件资料,都应当严格按照规定收集、整理、归档,项目档案管理单位和档案管理人员应当严格履行职责。

在国家规定或合同约定的范围和期限内,基础设施建设项目出现质量问题的,责任单位应当负责修复,并承担相应的责任。

模块小结

房地产开发项目的前期工作包括取得土地使用权、立项与报批、勘察设计、项目招标、申领施工许可证等。土地使用权的取得方式主要有土地使用权划拨、土地使用权出让、土地使用权转让、土地征用等。房地产开发项目的前期立项与报批阶段的工作内容主要有:项目立项、建设项目选址审批、申领《建设用地规划许可证》、规划设计条件审批、规划设计方案审批、申领《建设工程规划许可证》、申领《建筑工程施工许可证》及

《商品房预售许可证》等工作。勘察设计是工程建设的重要环节，项目勘察主要是对地形、地质及水文等状况进行测绘、勘探和测试；工程设计是对拟建工程的生产工艺流程、设备选型、建筑物外形和内部空间布置、结构构造、建筑群的组合以及与周围环境的相互联系等方面提出清晰、明确、详细的概念，并体现于图纸和文件上的技术经济工作。

思考与练习

一、填空题

1. _____是房地产开发的第一个步骤。
2. 土地使用权出让，可以采取_____、_____或者_____的方式。
3. 土地使用权出让中的受让方是指_____。
4. 土地使用者必须按照_____约定，支付土地使用权出让金。
5. 出让土地使用权的最高年限，就是_____。
6. 土地使用权的转让为不动产物权的变更，须办理_____手续。
7. 房屋拆迁补偿的对象是_____。
8. 房屋拆迁安置中要遵循_____、_____以及_____。
9. 房地产招标的组织形式有_____和_____两种形式。

二、选择题

1. 关于土地使用权出让中的受让者描述，下列错误的是（   ）。
   A. 土地使用权出让中的受让方是不受限制的
   B. 土地使用权出让中的受让方是土地使用者
   C. 中华人民共和国境内外的公司可作为土地使用权出让中的受让方
   D. 中华人民共和国境内外的个人可作为土地使用权出让中的受让方
2. 关于土地使用权出让客体的描述，下列错误的是（   ）。
   A. 土地使用权出让的客体是一定年限的国有土地使用权
   B. 土地使用权可以依照法律的规定转让
   C. 规定出让土地使用权的期限，是土地使用权出让的重要内容
   D. 个人可以进行土地转让
3. 《中华人民共和国国有土地使用权出让和转让暂行条例》规定：居住用地的使用权出让的最高年限是（   ）年。
   A. 70   B. 60   C. 50   D. 40

三、问答题

1. 划拨土地使用权的基本形式是什么？
2. 房屋拆迁具有哪些法律特征？
3. 房屋拆迁应遵循哪些原则？
4. 房屋拆迁的补偿方式有哪些？

模块六 房地产开发项目的前期工作

5. 房屋拆迁安置的对象是谁？
6. 房地产项目前期为什么要进行项目设计？
7. 城市基础设施的内容有哪些？

四、综合题

以小组为单位，选定某区域一个地块，进行房地产开发前期工作流程模拟训练。

模块七 房地产开发项目建设管理

模块导读

2020年10月27日,某项目在建19号楼,主体框架-剪力墙偏移超过规定8~9 cm。另外,步行楼梯的混凝土框架上半部分也能看出明显的位移,扭曲,变形。北侧多处主体墙面出现倾斜、扭曲;框架与墙面偏移严重,窗口变形。

项目公司委托专业机构鉴定,称施工偏差不影响结构承载。针对19号楼施工偏移问题,已委托第三方检测机构对12层以下框架柱和剪力墙施工偏差情况进行检测鉴定。

鉴定结论显示:根据现场检查检测结果,该工程10/K柱、12/K柱及3/E~F剪力墙存在施工偏差现象,其中所检剪力墙钢筋位置未发现明显移位现象,所检框架柱竖向钢筋存在移位现象。根据现场实际检查检测情况进行结构验算。经验算,该工程十二层以下3/E~F剪力墙边缘构件、墙身实际配筋均大于计算配筋和构造配筋,墙肢轴压比满足规范规定的限值要求;十二层以下10/K柱、12/K柱实际配筋均大于计算配筋和构造配筋,框架柱轴压比满足规范规定的限值要求。该工程10/K柱、12/K柱及3/E~F剪力墙存在施工偏差不影响结构承载,但影响观感,应进行处理。

住建局下达停工整改通知书,责令立即停止施工,组织进行第二次鉴定,要求鉴定结果出来后,开发企业拿出整改方案才能继续施工。

在房地产开发项目的建设管理中,类似这起"楼歪歪"事件质量事故案例并非个例,"楼歪歪""楼脆脆""楼裂裂""楼倒倒"现象都曾发生,其背后折射出的质量安全问题引人深思。

知识目标

通过本模块内容的学习,了解房地产开发项目建设管理的主体和管理方式;熟悉房地产开发项目建设管理的内容;掌握房地产开发项目建设阶段的质量、进度、成本、安全管理及房地产开发项目合同管理与竣工验收管理。

模块七　房地产开发项目建设管理

能力目标

通过本模块内容的学习，能够进行房地产开发项目建设阶段的质量、进度、成本、安全管理及房地产开发项目合同管理与竣工验收管理。

单元一　房地产开发项目建设管理概述

房地产项目建设管理是指房地产开发企业在整个项目的开发建设过程中，通过计划、指挥检查和调整等手段进行质量、进度、成本、合同与安全等方面的全面管理，并与社会各相关部门进行联络、协调，以实现项目的经济效益、社会效益和环境效益。

一、房地产开发项目管理的主体

房地产开发项目管理是以高效率地实现项目目标为最终目的，以项目经理负责制为基础，运用系统工程的观点、理论和方法，对开发项目建设的全过程按其内在运行规律进行有效的计划、组织、协调、监督和控制的管理系统。

房地产开发涉及投资方、监理方、勘察、规划、设计、施工、建材、设备、市政、交通、供电、电信、银行、文教、卫生、消防、商业、服务、环境等几十个部门，近百个单位，以及最终用户——消费者的相互制约和相互影响。因此，房地产项目开发建设是一项复杂的系统工程，必须有一整套完整、规范和科学的管理保证体系，来统筹和协调开发项目的全过程并确保总体目标的实现。在项目的建设过程中，尽管不同的参与者所承担的工作任务不同，但是各参与者及其工作任务共同构成了房地产项目管理的完整体系。

1. 项目建设单位

项目建设单位是站在投资主体的立场对项目进行综合管理，通过一定的组织形式，采用多种方法和措施，对整个项目多种工作的系统运动过程进行计划、协调、监督、控制和总评价，以保证项目质量、工期、投资效益目的的实现。如果除项目建设单位之外还包括项目的其他投资者，如项目融资单位、BOT 项目的投资者等，他们必须参与项目全过程的管理，以便了解项目的投资收益情况，确定投资方案。

2. 项目设计单位

在现代项目实施过程中，由于市场经济体制的影响，设计单位的工作任务在不断地延伸，已经打破了以往纯设计阶段的旧格局，在向两端逐渐拓展，渐渐深入到了项目目标设计、可行性研究、施工和竣工验收阶段，甚至还渗透到了使用过程中的改造和维修。

因此，在市场的作用下，项目设计单位的工作任务在不断拓展，已不完全是设计阶段的自我管理。其工作任务已延伸到项目施工阶段的施工监督、竣工阶段的质量验收，渗透到项目前期为项目建设单位提供可靠的技术服务，帮助建设单位进行产品定位和项目立项之中。

3. 施工单位(或项目承包商)

施工单位是项目产品的直接建造单位,一般是在项目施工图设计完成后,施工单位通过投标的形式取得项目的施工承包资格,按承包合同规定完成项目施工任务,并在规定的期限内交付项目;同时,还应按合同规定承担承包项目的保修责任。其工作范围、责任与权力持续时间应由合同进行明确的规定。

现代房地产项目的复杂性,使业主越来越趋向于将项目的全部任务交给一个承包商完成,即采用"设计—施工—供应"的总承包方式。采用这种承包方式的项目,承包商往往在项目建立后,甚至在项目可行性研究阶段或构思阶段就介入项目的有关工作,为业主提供全过程、全方位的服务(包括参与项目的运行管理、项目的融资等)。

这种总承包公司是一个纯粹的项目管理公司(没有施工单位和设计单位等),对于项目各阶段的任务可在它的统一调配下,采用分包的方式分包给设计单位、施工单位、监理单位等。此时的总承包方式已打破了以往承包单位仅仅承包项目施工任务的运行模式,可使总承包单位运用自己丰富的项目管理经验对具体项目实施管理,同时减轻了业主管理项目的压力,在一定程度上促进了项目的顺利实施和社会资源的合理利用。

4. 咨询单位(监理公司)

咨询单位(或监理公司)是一种中介服务组织,一般是在接受业主或总承包商的委托之后,按咨询(监理)合同的规定,代表业主或承包商对项目进行技术咨询(监理),对相应阶段的相关任务进行咨询(监理)。其中,咨询(监理)单位主要是对业主或承包商直接负责。

当然,还包括对项目进行宏观调控的政府主管部门,它们主要负责调控项目对整个社会经济发展的影响,控制项目的质量关,促进项目与环境之间的协调等宏观性工作。

上述各项目参与单位的工作任务都符合"项目"的定义,因此,在具体的实施过程中,都可设立自己相应的项目管理组织,以实施相应的项目管理任务或过程。

二、房地产开发项目建设管理的内容

房地产开发项目建设管理包括项目的合同管理、进度管理、质量管理、成本管理和施工安全管理等内容。其中,进度管理、质量管理和成本管理是三大管理的核心,它们是相互联系又彼此对立的统一体。

(1)三大管理目标之间的对立关系。一般情况下,如果对工程质量有较高要求,就需要投入较多的资金并花费较长的时间;如果要在较短的时间内完成项目,势必会增加投资或者使工程质量下降;如果要减少投资、节约费用,势必会考虑降低项目的功能要求和质量标准。因此,三大管理目标之间存在着矛盾的对立,但不能片面强调某一方面目标。

(2)三大管理目标之间的统一关系。在通常情况下,一方面适当增加投资以加快进度,能缩短工期,早日收回投资,使项目全寿命周期的经济效益得到提高;另一方面,适当提高项目功能要求和质量标准,能够节约项目建成后的维修保养费用,从而获得更好的投资经济效益。在房地产开发项目的管理中,管理者需要对这三大目标进行合理的权衡,不仅要在短期取得较好的经济效益,而且从长期来看,也应可以取得比较好的社会、经济和环境效益。

三、房地产开发项目建设管理的方式

房地产开发企业对开发项目有多种形式的管理模式。由于每个房地产开发项目的类型、地理位置、开发程度可能各不相同，而且和一般制造业不同的是，每一个开发项目所完成的均是一个完整的产品和服务。因此，房地产企业在建立符合房地产行业特点的组织管理方式方面，与制造业之间存在着一定的差异。房地产开发企业对开发项目的管理可以采用自建和委托施工两种方式。

1. 自建方式

自建方式是指房地产开发企业自己组织施工队伍，雇用工人、购买材料、配备或者租用施工机械，自己组织施工完成开发项目的工程建设。这种方式有利于房地产开发公司对项目开发经营全过程的统一领导，避免委托建设过程中信息不对称的影响，减少了借助专业施工建设单位的交易成本，并且有利于分担部分施工过程中的风险因素的优点。其缺点是这种模式在一定程度上增加了房地产开发企业内部组织协调的成本，增加了企业的管理难度和层次，减少了房地产开发企业从分工中带来的效率提高所产生的收益。

2. 委托施工方式

委托施工是通过招标方式择优选择施工单位来完成工程项目施工建设的模式，一般有工程总承包和部分承包两种方式。委托施工建设方式具有开发企业可以利用专业施工单位来完成项目，体现了专业化和分工的比较优势，可以降低开发企业的内部管理成本的优点。但是在委托施工过程中，由于委托代理链的存在，开发企业和施工企业在项目实施的前后均存在信息不对称现象，可能导致双方的道德风险和逆向选择行为。委托管理是一种由项目法人、监理单位和承建单位组成的三元管理体制。引入监理单位，可以在一定程度上降低这种信息不对称程度，同时保持委托施工的优点。

房地产开发项目建设阶段开发方的主要任务

单元二　房地产开发项目施工准备

房地产开发项目施工管理是指对项目从开工准备到竣工验收的全过程所进行的管理。在项目施工阶段，由于房地产开发项目的建筑施工与安装任务通常是承包给建筑施工单位来完成的，所以开发项目的工程管理，主要是以合同管理为手段，运用计划、组织、协调、控制、检查、验收等方法，对开发项目施工建设中的技术活动和经济活动，按照国家标准、规范和合同规定的目标，严格进行监督、控制和管理，以确保开发项目总体目标的最终实现。

施工准备要加强项目组织与协调工作。一方面，选择施工、供应等参建单位，明确各自在业务往来中应遵守的原则；另一方面，落实项目施工阶段的各项准备和组织工作，包括落实设计意图、选定施工方案、审定材料与设备供应品种及供应方式。

房地产开发项目施工准备工作主要包括现场准备、技术准备、资源准备等。

一、现场准备

（1）场地平整。首先，应清除场内的各种障碍物，包括拆除原有建筑物、割除杂草等；其次，应与建设单位联系，弄清楚地下原有建筑物、电缆、上、下水管道的位置及埋置标高；然后，用铲运机或推土机按照地面设计标高进行平整。

（2）抄平放线。根据测量的要求，应设好永久性或半永久性坐标水准点，再由有关部门引来坐标和绝对标高。一般来说，建筑公司测量队应按委托，根据建筑区域或单位工程坐标、绝对标高绘出现场地貌图（此图有时为设计院提供）和放出拟建建筑物的控制桩，并向施工基层单位提交测量成果卡，根据测量成果卡和控制桩，再放出建筑物的各个轴线位置钉上龙门板或打上中心桩。

（3）修筑全场性或临时施工道路。根据施工平面图，放出道路的位置后，即可按照道路的设计要求进行修筑，修筑的顺序是先场外后场内，先干线后支线；如果场区有正式的道路，则应优先修好，以供使用；否则，应修建筑临时施工道路，修筑临时道路也应贯彻勤俭节约的原则，如能确保在雨期也能正常施工时，也可不修或局部修筑。

（4）接通水、电线路。根据建设单位指定的施工用水源、电源、热源（如瓦斯管线、蒸汽管线），按照施工平面图的位置来接通。水源、热源的压力和管径最好进行计算，以免施工时不可使用。电源的变压器容量和导线的截面面积也应综合考虑和计算（应满足安装时的需要）。场内排水网络，应按平面图的位置、要求提前沟通。

（5）搭设暂设工程。暂设工程应根据节约的原则，尽量利用建设单位永久性（或原有）建筑物。

二、技术准备

（1）熟悉、会审图纸，了解设计内容及设计意图，明确工程所采用的设备和材料，明确图纸所提出的施工要求，明确综合布线工程和主体工程以及其他安装工程的交叉配合，以便及尽早采取措施，确保施工过程中不破坏建筑物的结构强度及外观，不与其他工程发生位置冲突。

（2）会同设计单位现场核对施工图纸，进行安装施工技术交底。充分了解设计文件和施工图纸的主要设计意图。

（3）熟悉和工程有关的其他技术资料，如施工及验收规范、技术规程、质量检验评定标准以及制造厂家提供的产品资料。

（4）编制施工方案。根据综合布线系统工程设计文件和施工图纸的要求，结合施工现场的客观条件、设备器材的供应和施工人员数量等情况，安排施工进度计划和编制施工组织计划，做到合理、有序地进行安装施工。安装施工计划必须详细、具体、严密和有序，便于监督实施和科学管理。

（5）编制工程预算。编制依据：批准的初步设计或扩大初步设计概算及有关文件；施工

图、通用图、标准图及说明；《建筑与建筑群综合布线》预算定额；通信工程预算定额及编制说明；通信建设工程费用定额及有关文件。工程预算文件的内容包括：工程概况，预算总价值；编制依据及对采用的取费标准和计算方法的说明；工程技术经济指标分析；其他需要说明的问题。

三、资源准备

拟建工程放线、基础撒完灰线之后，再按照基础施工平面图中材料的堆放位置，撒好灰线，将基础工程用料全部进场；然后，分期分批地依次将墙体材料、门窗、混凝土及预制构件、铁构件、机具设备等进场，按照指定地点，成方码垛，堆放整齐。

资源准备应注意以下几点：

(1)各种材料入场前应先索取材质证明，无材质证明、不合格者或未经主管部门批准者，一律不准进入现场。

(2)对有怀疑的材料，在使用前应重新化验鉴定。

(3)进入现场的预制构件(包括门窗、混凝土、铁构件等)，施工员应会同质量检查员验收并分类堆放。凡质量不符合要求或运输损坏者，应立即上报，并通知加工工厂重新加工制作。

(4)水泥应尽量存放在水泥库内。

(5)进场的机械设备应提前检修、保养、试车，达到台台完好；并按照指定地点安放好。

(6)进场配制的混凝土、砂浆、玛琋脂等原材料规格和配合比应经试验室化验，并提出配合比以后方能使用。

(7)架设工具也应按照指定地点堆放整齐。

(8)其他，如盛水、溶液的水箱、大锅、水桶等，也应提前进场并放在指定地点。

单元三 房地产开发项目质量管理

工程项目的质量是一个重要的指标，它最终体现在项目的运行功能和效果上。影响项目质量的因素也是综合性的，涉及项目的全过程以及项目的各个要素，包括设计质量、施工质量、材料和设备的质量、运行管理的质量等。

一、房地产开发项目质量的特点

房地产开发项目质量的特点是由房地产开发项目自身的特殊性决定的，与一般产品质量相比，具有如下一些特点。

1. 影响因素多，质量波动大

房地产开发需要整合的资源庞大、周期较长，涉及的专业技术人员众多。由于房地产开发项目具有复杂性、独特性，不能像一般的工业产品一样进行标准化生产，受到的影响因素众多，这就造成房地产开发项目的质量波动较大。

2. 隐蔽性强，竣工检验局限性大

工程项目在施工过程中，因工序交接多、中间产品多、隐蔽工程多，质量存在隐蔽性。现实中存在的质量问题经常是表面上质量尽管很好，但这时可能混凝土已经失去了强度，钢筋已经被锈蚀得失去了作用。诸如此类的工程质量问题在终检时是很难通过肉眼判断出来的。有时即使用上检测工具，也未必能发现问题。因此，在工程项目的质量管理工作中必须以预防为主，做到防患于未然。

3. 对社会环境影响较大

工程质量不仅直接影响人民群众的生产生活，而且还影响着社会可持续发展的环境，特别是有关绿化、环保、噪声等方面的问题。

二、房地产开发项目工程质量的影响因素

相对而言，工程质量的影响因素较多，主要有人的质量意识和质量能力，建设项目的决策因素，项目勘察因素，项目总体规划和设计因素，建筑材料、构配件及相关工程用品的质量因素，工程项目施工方案以及施工环境等因素，见表 7-1。

表 7-1 工程质量的影响因素

影响因素	主要内容
人的质量意识和质量能力	人是质量活动的主体。对建设工程项目而言，人是泛指与工程有关的单位、组织及个人，包括建设单位，勘察设计单位，施工承包单位，监理及咨询服务单位，政府主管及工程质量监督、监测单位以及策划者、设计者、作业者、管理者等
建设项目的决策因素	没有经过资源论证、市场需求预测，盲目、重复建设，建成后不能投入生产或使用，所形成的合格而无用途的建筑产品，从根本上说是社会资源的极大浪费，不具备质量的适用性特征。同样，盲目追求高标准、缺乏质量经济性考虑的决策，也将对工程质量的形成产生不利的影响
项目勘察因素	项目勘察包括建设项目技术经济条件勘察和工程岩土地质条件勘察，前者直接影响项目决策，后者直接关系工程设计的依据和基础资料
项目总体规划和设计因素	总体规划关系到土地的合理利用、功能组织和平面布局、竖向设计、总体运输及交通组织的合理性；工程设计具体确定建筑产品的质量目标值，直接将建设意图变成工程蓝图，将适用、经济、美观融为一体，为建设施工提供质量标准和依据。建筑构造与结构设计的合理性、可靠性以及可施工性都直接影响工程质量
建筑材料、构配件及相关工程用品的质量因素	建筑材料、构配件及相关工程用品是建筑生产的劳动对象。建筑质量的水平在很大程度上取决于材料工业的发展。原材料及建筑装饰装潢材料及其制品的不断开发，导致人们对建筑的消费需求发生日新月异的变化。因此，正确合理地选择材料，控制材料、构配件及工程用品的质量规格、检验性能特性是否符合设计规定标准，直接关系到工程项目的质量形成

续表

影响因素	主要内容
工程项目施工方案	施工方案包括施工技术方案和施工组织方案。前者指施工的技术、工艺、方法和机械、设备、模具等施工手段的配置；后者是指施工程序、工艺顺序、施工流向、劳动组织方面的决定和安排。通常的施工程序是先准备后施工、先场外后场内、先地下后地上、先深后浅、先主体后装修、先土建后安装等。这些安排都应在施工方案中明确，并编制相应的施工组织计划。这些都是对工程项目的质量形成产生影响的重要因素
施工环境	施工环境包括地质、水文、气候等自然环境及施工现场的通风、照明、安全卫生防护设施等劳动作业环境，以及由工程承发包合同结构所派生的多单位多专业共同施工的管理关系、组织协调方式及现场施工质量控制系统等构成的管理环境对工程质量的形成产生的影响

三、房地产开发项目工程质量管理的原则

1. 以人为核心

人是质量的创造者，工程质量控制必须以人为核心，调动人的积极性、创造性；增强人的责任感，树立"质量第一"的观念，提高人的素质，避免人的失误；以人的工作质量保证工序质量、促进工程质量。

2. 以预防为主

以预防为主就是要从对工程质量的事后检查把关，转向对工程质量的事前控制、事中控制；把对产品的质量检查，转向对工程质量的检查、对工序质量的检查、对中间产品的质量检查，这是确保工程质量的有效措施。

3. 坚持质量标准、严格检查、一切用数据说话

质量标准是评价产品质量的尺度，数据是质量控制的基础和依据。产品的质量是否符合质量标准，必须通过严格检查，用数据说话。

四、房地产开发项目工程质量控制的内容

1. 前期资料检查

房地产开发项目在正式施工前，需要对规划设计、地质勘探、放线等各项前期准备工作所取得的成果进行检验。这些是房地产开发项目顺利进行的前提条件，也是质量控制的基础。

2. 原材料检验

房地产开发项目材料质量的好坏直接影响工程的质量，因此，应当在订货阶段就向供货商提供检验的技术标准，并将这些标准列入订购合同中，以确保材料质量。一些重要材料应当在签订购货合同前取得样品或样本，材料到货后再与样品进行对照检查，或进行专门的化验或试验，未经检验或不合格的材料不得与合格的材料混装入库。

3. 配套设备检验

在各种设备安装之前均应进行检验和测试，对于不合格的设备应避免采用。工程施工

中应确立设备检查和试验的标准、手段、程序、记录、检验报告等制度；对于主要设备的试验与检查，可考虑到制造厂进行监督和检查。

4. 程序与工艺检验

在开工前需要对程序与工艺进行论证检验，在工程施工过程中，按照既定的程序与工艺对实际操作进行监督、检验。

5. 施工阶段质量控制

在建设施工阶段应对各项设备、仪器进行检查并调校误差，控制混凝土质量，对各单项工程制定具体、有效的质量检查评定方法，且保证其得以落实。

6. 建立质量控制档案

为便于追查责任，实施整改，应汇集所有质量检查和检验证明文件、试验报告，包括分包商在工程质量方面提交的文件。

7. 竣工质量验收

房地产开发项目竣工验收的主要内容是工程质量、投资计划、工期等的完成情况。竣工验收是工程建设的最后一道工序，也是最重要的一道工序。

五、房地产开发项目施工过程质量控制的手段

1. 旁站监督

旁站监督在工程施工阶段，对关键部位、关键工序的施工质量实施全过程现场跟班的监督活动。实施旁站监理是房地产开发企业经常采用的一种现场检查形式，即在施工过程中派工程技术人员到现场观察、监督与检查施工过程，注意并及时发现质量事故的苗头、影响质量的不利因素、潜在的质量隐患以及出现的质量问题等，以便及时进行控制。对于隐蔽工程的施工，旁站监督尤为重要。

2. 测量控制

房地产开发商的技术人员在施工前，应对施工放线及高程控制进行检查控制，不合格者不得施工；发现偏差及时纠正；中间验收时，对于数值不合要求者，应指令施工单位处理。

3. 试验数据

试验数据是判断和确认各种材料和工程部位内在品质的主要依据。通常需要通过试验手段取得试验数据来判断质量优劣。

4. 指令文件

指令文件是表达开发商对施工承包单位提出指示和要求的书面文件，用以向施工单位指出施工中存在的问题，提请施工单位注意，以及向施工单位提出要求或指示其做什么或不做什么等。开发商的各项指令都应是书面的或有文件记载的方为有效。如因时间紧迫，来不及做出正式书面指令，也可以通过口头指令方式下达给施工单位，但随即应按合同规定，及时补充书面文件对口头指令予以确认。

5. 规定质量监控工作程序

规定双方必须遵守的质量监控工作程序，并按该程序进行工作，是进行质量监控的必

要手段和依据。如对未提交开工申请单，未经审查、批准的工程，不得开工，未经签署质量验收单予以质量确认，不得进行下一道工序等，都是必要的质量监控程序。

6. 利用支付控制手段

支付控制权就是对承包人支付任何款项。由于工程款的支付条件之一就是工程质量要达到规定的要求和标准，如果施工单位的工程质量达不到要求的标准，开发商有权停止对施工单位支付部分或全部工程款，且由此造成的损失由施工单位负责。在房地产开发施工过程中，这是十分有效的控制和约束手段。

房地产企业各级管理职责

单元四　房地产开发项目进度控制管理

房地产开发项目进度控制管理（以下简称进度控制）是指根据开发项目各阶段的工作内容、程序、持续时间和衔接关系编制项目进度计划，并以此计划为依据，综合利用组织、技术、经济和合同等手段，对建设工程项目实施的时间进行控制，保证项目能在满足其时间约束的前提下实现总体目标。

一、项目进度管理的主要内容

房地产开发项目实施阶段进度管理的主要任务有设计前准备阶段的进度管理、设计阶段的进度管理以及施工阶段的进度管理。

（1）设计前准备阶段的进度管理的主要任务包括确定工期总目标、编制项目总进度计划、编制准备阶段详细工作计划，并控制计划的执行、施工现场条件研究和分析等。

（2）设计阶段进度管理的主要任务包括编制设计阶段工作进度计划并控制其执行、编制详细出图计划并控制其执行。

（3）施工阶段进度管理的主要任务包括编制施工总进度计划并控制其执行，编制施工年、季、月实施计划并控制其执行。

二、影响工程项目进度的因素

由于工程项目的施工特点，尤其是较大、较复杂的施工项目工期较长，影响进度的因素较多。编制计划和执行控制施工进度计划时必须充分认识和估计这些因素，才能克服其影响，使施工进度尽可能按计划进行。当出现偏差时，应考虑有关影响因素，分析产生的原因。其主要影响因素见表7-2。

表 7-2　影响工程项目进度的因素

类　型	影响因素	相应对策
项目经理部内部因素	(1)施工组织不合理，人力、机械设备调配不当，解决问题不及时； (2)施工技术措施不当或发生事故； (3)质量不合格引起的返工； (4)与相关单位关系协调不善等； (5)项目经理部管理水平低	项目经理部的活动对施工进度起决定性作用，因而要： (1)提高项目经理部的组织管理水平、技术水平； (2)提高施工作业层的素质； (3)重视与内外关系的协调
相关单位因素	(1)设计图纸供应不及时或有误； (2)业主要求设计变更； (3)实际工程量增减变化； (4)材料供应、运输等不及时或质量、数量、规格不符合要求； (5)水电通信等部门、分包单位没有认真履行合同或违约； (6)资金没有按时拨付等	相关单位的密切配合与支持，是保证施工项目进度的必要条件，项目经理部应做好： (1)与有关单位以合同形式明确双方协作配合要求，严格履行合同，寻求法律保护，减少和避免损失； (2)编制进度计划时，要充分考虑向主管部门和职能部门进行申报、审批所需的时间，留有余地
不可预见因素	施工现场水文地质状况比设计合同文件预计的要复杂得多。如严重自然灾害、战争、社会动荡等	(1)该类因素一旦发生就会造成较大影响，应做好调查分析和预测； (2)有些因素可通过参加保险，规避或减少风险

三、项目进度管理的措施

房地产开发项目进度管理采取的主要措施有管理信息措施、组织措施、技术措施、合同措施和经济措施。工程项目进度管理措施具体见表 7-3。

表 7-3　工程项目进度管理措施

措施类型	措施内容
管理信息措施	(1)建立能对施工进度有效控制的监测、分析、调整、反馈信息系统和信息管理工作制度； (2)随时监控施工过程的信息流，实现连续、动态的全过程进度目标控制
组织措施	(1)建立施工项目进度实施和控制的组织系统； (2)制定进度控制工作制度：检查时间、方法，召开协调会议时间、人员等； (3)落实各层次进度控制人员、具体任务和工作职责； (4)确定施工项目进度目标，建立施工项目进度控制目标体系
技术措施	(1)尽可能采用先进施工技术、方法和新材料、新工艺、新技术，保证进度目标实现； (2)落实施工方案，在发生问题时，能适时调整工作之间的逻辑关系，加快施工速度
合同措施	以合同形式保证工期进度的实现，即： (1)保持总进度控制目标与合同总工期相一致； (2)分包合同的工期与总包合同的工期相一致； (3)供货、供电、运输、构件加工等合同规定的提供服务的时间与有关的进度控制目标一致
经济措施	(1)落实实现进度目标的保证资金； (2)签订并实施关于工期和进度的经济承包责任制； (3)建立并实施关于工期和进度的奖惩制度

模块七 房地产开发项目建设管理

四、房地产开发项目进度计划的编制程序

房地产开发项目进度计划的编制程序一般可分为以下四个步骤：

(1)将全部工程内容分解和归纳为单项工程或工序。单项工程或工序分解的细致程度可根据工程规模的大小和复杂程度确定。

(2)统计或计算每项工程内容的工作量。一般情况下，用工程量表中的计量单位来表示工作量。另外，工程进度也可用完成的投资额占总投资额的比例来表示。

(3)计算每个单项工程工作量所需时间(可用天数表示)。此处的工作时间按正常程序和施工总方案中所选用的施工设备的水平，以熟练工人正常工效计算。

(4)按正常施工的各个单项工程内容的逻辑顺序和制约关系，排列施工先后次序，从每项施工工序的可能最早开工时间推算下去，可以得出全部工程竣工所需的周期；再逆过来，从上述竣工日期向前推算，可以求出每一施工工序的最迟开始日期。若最早可能开工日期早于最晚开工日期，则说明该项工序有可供调节的机动时间。该项工序只要在最早开工和最迟开工时间之间任何时候开工，均不会影响项目的竣工日期。

五、房地产开发项目进度计划的编制方法

编制工程项目进度计划主要有横道图法、网络图法、里程碑法、进度曲线法等多种方法。其中，横道图法和网络图法是最常见的方法。

1. 横道图法

横道图法又称甘特图(Gantt chart)，是用直线线条在时间坐标上表示出单项工程进度的方法。横道图具有形象、直观、易懂、绘制简便等特点，被广泛应用于工程项目的进度管理工作中。对于一些并不十分复杂的建筑工程，采用这种图表比较合适。

横道图比较方法，由于其形象直观，作图简单，容易理解，因而被广泛应用于工程项目的进度监测中，供不同层次的进度控制人员使用。由于在计划执行过程中不需要修改原因，因而使用起来也比较方便。但是其以横道计划为基础，因而带有不可克服的局限性。在横道计划中，各项工作之间的逻辑关系表达不明确，关键工作和关键线路无法确定。一旦某些工作实际进度出现偏差时，难以预测其对后续工作和工程总工期的影响，也就难以确定相应的进度计划调整方法。因此，横道图比较法主要用于工程项目中某些工作实际进度与计划进度的局部比较。

2. 网络图法

网络图是利用箭头和节点所组成的有向、有序的网状图形来表示总体工程任务各项工作流程或系统安排的一种进度计划表达方式，用网络图表示进度计划有单代号网络(图7-1)、双代号网络和时标网络三种表现形式。

用网络图编制工程项目进度计划有以下几个方面优点：

(1)能正确表达各工作之间相互作用、相互依存的关系。

(2)通过网络分析计算能够确定哪些工作是影响工期的关键工作，哪些工作则被允许有机动时间以及有多少机动时间，从而使计划管理者充分掌握工程进度控制的主动权。

(3)能够进行计划方案的优化和比较，选择最优方案。

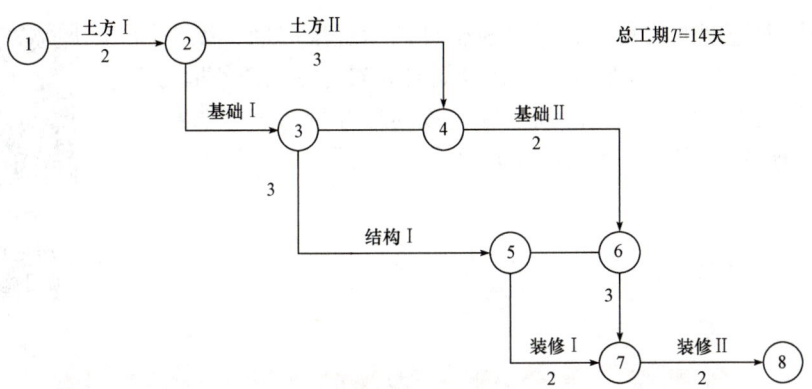

说明：1. 该工程分为两段施工，即Ⅰ段和Ⅱ段。
2. 施工过程包括四个工序：土方工程、基础工程、结构工程和装修工程。
3. 方框内数字表示顺序；箭头旁数字表示工期，即天数。

图 7-1　单代号网络图

（4）能够运用计算机手段实施辅助计划管理。

3. 里程碑法

里程碑法是在横道图或者网络图上标示出一些关键事项，这些事项能够被明显的确认，反映进度计划执行中各个阶段的目标，一般是处于关键线路上的一些关键项目，这些事项对项目进度计划能否顺利实现具有重大的影响。通过这些关键事项在一定时间内的完成情况可反映项目进度计划的进展情况。

4. 进度曲线法

进度曲线法以时间为横轴，以完成的累计工程量为纵轴，按计划时间累计完成任务量的曲线作为预定的进度计划。从整个项目的实施进度来看，由于项目后期收尾工程的实际工程完成量比较小，所以，该进度曲线一般是 S 形曲线。

S 形曲线比较法（图 7-2）与横道图比较法不同，它不是在编制的横道图进度计划上进行

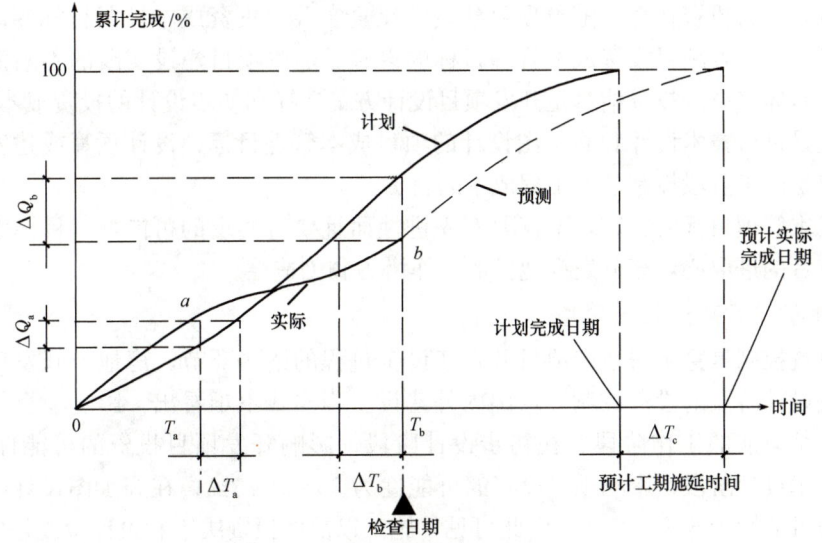

图 7-2　S 形曲线比较图

实际进度与计划进度的比较。它是以横坐标表示进度时间、纵坐标表示累计完成任务量，而绘制出一条按计划时间累计完成任务量的 S 形曲线，将施工项目的各检查时间实际完成的任务量与 S 形曲线进行实际进度与计划进度相比较的一种方法。

如何控制房地产开发项目施工进度

单元五　房地产开发项目成本管理

开发项目成本管理是房地产企业的一项重要基础管理，是指房地产企业结合本行业特点，以施工过程中直接耗费为原则，以货币为主要计量单位，对项目从开工到竣工所发生的各项收、支进行全面、系统的管理，以实现项目施工成本最优化目的的过程。

一、房地产开发项目成本构成

房地产开发项目成本是指项目建设、销售过程中所花费的全部费用，包括开发成本和销售成本。开发成本包括土地费用、前期工程费、安装工程费、基础设施费、公共配套设施费、开发间接费、财务费用等。

二、房地产开发项目成本管理的原则

1. 设置科学的投资成本管理目标

房地产项目开发是一个周期长、投资大的生产消费过程。由于建设者的开发经验、知识水平是有限的，再加上科学、技术条件的限制，所以只能设置一个大致的投资成本控制目标，这就是项目投资估算。随着项目建设的反复实践，投资成本控制目标逐渐清晰、准确。由此可见，开发项目投资成本管理目标的设置是随着项目建设实践的不断深入而分阶段设置的。具体来讲，投资估算是开发项目设计方案选择和初步设计的投资成本管理目标。设计概算应是进行技术设计和施工图设计的项目成本管理目标；设计预算或建安工程承包合同价则应是施工阶段控制建安工程成本的目标。

投资成本管理目标的制定，不仅要有先进性而且要有实现的可能性。目标水平一定要能激发执行者的进取心，充分发挥他们的工作潜力和创造性。

2. 设计阶段成本控制是重点

项目投资控制贯穿于房地产项目开发建设全过程的诸多环节，房地产开发项目成本管理的重点是设计阶段的投资控制。从国内外建设工程实践不难看出，影响项目投资最大的阶段是设计结束前的工作阶段。在初步设计阶段，影响开发项目投资的可能性为75%～95%；在技术设计阶段，影响项目投资的可能性为35%～75%；在施工图设计阶段，影响项目投资的可能性为5%～35%。由此可见，施工以前的投资决策和设计阶段是成本管理的关键，而做出投资决策后，关键则在于设计。

3. 变被动控制为主动控制

房地产开发项目管理的基本任务是对项目的建设工期、投资成本和工程质量进行有效的控制，力求使所建项目达到建设工期最短、投资最省、工程质量最高。然而，这样的理想要求需要开发商根据建设的主观条件和客观条件进行综合分析研究，确定切合实际的衡量准则。

长期以来，人们一直将工程成本控制理解为目标值与实际值的比较。当实际值偏离目标值时，分析其产生偏差的原因，确定其对策。但这种方法只能发现偏离而不能使已产生的偏离消失，只能是被动控制。

4. 经济与技术结合是成本管理的有效手段

近年来，我国房地产开发企业普遍存在着技术与经济相分离的现象。技术人员缺乏经济观念，设计思想保守，设计规范、施工规范落后，很少考虑如何降低项目投资。而财会、概预算人员的主要责任是根据财务制度办事，不熟悉工程建设知识，不了解工程进展中的各种关系和技术问题，难以有效地控制项目成本。因此，迫切需要培养房地产开发综合技术经济管理人才，在项目建设过程中把技术与经济有机地结合起来，正确处理先进技术与经济合理两者之间的对立统一关系，力求技术先进基础上的经济合理，将成本控制观念渗透到各项设计和施工技术措施之中。

三、房地产开发项目成本控制的主要内容

成本控制是加强房地产开发项目成本管理、实现成本计划的重要手段。一个房地产开发企业有了科学、先进的成本计划，只要成本控制的力度足够，就可以保证成本目标的实现。

1. 编制成本计划，确定成本控制目标

根据工程进度计划可以编制成本计划。为了便于管理，成本计划可分解为材料设备成本计划、施工机械费用计划、人工费成本计划、临时工程成本计划、管理费成本计划五个方面。

根据上述成本计划的总和，即能得出成本控制总计划。在工程项目施工中，应严格按照成本计划实施。对于计划外的一切开支应严格控制。如果某部分项目有突破成本计划的可能，应及时提出警告，并及时采取措施控制该项成本。

2. 审查施工组织设计和施工方案

施工组织设计和施工方案对工程成本支出影响很大。科学、合理的施工组织设计和施工方案，能有效地降低工程建设成本。因此，应对施工组织设计和施工方案进行科学、严格的审查。

3. 控制工程款的动态结算

建筑安装工程款包括按月结算、竣工后一次结算、分段结算和其他双方约定的结算方式等几种支付方式。不同的工程款结算方式对开发商工程成本支出数额的影响差异较大。在实际操作中，结算方式由开发商和承包商双方根据自身状况协商确定。

4. 控制工程变更

在开发项目实施过程中，由于多方面情况的变更，经常出现工程量变化、施工进度变

化,以及开发商与承包商在执行合同中出现争执等问题。工程变更所引起的工程量的变化和承包商的索赔等,都有可能使项目建设成本支出超出原来的预算成本。所以,应尽可能减少和控制工程变更的数量。

四、房地产开发项目成本控制的方法

如何控制资金成本、工程建设成本和销售推广费

房地产项目成本控制主要有项目成本分析表法、工期—成本同步分析法、净值法及价值工程法等几种控制方法,见表7-4。

表7-4 房地产项目成本控制的方法

方　法	内　　容
项目成本分析表法	项目成本分析表法是指利用项目中的各种表格进行成本分析和控制的方法。应用成本分析表法可以清晰地进行成本比较研究。常见的成本分析表有月成本分析表、成本日报或周报表、月成本计算及最终预测报告表
工期—成本同步分析法	由于成本是伴随着工程进展而发生的,成本控制与进度控制之间有着必然的同步关系。如果成本与进度不对应,说明项目进展中出现了虚盈或虚亏的不正常现象
净值法	净值法是对工程项目成本/进度进行综合控制的一种分析方法。通过比较已完工程预算成本与已完工程实际成本之间的差值,可以分析由于实际价格的变化而引起的累计成本偏差;通过比较已完工程预算成本与拟完工程预算成本之间的差值可以分析由于进度偏差而引起的累计成本偏差。同时通过计算后续未完工程的计划成本余额,预测其尚需的成本数额,从而为后续工程施工的成本、进度控制及寻求降本挖潜途径指明方向
价值工程法	价值工程方法是对项目进行事前成本控制的重要方法,具体表现为在项目的设计阶段,研究工程设计的技术合理性,探索改进的可能性,争取在提高功能的条件下降低成本

单元六　房地产开发项目合同管理

合同管理是房地产开发项目管理中不可缺少的重要内容,已经成为与质量管理、进度管理、成本管理等并列的重要管理职能之一。

房地产开发过程中需要签订多种合同,如购买土地使用权合同、征地合同、拆迁安置合同、委托设计合同、工程施工合同、购买材料及设备合同、房屋销售合同等。开发商与签约方需要利用合同这一法律形式,明确双方的权利和义务。

模块七 房地产开发项目建设管理

一、房地产开发项目合同的定义及特点

房地产开发项目合同是指房地产开发商与项目承包人为完成确定的房地产开发项目所规定的内容，明确双方权利义务关系而达成的协议。项目合同除具有一般合同的特征外，还具有标的物特殊、执行周期长、内容多、涉及范围广、风险大等特点。

二、房地产开发项目合同的作用

（1）房地产开发项目合同是项目实施的法律依据。项目合同在法律上具有依法保护承、发包双方权益，追究违反项目合同的行为的法律依据，也是调解、仲裁和审理项目合同纠纷的依据。

（2）房地产开发项目合同是项目实施阶段实行社会监理的依据。对建设工程实行社会监理，项目合同是依据；如果没有项目合同，监理就没有衡量标准。

（3）通过房地产开发项目合同可以明确开发商和承包方在项目实施中的权利和义务。项目合同对承发包双方起制约作用，明确了承、发包双方的权利和义务关系。

三、房地产开发项目合同管理的内容

房地产开发项目通过招标、投标方式确定工程施工单位以后，必须在招标文件的标底基础上与中标单位谈判签约，就工程承包中涉及的有关经济、技术、材料等问题，订立详细的工程承包合同。开发商在工程施工过程中，需要经常检查合同的执行情况，督促施工企业执行合同条款，按照工程实际进度与施工单位商议合同中的某些条款是否需要更改或取消等。这些内容构成了开发商在工程项目管理中合同管理的主要内容。

另外，由于不对称信息和不完全信息的影响，合同不可能对双方在将来履约过程中出现的所有情形进行合理约定，所以，合同必然是不完备的。在合同招标和履约过程中，可能会出现各种道德风险和逆向选择行为，这些行为因素的出现可能导致合同履行的低效率或者不能履行。所以，对开发项目开发建设合同的管理还包括对合同的设计管理，通过合同的合理设计来保证选择最有效率的承包商或供应商。

四、房地产开发项目主要合同关系

合同关系是当事人通过合同所产生的一系列法律关系，合同关系由主体、内容和客体三个要素构成。房地产开发项目的主要合同关系包括以开发商为主体和以承包商为主体的合同关系。

1. 以开发商为主体的合同关系

开发商需要在开发过程中与政府、设计单位、银行等其他主体签署一系列的合同以便于顺利地组织实施其所承担的开发项目。所签署的合同通常包括：土地使用权出让或转让合同、勘察设计合同、融资合同、咨询合同、工程施工合同、采购合同、销售合同、联合开发或房地产转让合同等。

2. 以承包商为主体的合同关系

承包商不仅是工程施工的具体实施者，还是工程承包合同的执行者。因承包商不可能、也不需要必备履行工程承包合同的所有能力，所以其通常将许多专业工作委托出去，从而形成了以承包商为核心的复杂合同关系。承包商的主要合同关系包括工程承包合同、分包合同、采购合同、运输合同、加工合同、租赁合同、劳务供应合同、保险合同、融资合同、联合承包合同等。

房地产项目系统化和全局性合同管控对策

单元七 房地产开发项目安全管理

一、建设单位的安全责任

（1）建设单位应当向施工单位提供施工现场及毗邻区域内供水、排水、供电、供气、供热、通信、广播电视等地下管线资料，气象和水文观测资料，相邻建筑物和构筑物、地下工程的有关资料，并保证资料的真实、准确和完整。

（2）建设单位不得对勘察、设计、施工、工程监理等单位提出不符合建设工程安全生产法律、法规和强制性标准规定的要求，不得压缩合同约定的工期。

（3）建设单位在编制工程概算时，应当确定建设工程安全作业环境及安全施工措施所需费用。

（4）建设单位不得明示或者暗示施工单位购买、租赁、使用不符合安全施工要求的安全防护用具、机械设备、施工机具及配件、消防设施和器材。

（5）建设单位在申请领取施工许可证时，应当提供建设工程有关安全施工措施的资料。依法批准开工报告的建设工程。建设单位应当自开工报告批准之日起15日内，将保证安全施工的措施报送建设工程所在地的县级以上地方人民政府住房城乡建设主管部门或者其他有关部门备案。

（6）建设前需实施拆除工程的，建设单位应当将拆除工程发包给具有相应资质等级的施工单位，并应在拆除施工15日前，将施工单位资质等级证明、拟拆除建筑物、构筑物与可能危及毗邻建筑的说明，拆除施工组织方案，堆放、消除废弃物的措施，以及实施爆破作业的（应当遵守国家有关民用爆炸物品管理的规定）相关资料应报送建设工程所在地的县级以上人民政府住房城乡建设主管部门或者其他有关部门备案。

二、施工单位的安全责任

（1）施工单位从事建设工程的新建、扩建、改建、拆除等活动，应当具备国家规定的注册资本、专业技术人员、技术装备、安全生产等条件，依法取得相应等级的资质证书，并在其资质等级许可的范围内承揽工程。

(2)施工单位主要负责人依法对本单位的安全生产工作全面负责。

(3)施工单位的项目负责人应当由取得相应执业资格的人员担任,对建设工程项目的安全施工负责。

(4)施工单位应当设立安全生产管理机构,配备专职安全生产管理人员。专职安全生产管理人员负责对安全生产进行现场监督检查。发现安全事故隐患,应当及时向项目负责人和安全生产管理机构报告;对违章指挥、违章操作的,应当立即制止。

(5)施工单位对列入建设工程概算的安全作业环境及安全施工措施所需费用,应当用于施工安全防护用具及设施的采购和更新、安全施工措施的落实、安全生产条件的改善,不得挪作他用。

(6)建设工程实行施工总承包的,由总承包单位对施工现场的安全生产负总责。总承包单位依法将建设工程分包给其他单位的,分包合同中应当明确各自安全生产方面的权利、义务。

(7)施工单位应当在施工组织设计中编制安全技术措施和施工现场临时用电方案,对达到一定规模的危险性较大的分部分项工程编制专项施工方案,并附具安全验算结果。经施工单位技术负责人、总监理工程师签字后实施,由专职安全生产管理人员进行现场监督。

(8)施工前,施工单位负责项目管理的技术人员应当对有关安全施工的技术要求向施工作业班组、作业人员作出详细说明,并由双方签字确认。

(9)施工单位应当在施工现场建立消防安全责任制度,确定消防安全责任人,制定用火、用电、使用易燃易爆材料等各项消防安全管理制度和操作规程,设置消防通道、消防水源,配备消防设施和灭火器材,并在施工现场入口处设置明显标志。

(10)施工单位应当向作业人员提供安全防护用具和安全防护服装,并以书面形式告知危险岗位的操作规程和违章操作的危害。

(11)在进入施工现场前应对施工单位采购、租赁的安全防护用具、机械设备、施工机具及配件的生产(制造)许可证、产品合格证进行检查。

(12)施工单位的主要负责人、项目负责人、专职安全生产管理人员应当经住房城乡建设主管部门或者其他有关部门考核合格后方可任职。

(13)施工作业人员进入新的岗位或者新的施工现场前,应当接受安全生产教育培训。未经教育培训或者教育培训考核不合格的人员,不得上岗作业。

(14)施工单位应当为施工现场从事危险作业的人员办理意外伤害保险。意外伤害保险期限自建设工程开工之日起至竣工验收合格止。

三、监理单位的安全责任

(1)监理单位应当审查施工组织设计中的安全技术措施或者专项施工方案是否符合工程建设的强制性标准。

(2)监理单位在实施监理的过程中发现存在安全事故隐患时,应当要求施工单位整改;情况严重的,应当要求施工单位暂时停止施工,并及时报告建设单位。施工单位拒不整改或者不停止施工的,监理单位应当及时向有关主管部门报告。

(3)监理单位和监理工程师应当按照法律、法规和工程建设强制性标准实施监理,并对建设工程安全生产承担监理责任。

（4）在施工现场安装、拆卸施工起重机械和整体提升脚手架、模板等自升式架设设施，必须由具有相应资质的单位承担。安装、拆卸施工起重机械及模板等自升式架设设施，应当编制拆装方案、制订安全施工措施，并由专业技术人员现场监督。施工起重机械和整体提升脚手架、模板等自升式架设设施安装完毕后，安装单位应当自检，出具自检合格证明，并向施工单位进行安全使用说明，办理验收手续并签字。

四、勘察、设计单位的安全责任

（1）勘察单位应当按照法律、法规和工程建设强制性标准进行勘察，提供的勘察文件应当真实、准确，满足建设工程安全生产的需要。

（2）勘察单位在勘察作业时，应当严格执行操作规程，采取措施保证各类管线、设施和周边建筑物、构筑物的安全。

（3）为避免因设计不合理导致生产安全事故的发生，设计单位应当按照法律、法规和工程建设强制性标准进行设计。

（4）设计单位应当考虑施工安全操作和防护的需要，对涉及施工安全的重点部位和环节在设计文件中注明，并对防范生产安全事故提出指导意见。

（5）采用新结构、新材料、新工艺的建设工程和特殊结构的建设工程，设计单位应当在设计中提出保障施工作业人员安全和预防生产安全事故的措施建议。

房地产开发项目
安全管理措施

（6）设计单位和注册建筑师等注册执业人员应当对其设计负责。

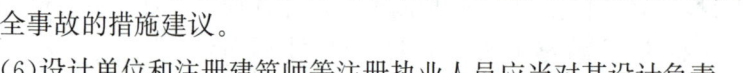

单元八　房地产开发项目的竣工验收

根据国家有关规定，建设项目按批准的内容完成后，符合验收标准的，须及时组织验收，办理交付使用、资产移交手续。工程项目的竣工验收是施工全过程的最后一道程序，也是工程项目管理的最后一项工作。它是建设投资成果转入生产或使用的标志，也是全面考核投资效益、检验设计和施工质量的重要环节。竣工验收的依据主要有上级主管部门批准的设计纲要、设计文件、施工图纸和说明书，设备技术说明书，招标投标文件，开发商和建筑商签订的工程合同，图纸会审记录、设计修改签证和技术核定单，现行的施工技术验收规范，建筑安装统计规定，协作配合协议，以及施工单位提供的有关质量保证文件和技术资料等。

一、竣工验收的范围

凡新建、扩建、改建的基本建设项目（工程）和技术改造项目，按批准的设计文件所规定的内容建成，符合验收标准的必须及时组织验收，办理固定资产移交手续。

有的建设项目(工程)基本符合竣工验收标准,只是零星土建工程和少数非主要设备未按设计规定的内容全部建成,但不影响正常生产,也应办理竣工验收手续。对剩余工程应按设计留足投资,限期完成。有的项目投产初期一时不能达到设计能力所规定的产量,不应因此拖延办理验收和移交固定资产手续。

有些建设项目或单项工程,已形成部分生产能力或实际上生产方面已经使用,近期不能按原设计规模续建的,应从实际情况出发,可缩小规模,报主管部门(公司)批准后,对已完成的工程和设备尽快组织验收,移交固定资产。

二、竣工验收的条件

(1)竣工验收的基本条件。

1)完成工程设计和合同约定的各项内容。工程项目按照工程合同规定和设计图纸要求已全部施工完毕,达到国家规定的质量标准,能够满足使用要求。

2)施工单位在工程完工后对工程质量进行了检查,确认工程质量符合有关法律、法规和工程建设强制性标准,符合设计文件及合同要求,并提出工程竣工报告。工程竣工报告应经项目经理和施工单位有关负责人审核签字。

3)对于委托监理的工程项目,监理单位对工程进行了质量评估,具有完整的监理资料,并提出工程质量评估报告。工程质量评估报告应经总监理工程师和监理单位有关负责人审核签字。

4)勘察、设计单位对勘察、设计文件及施工过程中由设计单位签署的设计变更通知书进行了检查,并提出质量检查报告。质量检查报告应经该项目勘察、设计负责人和勘察、设计单位有关负责人审核签字。

5)有完整的技术档案和施工管理资料。

6)有工程使用的主要建筑材料、建筑构配件和设备的进场试验报告。设备调试、试运转达到设计要求。

7)建设单位已按合同约定支付工程款。

8)有施工单位签署的工程质量保修书。

9)城乡规划行政主管部门对工程是否符合规划的设计要求进行检查,并出具认可文件。

10)有公安消防、环保等部门出具的认可文件或者准许使用文件。

11)施工现场要求竣工工程达到窗明、地净、水通、灯亮及采暖通风设备运转正常。建筑物周围2m以内的场地清理完毕。

(2)施工单位承建的工程项目,达到下列条件者,可报请竣工验收。

1)生产性工程和辅助公用设施已按设计建成,能满足生产要求。例如,生产、科研类建设项目,土建、给水排水、暖气通风、工艺管线等工程和属于厂房组成部分的生活间、控制室、操作室、烟囱、设备基础等土建工程均已完成,有关工艺或科研设备也已安装完毕。

2)主要工艺设备已安装配套,经联动负荷试车合格,安全生产和环境保护符合要求,已形成生产能力,能够生产出设计文件中所规定的产品,生产准备工作能适应投产的需要。

3)必要的生活设施已按设计要求建成,生产性建设项目中的职工宿舍和其他必要的生活福利设施以及生产准备工作能适应投产初期的需要。

4）环境保护设施、劳动安全卫生设施、消防设施已按设计要求与主体工程同时建成使用。

5）非生产性建设的项目，土建工程及房屋建筑附属的给水排水、采暖通风、电气、煤气及电梯已安装完毕，室外的各管线已施工完毕，可以向用户供水、供电、供暖气、供煤气，具备正常使用条件。如因建设条件和施工顺序所限，正式热源、水源、电源没有建成，则须由建设单位和施工单位共同采取临时措施解决，使其达到使用要求，这样也可报请竣工验收。

（3）工程项目达到下列条件者，也可报请竣工验收。工程项目（包括单项工程）符合上述基本条件，但实际上有少数非主要设备及某些特殊材料短期内不能解决，或工程虽未按设计规定的内容全部建完，但对投产、使用影响不大，也可报请竣工验收。例如，非生产性项目中的房屋已经建成，但电梯未到货或晚到货，因而不能安装，或虽已安装但不能同时交付使用；又如，住宅小区中房屋及室外管线均已竣工，但个别的市政设施没有配套完成，也允许房屋建筑施工企业将承建的建设项目报请竣工验收。

这类项目在验收时，要将所缺设备、材料和未完工程列出项目清单，注明原因，报监理工程师以确定解决的办法。当这些设备、材料或未完工程已安装完或修建完时，仍按前述办法报请验收。

（4）工程项目有下列情况之一者，施工企业不能报请监理工程师作竣工验收。

1）生产、科研性建设项目，因工艺或科研设备、工艺管道尚未安装，地面和主要装修未完成的。

2）生产、科研性建设项目的主体工程已经完成，但附属配套工程未完成，影响投产使用。例如，主厂房已经完成，但生活间、控制室、操作间尚未完成；车间、锅炉房工程已经完成，但烟囱尚未完成等。

3）非生产性建设项目的房屋建筑已经竣工，但由本施工企业承担的室外管线没有完成，锅炉房、变电室、冷冻机房等配套工程的设备安装尚未完成，不具备使用条件。

4）各类工程的最后一道喷浆、表面油漆活儿未完成。

5）房屋建筑工程已基本完成，但被施工企业临时占用，尚未完全腾出。

6）房屋建筑工程已完成，但其周围的环境未清理，仍有建筑垃圾。

三、竣工验收的内容

竣工验收的具体内容包括隐蔽工程验收、单项工程验收、分期验收和全部工程验收。

1. 隐蔽工程验收

隐蔽工程验收是指对被其他工序施工所隐蔽的分部分项工程，在隐蔽之前所进行的检查验收，它是保证工程质量、防止留有质量隐患的重要措施。隐蔽工程验收的标准为施工图设计要求和现行技术规范，验收是由开发商和建筑商共同进行的，验收后要办理签证手续，双方均要在隐蔽工程检查签证上签字，并列入工程档案。对于检查中提出不符合质量要求的问题要认真进行处理，处理后进行复核并写明处理情况。未经检验合格不能进入下道工序施工。

2. 单项工程验收

单项工程验收是指某个单项工程已按设计要求施工完毕，具备使用条件，能满足投产

模块七 房地产开发项目建设管理

要求时,建筑商便可向开发商发出交工验收通知。开发商在接到建筑商的交工通知后,应先自行检查工程质量、隐蔽工程验收资料、工程关键部分施工记录以及工程有否漏项等情况,然后再组织设计单位、建筑商等共同进行交工验收。

3. 分期验收

分期验收是指在一个群体工程中分期分批进行建设的工程项目,或个别单位工程在达到使用条件、需要提前动用时所进行的验收。如住宅小区,当第一期房屋建成后即可验收,以使建筑产品能提前投入使用,提前发挥投资效益。

4. 全部工程验收

工程项目按设计要求全部落成并达到竣工验收标准,即可进行全部工程竣工验收。全部工程竣工验收应在做好验收准备工作的基础上,按预先验收—正式验收的顺序进行。

物业管理企业均应在物业前期管理中参与上述各种建筑工程项目的验收。物业管理企业应代表业主,从今后管理和使用的角度,根据专业经验提出意见。这样既便于避免建筑后遗症的发生,又便于掌握第一手资料,为日后的管理打好基础。

四、竣工验收的程序

竣工验收应由监理工程师牵头,项目经理配合进行。房地产开发项目竣工验收的程序一般如下:

(1)工程建设完成后,施工单位向开发商递交竣工报告,设计、施工单位向开发商提交图纸。

(2)开发商验收。开发商根据图纸、隐蔽工程验收资料、关键部位施工记录,初步检验工程施工质量。

(3)共同验收。以开发商为主,组织用户、施工单位、设计单位、建设银行、质量监督等单位共同检查,评定工程质量、技术资料和竣工图纸。单项工程经过共同验收,验收合格的由验收单位填具验收证书,由质量监督部门发给工程质量等级证书。总体开发项目建设完毕后,经过共同验收,还要进行综合验收。

(4)编制工程决算。竣工决算是反映项目实际造价的技术经济文件,是开发商进行经济核算的重要依据。每项工程完工后,承包商在向开发商提供有关技术资格和竣工图纸的同时,都要编制工程决算,办理财务结算。工程决算应在竣工验收后30日内完成。

(5)编制并移交竣工档案。开发建设项目的技术资料和竣工图是使用单位进行管理和进一步改造、扩建的依据,是城市进一步发展的重要技术档案。开发项目竣工后,要认真整理和清绘竣工图纸等,并按规定移交给使用单位和城市建设档案馆。

住宅小区的综合验收

 模块小结

房地产项目建设管理是指房地产开发企业在整个项目的开发建设过程中,通过计

模块七 房地产开发项目建设管理

划、指挥检查和调整等手段，进行质量、进度、成本、合同与安全等方面的全面管理，并与社会各相关部门进行联络、协调，以实现项目的经济效益、社会效益和环境效益。房地产开发项目建设管理包括项目的合同管理、进度管理、质量管理、成本管理、施工安全管理等内容。工程建设监理是指监理单位受建设单位的委托，对工程建设项目实施阶段进行监督和管理的活动。工程项目的竣工验收是工程项目管理的最后一项工作。竣工验收的具体内容包括隐蔽工程验收、单项工程验收、分期验收和全部工程验收。

思考与练习

一、填空题

1. 房地产开发企业对开发项目的管理可以采用_____和_____两种方式。
2. 房地产开发项目施工准备工作主要包括_____、_____、_____等。
3. 房地产开发项目进度管理采取的主要_____、_____、_____、_____和_____。
4. _____是加强房地产开发项目成本管理、实现成本计划的重要手段。
5. 房地产开发项目的主要合同关系包括_____和_____的合同关系。
6. 房地产开发项目竣工验收应由_____牵头，项目经理配合进行。

二、选择题

1. 编制工程项目进度计划主要有横道图法、网络图法、里程碑法、进度曲线法等多种方法，其中（　　）是最常见的方法。
   A. 横道图法和里程碑法　　　　B. 横道图法和进度曲线法
   C. 横道图和网络图法　　　　　D. 进度曲线法和网络图法
2. 在初步设计阶段，影响开发项目投资的可能性为（　　）。
   A. 35%～75%　　B. 55%～95%　　C. 55%～75%　　D. 75%～95%
3. 在技术设计阶段，影响项目投资的可能性为（　　）。
   A. 35%～75%　　B. 55%～95%　　C. 55%～75%　　D. 75%～95%
4. 在施工图设计阶段，影响项目投资的可能性为（　　）。
   A. 5%～35%　　　B. 5%～75%　　　C. 35%～75%　　D. 75%～95%

三、问答题

1. 房地产开发项目施工前的资源准备应注意哪些事项？
2. 房地产开发项目工程质量管理的原则是什么？
3. 项目进度管理的内容有哪些？
4. 试述房地产开发项目进度计划的编制程序。
5. 简述房地产开发项目合同的作用。
6. 简述房地产开发项目竣工验收的程序。

模块八 房地产营销管理

模块导读

2020年新型冠状病毒肺炎疫情席卷全球，我国也受到新冠疫情的影响。由于全国多个城市因严峻的疫情形势，针对房地产市场下发了"暂停经营"的通知，明令禁止售楼处、中介门店继续营业。2020年1月26日，中国房地产业协会也发出号召，全国楼盘暂时停止售楼处的销售活动，待疫情过后再自行恢复。

疫情对房地产行业的影响在于房地产投资、融资、生产、销售、产品都将会受到不同程度的影响，具体表现为，房地产投资施工的延期、融资环境、生产、产品市场选择标准转变等等，这也就意味着2020年的"小阳春"甚至是第二季度的销售业绩都将受到影响。

值得一提的是2003年的非典疫情，同样作为社会突发事件，2003年的非典造成了国内GDP及房地产行业短暂性突然性的下滑，2004年疫情结束后又止跌回升。虽然在不同经济规模体量、不同行业发展阶段、不同的疫情状况下，疫情对房地产的冲击程度与范围将会有所不同，但是可以肯定的是，社会突发事件结束后，房地产开发、投资、施工、销售等将会重新回升，甚至超越以往正常水平。

面对如全球各个行业都受到新冠疫情影响的现状，我们在进行房地产营销时应该有什么相应措施和改变？

知识目标

通过本模块内容的学习，了解影响房地产市场营销的因素；熟悉房地产营销的渠道；掌握房地产营销计划的制定及房地产营销的策略、技巧及其管理。

能力目标

通过本模块内容的学习，能够制定房地产营销计划，并能够组织房地产营销工作，并对工作进行管理。

模块八　房地产营销管理

单元一　房地产营销的影响因素

营销是个人和集体通过创造，提供出售，并同别人交换产品和价值，以获得其所需所欲之物的一种社会管理过程。房地产营销是指营销机构通过提供房地产相关商品和服务，满足消费者的生产、生活或投资需求，并获得一定利润的经济活动。房地产营销活动可以将计划中的房地产开发项目的建设方案变为现实，使房地产顺利销售，从而回收投资、获得利润，并促进和加速地区经济的发展，实现其价值。

房地产市场营销简介

一、房地产购买者的影响因素

房地产市场营销的目的是满足目标消费群的需要和欲望，因此，房地产市场营销人员必须了解目标消费者的欲望、观念、喜好和购买行为并对其进行分析。

房地产购买涉及金额巨大，购买后影响的程度和时间也最长，交易过程也很复杂，因此影响住宅消费行为的因素也很多，具体情况如下：

（1）消费者自身因素。包括年龄、受教育程度、家庭人数与结构、家庭收入、现有居住状况、购买动机及倾向等。这类因素与消费者自身的需要紧密关联，直接决定消费者的购买标的。消费者按其自身需要决定了购买标的以后，他们就会针对这个标的，去寻求有关的消息及信息，如打听行情、阅读广告及与亲友讨论，研究有关的法律问题，咨询借款、贷款的方式及条件等。

（2）非消费者自身因素。包括交通是否便利，价格是否公平，房屋质量是否能够保证，设计是否完善，空气、噪声、邻里环境是否良好及房屋能否升值等。

二、房地产本身的影响因素

房地产本身的因素包括外观、室内设计、房厅数、工程质量、水电设施、采光、通风、朝向等。

（1）住宅。住宅是指专供居住的房屋，包括别墅、公寓、职工家属宿舍和集体宿舍、职工单身宿舍和学生宿舍等。影响住宅营销的因素包罗万象，如住宅的样式、类型、大小、隔间、设备、地点、外观、环境、新旧度、坚牢度、所有权等；影响住宅消费行为最主要的三项因素是现有住宅的类型、现有住宅面积、现有住宅所有权归属状况。

（2）写字楼。写字楼是房地产市场的新宠。影响写字楼购买行为的因素主要有以下五种：

1）市政配套设施状况。写字楼作为日常办公场所，对其周围的市政配套设施有较高要求。如写字楼的对外道路交通是否便捷，是否有足够的停车位；写字楼附近是否有与办理商务紧密相关的机构和服务设施，如政府有关办事机构、银行、邮电局、保险机构、打字复印社、餐饮设施、宾馆、酒店等。

2）配套设施设备的数量与质量。写字楼的电梯、卫生设施、空调设备、通信设备是否

·148·

齐全有效，数量是否足够，质量是否稳定，能否确保正常运行。配套设施设备的数量足够、质量合格对发挥写字楼的功能至关重要。

3）写字楼的空间尺寸与布局。在空间尺寸上，除少数行业的特殊要求外，绝大多数的商贸型公司都需要空间尺寸较大的写字间，以提高机构的工作效率。写字楼的楼层上最好无过多的强制分隔，以利于各公司根据实际情况进行办公室的布局安排；楼层高度不宜过低，以免在其中的工作人员有压迫感；层高不足往往会降低写字楼的价值。在布局上，写字楼前应当有适当广场或绿地；写字楼主门厅装修气派、外观齐整美观，其投资价值往往十分理想。

4）写字楼的社会形象。良好的社会形象对于写字楼的购买者和承租者来说，是重要的决策因素。因为这将有助于衬托和提高其社会地位，为其发展创造出更多的机会。

5）物业管理服务。物业管理工作做得好，等于创造一个良好的工作环境，有利于写字楼内各公司（企业）的正常营运，并帮助它们维持企业形象和提高企业信誉。

（3）商业物业。商业物业是指能同时供众多零售商和其他商业服务机构租赁，用于从事各种经营服务活动的大型收益性物业。商业物业有两层含义：一是以各种零售商店（或柜台、楼面）组合为主，包括其他商业服务和金融机构在内的建筑群体；二是购物中心的楼层和摊位是专供出租给商人零售商品作为经营收入的物业。

单元二　房地产营销渠道

一、房地产营销渠道的类型

营销渠道在市场营销学中可以划分为不同的类型，如长渠道和短渠道，密集分销渠道、独家分销渠道和选择分销渠道，单渠道和多渠道等。根据房地产营销业务的特点，按照生产者是否采用中间商，可将营销渠道分为直接营销渠道和间接营销渠道两种类型。

1. 房地产直接营销渠道

房地产企业自行建立销售部门，直接将房地产商品销售给消费者，在我国现行的房地产销售渠道中，直接营销仍是主导的营销渠道，其优、缺点及适用范围见表8-1。

表8-1　房地产直接营销渠道的优缺点及适用范围

项　目	主要内容
优点	（1）房地产企业控制了开发经营的全过程，可避免由于某些素质不高的代理商介入造成的营销短期行为，如简单地将好销楼盘单元销售出去，造成相对难销的楼盘单元积压。 （2）产销直接见面，更有利于房地产企业直接了解消费者的需求、购买特点及变化趋势，由此可以较快地调整楼盘的各种功能。 （3）可以节省委托代理销售的佣金。委托代理要支付相当于售价1%～3%的佣金

续表

项　目	主要内容
缺点	（1）营销人员流动性大，专业技能和经验不足，往往会影响到销售的业绩。一般来说，房地产企业比较集中开发、工程等方面的优势，而房地产营销是一项专业性非常强的工作，房地产企业直接营销，难以汇集营销方面的人才，营销专业优势较难形成，这样会在相当程度上影响营销业绩的提升。 （2）房地产企业直接销售会分散企业人力、物力、财力，分散企业决策层精力，甚至会使企业顾此失彼，生产和销售都受影响
适用范围	（1）大型房地产开发公司比较适合采用直接营销渠道。它们有专门的市场营销队伍和世界或地区性的销售网络，提供的自我服务比委托代理更为有效。 （2）市场为卖方市场或是楼盘素质特别优良、房地产市场供不应求，或是一些楼盘市场反映非常好，推出的楼盘受到消费者的欢迎，这些情况比较适合采用直接营销渠道，而无须委托代理

2. 房地产间接营销渠道

（1）房地产间接营销渠道的类型。房地产间接营销是指房地产企业通过房地产中间商（主要指经销商和代理商），来向消费者销售自己开发的房地产产品，而自己并不承担销售业务的销售方式。

1）房地产中间商或经销商。房地产经销商是指拥有房地产商品所有权和处置权的中间商，即处于房地产企业和消费者之间，参与房地产商品流通业务，促进买卖行为发生和实现的企业或个人。

房地产经销商的出现和发展，体现了房地产经营业务分工的发展，有力地弥补了房地产开发企业经营能力不足的缺陷，有助于降低房地产开发企业的经营费用，分担了房地产开发企业的市场风险。在房地产市场竞争加剧的情况下，房地产经销商的作用越来越突出和重要。

2）房地产代理商。房地产代理商又称房地产中介，是指接受房地产企业或房地产经销商的委托，从事销售业务，但不拥有房地产商品所有权的中间商。房地产代理商是房地产间接营销渠道的主要销路形式。房地产代理商往往要和房地产企业共同承担营销风险，包括对广告费的垫付。

（2）房地产间接营销渠道的优、缺点及适用范围。房地产间接营销渠道的优、缺点及适用范围见表8-2。

表8-2　房地产间接营销渠道的优缺点及适用范围

项　目	主要内容
优点	（1）有利于发挥营销专业特长。房地产中间商如代理商往往集中了市场调研、广告文案设计、现场销售接待等各方面的营销人才，便于从专业上保证房地产企业开发的房地产商品销售成功。 （2）有利于房地产企业集中精力，缓解人力、物力、财力的不足，重点进行开发、工程方面的工作。 （3）既可使产品具有最大的市场覆盖面，同时还可降低房地产企业的销售成本。 （4）可避免社会资源的浪费，促进房地产商品的快速流通。 （5）可提供全过程的营销服务。 （6）可降低和减少房地产市场的风险

续表

项 目	主要内容
缺点	(1)难以整合形成核心竞争优势,营销策略容易被竞争对手模仿。 (2)消费者认可房地产企业品牌,而对代理商的品牌认识相对薄弱。 (3)大部分代理公司注重营销的短期利益,而对长期利益重视程度不够。 (4)我国房地产中介市场运作尚不成熟,存在很多不规范的操作行为,容易导致房地产企业信誉受损
适用范围	(1)中、小型开发公司。 (2)市场为买方市场

二、房地产营销渠道的特点

房地产和房地产市场的特点决定了房地产营销渠道具有与一般产品营销渠道不同的特点,主要有以下三点。

1. 房地产营销渠道具有明显的区域性

房地产营销具有区域性。在房地产营销渠道中发挥不同作用的中间商必须围绕营销活动设立其经营场所。虽然一些大型的房地产中间商会在不同地区设立连锁经营机构,但这些连锁经营机构的业务也必然是以所在地区的业务为主,具有浓厚的本地化特色。

2. 房地产营销渠道较短

房地产营销渠道相对于一般产品而言较短,所经过的中间环节也相应较少,一般采取直接营销、委托代理商或通过房地产专门经销机构三种渠道形式。其中,最为普遍的是前两种形式。

3. 房地产营销渠道的长短与市场供求状况直接相关

通常,在房地产产品供不应求的情况下,房地产企业可以直接进行营销,而且对自身配备的销售部门要求不高。营销人员可以坐等消费者上门,这时采用间接营销渠道就会耗时、耗力,降低经营效率,增加成本。但在房地产产品供过于求的情况下,房地产企业自己进行营销的成本相对较高,而选择间接营销渠道就会极大地提高效率。

三、影响房地产营销渠道选择的因素

1. 市场因素

影响营销渠道选择的重要因素是房地产市场供求关系状况。房地产市场产品紧缺,房地产企业易倾向于自销;房地产产品积压,即买方市场易倾向于选择委托代理销售。批量购买形式下易倾向于自销;个人消费购买为主易倾向于委托代理销售。

2. 市场环境因素

当经济繁荣时,房地产市场销售旺盛,渠道的选择余地较大;当经济萧条时,房地产市场销售困难,可考虑采用短销售渠道或是委托代理等。房地产企业只有综合分析各种影响渠道选择的因素,分析利弊,从中择优,才能搞活企业,提高经济效益。

3. 企业因素

在选择营销渠道时，房地产企业还必须考虑自身的规模和实力、销售力量和销售经验、对控制营销渠道的要求等因素。房地产企业的自身规模和实力较强，选择营销渠道的灵活性就比较大。如果再具备较强的销售力量和经验，或者试图对营销渠道进行严格的控制，那就可以选择较短的营销渠道。

4. 产品因素

在产品质量优良、市场反映好的前提下宜采用自营销售。产品质量一般、市场反映平淡时，可考虑采用委托代理形式来推动产品的销售。

房地产销售找客户的
六大渠道和方法

单元三　房地产价格策略

一、房地产价格构成及影响因素

房地产价格是由房屋生产经营过程中的社会必要劳动时间形成的价值的货币表现形式。房地产价格的制定，应以正常生产、合理经营情况下的社会平均生产成本、流通费用，加上合理利润和应纳税金为依据。

1. 房地产价格构成

（1）土地取得成本。土地取得成本是指取得房地产开发用地所必需的费用、税金等。目前，土地取得的途径有通过征收农业用地取得开发用地、通过拆迁城市房屋取得用地以及通过市场购买三种，取得成本各有不同。

（2）开发成本。开发成本是指在开发用地上进行基础设施和房屋建设所必需的直接费用、税金等，在实践中包括勘察设计和前期工程费、基础设施建设费、房屋建筑安装工程费、公共配套设施建设费和开发建设过程中的税费五项内容。

（3）管理费用。管理费用是指组织和管理房地产开发经营活动所必需的费用，包括房地产企业人员的工资及福利费、办公费、差旅费、固定资产使用费、职工教育费等，一般按土地取得成本与开发成本之和的一定比率来测算其数量。

（4）销售费用。销售费用是指进行房地产销售所必需的广告费、销售代理费等费用，一般按售价的一定比率来测算。

（5）贷款利息。计入成本的贷款利息，由市、县人民政府根据本地区商品房建设占用贷款平均使用周期、平均比例、利率和开发项目的自身条件等因素确定。

（6）利润。利润是指房地产企业完成销售后的销售收入扣除全部生产、销售的成本，并缴纳税金后的净利润。

（7）税费。税费是指进行房地产销售的企业应交纳的税费，包括增值税、城市维护建设税和教育费附加，以及其他应由卖方负担的税费等。

2. 房地产价格影响因素

影响房地产价格的主要因素可以分为一般因素、区域因素和个别因素。

（1）一般因素。一般因素是指对房地产价格及其走势有着普遍性、一般性、共同性的影响因素，包括经济因素、社会因素、政治因素、心理因素等。

（2）区域因素。区域因素是指房地产所在市场和区域的特性对房地产价格水平的影响因素，主要有商业服务业的繁华程度、道路交通的通畅程度、交通便捷程度和城市基础设施的状况等。

（3）个别因素。个别因素是指具体影响某宗房地产价格的影响因素，其中包括房地产自身条件和环境条件。

二、房地产定价方法

房地产销售价格制定有三种方法，即成本导向定价法、需求导向定价法和竞争导向定价法。每一类型的定价方法中又各自包含具体的定价法。

1. 成本导向定价法

成本导向定价法是房地产企业以产品成本为基础，再加上一定的利润和税金来制定产品价格的一种方法，按照房地产成本以及在成本基础上利润核算的方法的不同，成本导向定价法可以进一步划分为成本加成定价法、目标利润定价法和变动成本定价法。

（1）成本加成定价法。成本加成定价法是指房地产企业按照所开发物业的成本加上一定百分比的加成来制定房地产的销售价格。其计算公式为

$$价格 = 成本 + 利润 + 税金$$
$$房地产单价 = 单位成本 \times (1 + 成本加成率) \div (1 - 税率)$$

其中，成本加成率的确定是定价的关键。成本加成率实际上就是企业预期收益率。一般而言，成本加成率大小与房地产企业的预期投资利润、市场竞争状况、商品的需求弹性有关。需求弹性大，则成本加成率宜低，以求薄利多销；需求弹性小，成本加成率不宜太低，以尽早收回投资。

成本加成定价法的优点是简单易行，有利于保本求利，且对买卖双方都比较公平；其缺点是仅着眼于成本，忽视了市场需求和竞争状况对价格的影响，不适应市场供求变化和竞争环境的要求，一般只适用于供不应求的卖方市场下的产品定价。

【例 8-1】 某房地产项目土地面积 10 000 m²，容积率为 2.5，土地单价为 2 000 元/m²，单位建筑安装工程造价为 1 600 元/m²，销售税费率为 8%，预期成本利润率为 25%，采用成本加成定价法，则房地产单位价格为

$$(2\ 000 \div 2.5 + 1\ 600) \times (1 + 25\%) \div (1 - 8\%) = 3\ 260.87 (元/m²)$$

（2）目标利润定价法。目标利润定价法是指根据房地产企业的总成本和计划的总销售量，再加上按投资收益率确定的目标利润额来进行定价的方法。其计算公式为

$$单价 = (总成本 + 目标利润 + 税金) \div 预计销售面积$$
$$目标利润 = 投资总额 \times (1 + 投资收益率)$$

目标利润定价法的优点是可以较好地帮助企业实现其投资回收计划；其缺点是较难把

握,尤其是对总成本和销售量的预测要求较高。预测不准会使制定的售价不合理,直接影响企业销售目标的实现。

(3)变动成本定价法。变动成本定价法是企业以房地产开发的变动成本为基础来确定产品销售价格的方法。其计算公式如下:

$$预计单价＝单位变动成本＋单位边际贡献$$

一般来说,企业的销售收入首先补偿变动成本,然后是固定成本。当边际贡献等于固定成本时,企业可实现保本;当边际贡献大于固定成本时,企业可实现盈利;当边际贡献小于固定成本时,企业就要亏损。所以,在正常情况下,企业据此确定的售价不应低于变动成本与目标利润、税金之和,即售价≥变动成本＋目标利润＋税金;在竞争十分激烈、形势比较严峻的情况下,企业确定的售价只需要高于变动成本即可,实际上这是一种减少损失的策略。

2. 需求导向定价法

需求导向定价法是指房地产企业以市场需求为基础,根据消费者的需求强度和对价格的心理反应的不同来制定产品价格的一种方法。需求导向定价方法可以进一步划分为理解价值定价法、需求差别定价法和最优价格定价法三种方法。

(1)理解价值定价法。理解价值定价法是以消费者对产品的理解和感受形成的认知价值为基础来确定销售价格的方法。此方法的关键在于企业需要正确地估计产品在消费者心目中的认知价值。如果过高估计消费者对产品的认知价值,就会制定出偏高的价格;如果估计过低,制定的售价就会偏低。因此,无论是偏高还是偏低,销售的效果都会受到严重影响。

(2)需求差别定价法。需求差别定价法是房地产企业根据消费者对某种房地产产品的需求差异来确定销售价格的方法。实施需求差别定价法的条件是,在市场分析的基础上对市场进行细分,然后对不同的细分市场分别定价。

(3)最优价格定价法。最优价格定价法是房地产企业根据消费者对某种房地产产品的接受程度来确定销售价格的方法。通常,价格越高,其销量就越小;价格越低,其销量就越大,即销售量与价格呈负相关关系。考虑到销售量、销售价格与企业利润之间的密切关系,在追求最大利润的情况下,企业可以测算出相应的最优销售价格。因此,最优价格定价法利用了房地产产品的需求价格弹性,据此确定的价格依据充分、科学,企业也能获得最大的利润。

3. 竞争导向定价法

竞争导向定价法是房地产企业以竞争商品的价格为基础,根据同类房地产的市场竞争情况来制定产品价格的一种方法。竞争导向定价法主要有领导者定价法、随行就市定价法和挑战者定价法三种表现形式。

(1)领导者定价法。领导者定价法实际上是一种定价策略,处于市场领导者地位的房地产企业可以采用此法。通常,如果某公司在房地产业或同类物业开发中居于龙头老大地位,实力雄厚,声望极佳,就具备了采用领导定价法的条件,因而使其制定的价格在同类物业中居较高的价位。

(2)随行就市定价法。随行就市定价法是以同行业竞争商品现行的平均价格水平为基础,再适当考虑本企业商品的质量、成本等方面的因素来确定产品的销售价格的方法。采用这种定价方法，本企业和竞争对手的产品可以在市场上共存，不会出现激烈的价格竞争。运用随行就市定价法确定的价格具有随行就市、消费者易于接受、定价风险小等特点。

(3)挑战者定价法。如果企业成本较低，或者是其资金雄厚，具备了向市场领导者挑战的实力，则房地产商可以采用挑战者定价法。虽然利润较低，但可以扩大市场份额，提高声望，以争取成为市场领导者。

三、房地产定价程序

房地产企业在价格的制定过程中遵循严格的程序。房地产价格制定的程序一般包括确定定价目标、测算开发与经营成本、估测目标市场需求、分析竞争者、选择定价方法并进行测算和确定销售价格。

(1)确定定价目标。定价目标是企业预期通过制定及实施价格策略所应达到的目的，它服从和服务于企业的市场营销战略目标，直接影响定价方法的选择及价格政策的确定。

(2)测算开发与经营成本。测算开发与经营成本的目的就是为房地产企业定价提供费用数据。一般，将测算出的开发经营成本数据作为制定价格的下限水平。

(3)估测目标市场需求。房地产产品总是要为消费者提供利益或效用的，目标消费者的数量有多少、支付能力有多高、对一定价格区间的承受力有多强等，都是在本阶段应解决的问题。由于没有考虑竞争项目的影响，测算出的消费者的数量和消费者愿意承受的价格水平就会过于乐观，所以，企业会以本阶段的分析结论作为调整价格的依据和制定价格的上限水平。

(4)分析竞争者。分析竞争者就是要调查和分析竞争者提供的产品和服务、竞争者的价格策略及其变动、竞争者的反应、竞争者的促销手段等。房地产企业在已经确定的上下限水平之间，需要根据竞争者的情况制定有利的价格。

(5)选择定价方法并进行测算。房地产企业应根据企业的目标和所处的环境来选择适宜的定价方法，初步测算出销售价格。

(6)确定销售价格。房地产企业需要对初步测算出的价格进行综合权衡和审核，如是否符合企业的经营战略和定价目标、是否符合国家的方针政策和法律法规、是否与其他营销策略协调一致、是否符合消费者的利益等。

四、房地产定价策略

定价策略是对定价进行指导的思想和原则，目的是通过灵活运用价格手段，使企业适应市场的不同情况，实现企业的定价目标和销售目标。定价政策能够直接影响企业的销量与利润，也是房地产营销组合最为敏感的因素。不同的房地产在不同的时间、不同的地点，可以采用不同的定价策略。房地产企业常用的定价策略有新产品定价策略、价格折扣与让价策略、差别定价策略和心理定价策略。

1. 新产品定价策略

新产品定价策略是指产品在投入期的定价策略，可分为撇脂定价策略、满意定价策略和渗透定价策略三种。

(1)撇脂定价策略。撇脂定价策略是一种高价策略，即在新产品上市初期，将其价格定

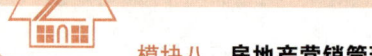

得尽可能地高，以求在产品生命周期的开始阶段获取高额利润，尽快收回投资。这种定价策略利用了消费者因为追求时髦、猎奇的求新心理而对高价格具有较强的承受能力，但其应用仍需要具备一定的条件。

撇脂定价策略的优点：有利于企业在短期内获取高额利润，尽快收回投资；有利于企业提高声望，树立品牌；有利于企业掌握主动权，留有余地以降价或应付成本的上升；有利于企业利用高价限制需求，有计划地开发目标市场。

撇脂定价策略的不足之处：高价会损害消费者的利益；高价会诱发激烈的市场竞争；高价不利于企业迅速开拓市场；高价策略难以长久采用。

(2)满意定价策略。满意定价策略是一种中价策略，是指在新产品上市初期，将其价格定得适中，介于撇脂价格和渗透价格之间，既能保证房地产企业获取一定的利润，又能为消费者所接受。

满意定价策略的优点：能被消费者普遍接受，且竞争性不强，风险较小，企业在正常情况下能够实现预期盈利目标，适合企业长期采用；其缺点是定价比较保守，不适用于复杂多变或竞争激烈的市场环境。

(3)渗透定价策略。渗透定价策略是一种低价策略，是指在新产品上市初期，将其价格定得较低，以吸引消费者，迅速打开市场，提高市场占有率。这种定价策略利用了消费者的选价心理，即在同类产品中易于接受价格相对较低的产品，因而是一种长期发展策略。它应用的条件是，市场容量大，新产品特点不突出、技术简单、容易仿制，且需求价格弹性较高。

渗透定价策略的优点：有利于企业刺激市场需求迅速增加，尽快让新产品打开销路，占领市场；有利于企业排斥和阻止竞争对手的进入，保持较高的市场占有率；有利于企业扩大生产规模，不断降低产品的生产成本；有利于企业利用低价长期占领市场，获取长久利益。

渗透定价策略的缺点：低价使得产品的利润微薄甚至无利，企业的投资回收期较长，有时会连投资都无法收回；低价不利于企业树立品牌形象。

2. 价格折扣与让价策略

折扣与让价的定价策略是指房地产企业先为其产品确定一个正式价格，然后以此为基础进行适当减让，以吸引消费者购买的定价策略。

(1)现金折扣。消费者如能及时付现或提早付现，公司则给予现金折扣。房地产销售中，一次性付款可以给予优惠就是这种策略的具体表现。这种策略可增加买方选择付款方式上的灵活性，而且卖方可降低发生呆账的风险。

(2)数量折扣。当消费者大量购买时，则予以价格上的优惠。这体现了公司薄利多销的原则，可以缩短销售周期，降低投资利息和经营成本，及早收回投资。但房屋价格高，金额巨大，而且每人所需有限，公司不可能以鼓励大量购买然后给予折扣的形式来销售。因此，这里的"数量"需要慎重确定。

3. 差别定价策略

差别定价是指房地产企业对于同类房地产，根据其面积、朝向、质量、楼层、视野等因素的不同而制定不同的价格。差别定价一般可执行"一房一价，好房好价，特房特价"的方法。

4. 心理定价策略

心理定价策略是指房地产企业根据房地产消费者的购买心理特征来确定销售价格的策略,如尾数定价策略、整数定价策略、特价品定价策略等。

(1)尾数定价策略。尾数定价策略又称为非整数定价策略或者奇数定价策略,是指房地产企业利用消费者认识数字的心理特征,有意制定尾数价格,其方法是尽可能在价格数字上不上进位,让消费者产生价格较为廉价的感觉,另外,将尾数近似到十位数,如消费者认为 4 999 元/m² 的房地产比 5 000 元/m² 的房地产便宜,就是这种策略的体现。

(2)整数定价策略。整数定价策略是指房地产企业将产品价格定为一个整数,不留尾数的一种策略。整数定价策略的心理依据与尾数定价策略的心理依据相反,将房地产价格定位在一个整数上,会给消费者一种高档消费的感觉,可以满足消费者"享受高消费"的心理需求。

(3)特价品定价策略。即为吸引消费者购买,可使少数产品以非常廉价的姿态出现。所谓"特价品",在房屋营销中往往只有一户或少数几户,即所谓"广告户",如广告中常见的所谓"起价××元"。

五、房地产价格调整

1. 房地产价格调整的类型

在房地产营销过程中,由于市场情况的变化以及企业自身目标的调整,有时需要对房地产价格进行提高或降低的调整。

(1)提高价格。虽然提价会引起消费者及中间商的不满,但有时在外部环境剧烈变化时,房地产企业为了生存也不得不提高价格。如由于成本高涨或通货膨胀,而生产率无法提高,使得许多企业不得不以提高价格的方式来确保利润。

(2)降低价格。当卖方面临销售停滞不前、同业竞争极为激烈的情况时,经常需要做降价的考虑。降价虽然会引起同行之间的摩擦与价格战,但却是不得已而为之的。降低价格的另一个原因是生产能力过剩、产量过多、资金占用严重,而增加销售力量、改进产品或其他营销手段又都无法达到销售目标,从而造成资金周转不灵,企业无法进一步扩大业务。于是为提高销售量,一些房地产企业便放弃"追随领导者的定价"而采用"攻击性定价"的方法。

2. 房地产价格调整的方法

(1)直接的价格调整。直接的价格调整就是房屋价格的直接上升或下降,它给客户的信息是最直观明了的。直接的价格调整有调整基价和调整差价系数两种。

1)调整基价。基价的调整就是对一栋建筑的计算价格进行上调或下降。基价的调整意味着所有单元的价格都一起参与调整。这样的调整,每套、单元的调整方向和调整幅度都是一致的,是产品对市场总体趋势的统一应对。

2)调整差价系数。在房地产实务中,通常在基价的基础上,通过制定不同的差价系数来确定不同套、单元的价格,各套、单元价格则是由房屋基价加权所制定的差价系数计算的。差价系数的调整就是根据实际销售的具体情况,对原先所设定的差价体系进行修正,将好卖单元的差价系数再调高一点,不好卖单元的差价系数再调低一点,以均匀各种类型

单元的销售比例，适应市场对不同产品需求的不同反应。

（2）调整付款方式。付款方式本来就是房价在时间上的一种折让，付款方式的付款时段的确定和划分、每个付款时段的款项比例的分配、各种期限的贷款利息高低的影响，是付款方式的三大要素，而付款方式对价格的调整也就是通过这三大要素的调整来实现的。

房地产价格
四大评估方法

单元四　房地产市场营销计划

一、房地产市场营销计划的概念

制订营销计划是房地产企业管理者的首要工作。有了营销计划，企业的营销工作才能按部就班、循序渐进、高效率地进行。

房地产市场营销计划就是房地产企业为了达到市场营销目标而制定的一系列活动安排。它既是一种市场工作的工艺流程，也是一个指导性文件，包括房地产企业营销活动的目标以及实现这些营销目标的措施。房地产市场营销计划具有权威性、预见性和可变性。

制订计划的方法是全面深入地分析目标市场和本企业可利用的资源，然后订出一个详细的战略目标以及实现目标的策略，以求最大限度地实现这些目标。

二、房地产市场营销计划的内容

每个营销计划的制订必须要注意三个基本方面，即确定关键的营销问题，有效利用资源，衡量最终结果。一个营销计划的内容见表8-3。

表8-3　一个营销计划的内容

内容	目的
执行概要和要领	提供所建议计划的简略概要
当前营销状况	提供与市场、产品、竞争、分配和宏观环境有关的背景数据
机会和问题分析	概述主要的机会和威胁、优势和劣势，以及在计划中必须要处理的产品所面临的问题
目标	确定计划中想要达到的关于销售量、市场份额和利润等领域的目标
营销战略	描述为实现计划目标而采用的主要营销方法
行动方案	回答应该做什么？谁来做它？什么时候做？它需要多少成本
预计的损益表	概述计划所预期的财务收益情况
控制	说明将如何监控该计划

不同房地产企业所处的市场时期不同，其营销计划也将不同。通常，房地产市场营销计划可分为战略计划和作业计划两种。前者是由开发公司的决策层及主要部门制定的，所注重的是开发公司的基本方向、市场目标及达成这些目标的重大行动和方案；后者是由开发商或代理商的营销策划部门负责编制，计划期为半年至一年，所注重的是较具体的工作目标、营销策划、财务预算、行动方案和各自的资源利用情况。

（一）房地产营销战略计划

房地产营销战略计划是由企业的高层及主要部门制订的，其重点是企业发展的基本方向、市场目标及达成这些目标的重大行动方案，战略计划并不是一个详细的计划方案，而是着力制定的一个应对将来可能出现的各种各样情况的选择，是培养解决问题能力的计划。一般来说，房地产市场营销战略计划包括以下内容。

1. 时间期限

战略计划是企业的长期计划，有 3～5 年或 5～20 年的计划。3～5 年的战略计划一般是编制公司的营销目标和重大行动；而 5～20 年的战略计划，则是公司营销的远景战略。

2. 市场营销现状分析

制订战略计划，应提供有关市场、产品、竞争、分销和宏观环境的背景资料。

（1）宏观环境及其趋势。对影响房地产企业及其产品的各种宏观环境因素进行分析，包括人口、经济、政治法律、科学技术、自然和社会文化等各方面的形势及发展趋势分析。

（2）目标市场分析。主要提供有关目标市场的现状分析。它包括目标市场规模、增长率、顾客需求和购买行为的发展趋势。

（3）产品分析。它包括对房地产过去几年的销售量、价格、利润、分销渠道等方面的分析。

（4）竞争对手分析。要识别主要的竞争对手，描述每个竞争对手在产品质量、定价、分销、促销等方面采取的策略，它们各自的市场占有率及变化趋势。并参照以下若干问题，来分析对手和本企业未来的战略态势，以确定合理的战略目标和策略：

1）目前及将来企业的主要竞争者有哪些？他们的营销目标、策略、开发量及未来几年的房地产增量如何？

2）竞争对手主要的相对优势与不足有哪些？

3）预期的竞争趋势怎样发展？

3. 公司本身分析

公司本身分析包括人才结构、产品结构、资本结构和市场竞争力等方面的分析，特别要分析企业自身的优势和劣势。

4. 战略管理职能

从战略管理的深远意义来看，战略计划所要考虑的主要问题是制定战略目标和如何达到既定目标。营销战略目标是企业使命和功能的具体化、多元化。它既包括经济性目标，也包括非经济性目标；既包括定量目标，也包括定性目标；既有总体目标，也有分阶段目标。有效的战略计划强调的是企业组织多个方面的整体性，它是将战略目标、方针、环境

因素、内在条件等各要素融为一体的过程，并用来指导企业在一定时期内合理分配有限资源。

(二) 房地产营销作业计划

房地产营销作业计划是由营销部门负责编制的计划，为半年至 1 年的市场营销计划。其重点是较具体的营销目标、营销策划、财务预算和各自的资源利用情况。

1. 项目计划提要

房地产市场营销计划首先要有计划提要，应对计划的主要内容作一个简明扼要的概括，以便房地产企业的决策者及有关人员能迅速把握计划的核心与主要内容。在提要之后，附上营销计划的内容目录。

2. 项目营销现状

提供有关市场、产品、竞争、渠道和宏观环境等方面的背景资料，并分析过去几年各类房地产的开发量、价格等。

3. SWOT 分析

SWOT 分析是指优势与劣势、机会与威胁的分析。

(1) 优势与劣势分析。优势和劣势是指内部因素给房地产企业或项目带来的优势和劣势，是相对于竞争对手而言的。内部优势包括正确的经营战略、充足的资金来源、产品创新能力、项目管理优势、市场营销能力、成本控制能力、项目拥有的独特资源等；内部劣势包括模糊不清的战略方向、不良的市场形象、较低的管理水平及项目某些资源的不足等。

(2) 机会与威胁分析。机会与威胁是指外部因素给房地产企业或项目带来的机会和威胁。机会是营销环境中对房地产企业有利的因素，而威胁是营销环境中对房地产企业营销不利的因素。每个房地产企业都面临着若干市场机会和环境威胁，但并不是所有机会都有同样的吸引力，也不是所有的威胁都那么严重。因此，企业要对市场机会和环境威胁进行分析与评价。

计划制订者应以描述市场营销现状资料为基础，结合企业资源及所开发的项目找出项目面临的主要机会与威胁，并且将机会和威胁分出轻重急缓，以便使其中之重要者能受到特别的关注。写出这些因素是为了要建议一些可采取的行动。

应该注意的是，市场机会不等于房地产企业的机会。市场机会能否成为企业机会，还要看该市场机会是否与企业的任务和目标相一致；是否与企业的资源相一致；企业在利用这一机会时，是否比潜在的竞争对手具有更大的优势，能否享受差别利益。

(3) 问题分析。利用前两项的分析结果，确定房地产企业所面临的主要问题。对这些问题的分析，是制定房地产企业目标、营销策略的基础。

4. 营销目标

营销目标是房地产营销计划的核心部分，是在分析营销现状并预测未来机会与威胁、发现企业的优势与劣势的基础上制定的，它对企业的策略和行为起指导作用。营销计划目标分为财务目标和实际营销目标两类。财务目标是企业对计划期内具体产品确定的投资收益率、利润等其他财务指标；实际营销目标是由财务目标转化而来的，包括计划期内的销售规模、市场占有率、价格以及产品知名度等。所有目标都应以定量的形式表达，有一定的完成期限，目标应分层次地加以说明，并且各个目标之间应保持内在的一致性和具有可行性。

5. 市场营销策略

市场营销策略是房地产企业实现营销目标的途径和手段。应在此列出主要的市场营销策略纲要，或者称之为详细营销策划方案。在制定营销策略时往往会面对多种可能的选择，每一目标可用若干种方法来实现。市场营销策略主要包括目标市场选择、市场营销组合、市场营销费用预算等具体策略。

（1）目标市场选择。房地产营销者要在市场调查的基础上对房地产市场进行细分，然后对每个细分市场的规模、发展前景、盈利能力、竞争状况以及本企业的优势进行分析，从中选择最有吸引力的细分市场作为目标市场并正确地进行市场定位。

（2）市场营销组合。在营销计划中，房地产营销者还要提出市场营销组合的具体策略，包括产品策略、价格策略、渠道策略和促销策略。

（3）营销费用预算。在营销计划中，还必须详细说明为执行各种市场营销策略所必需的市场营销费用预算。

6. 行动方案

策略方案阐述的是用以达到企业目标的主要营销推动力。房地产企业在制定营销策略之后，还要将它们转化成具体的行动方案，每一要素都应经过深思熟虑来回答"将做什么？""什么时候去做？""谁去做？""将花费多少？"等具体问题。

7. 财务预算

房地产营销者在确定了市场营销目标、营销策略及行动方案后，就要确定预算以保证方案的实施，包括各种广告媒体、促销活动等费用，要分别对应策略项目做出实施计划及预算、总预算。预算采用的方法主要有销售百分比法和目标任务法。

8. 营销控制

控制是营销计划的最后部分，用来控制整个计划的进程。房地产市场营销控制就是对营销计划的实施进行监督和评价，并对实施过程中出现的主要问题采取措施加以改进，保证营销目标的顺利实现。实行房地产市场营销控制，有助于企业及早地发现问题并解决问题，防患于未然。

应该注意的是，对于可能出现的问题及时预防，要进行干扰因素分析。它包括开发商、代理商要对可能产生的销售干扰因素（包括自身内部因素和外部社会因素）及其影响做出准确估计，并且提出明确的应对方法，从而排除其不利影响，避免发生意外损失。

三、房地产市场营销计划的制订

（一）制订房地产营销计划的方法

制订房地产营销计划的方法主要有自上而下法、自下而上法、上下结合法和小组计划法四种，具体见表8-4。

表 8-4　制订房地产营销计划的方法

方法	具体内容	优点	缺点
自上而下法	实行集权制的房地产企业在制订营销计划时，一般是首先由公司总部的高层管理人员制订整个企业的计划。然后，各部门再根据自己的实际情况以及总部的要求来发展这一计划。实行分权制的房地产企业一般是公司总部给各事业部提出营销计划指导书，要求他们制订详细计划。公司总部检查与修改这些计划之后，再将计划返还各事业部去执行	企业的高层管理者决定整个企业的经营方向，可以对各事业或各部门如何实现经营方向提供具体的指导。这样，企业的高层管理人员可以集中精力去思考经营方向，制订应达到的战略目的，以及可以贯彻实施的战略	高层管理者可能会因为没有经过深思熟虑，对下属各部门或事业部提不出详尽的指导。这样，便可能由于指挥不当而打乱了企业目前所执行的计划。另外，事业部的管理人员也可能会认为这种自上而下的指导是一种约束，不能发挥他们的作用
自下而上法	房地产企业运用这种方法时，高层管理对事业部不给予任何指导，只是要求各事业部提交计划。企业总部从中掌握主要的机遇与风险、主要的企业营销目标、实现目标的战略、计划实现的市场占有率、需求的资金等信息。在提交计划以后，企业高层管理者对此加以检验与平衡，然后给予确认	各事业部会感到企划中的约束较少，可以提出更加完善的计划；同时也给事业部提供了学习制订计划的机会与过程	有些习惯自上而下指导方式的事业部管理人员会感到无所适从，从而影响计划的完整性、综合性
上下结合法	在制订计划的过程中，不仅企业总部的直线管理人员参与，事业部管理人员也参与有关计划的制订。房地产企业本部与事业部的职能部门一起讨论计划中的变化，企业高层管理人员可以根据实际改变及时调整原定的基本目标或战略	可以产生较好的协调效果，从而企业可以用较少的时间和精力形成更具有创造性的营销计划	
小组计划法	小组计划法是指企业的总经理与其他高层管理人员组成一个计划小组，由总经理负责，共同处理企业所面临的问题	小组的工作内容与成员构成有很大的灵活性，可以因企业所遇的问题不同而采取不同的措施	

(二)制订房地产营销计划的步骤

房地产营销计划的制订具体由以下三个基本步骤组成：
(1)选择房地产公司的物业或劳务的类别。
(2)确定和调查房地产市场潜在的消费者。
(3)制订全面的营销战略。
这三个步骤必须依次进行，因为每一步骤的规划都是以前一步所作的决定为基础。

SWOT 分析模型示例

单元五 房地产市场营销组织管理

一、房地产市场营销组织的概念与目标

（一）房地产市场营销组织的概念

房地产营销组织是房地产企业组织的一部分，其是指房地产企业内部涉及营销活动的各个职位及其结构，这个组织结构的构成及运作程序，必须随房地产市场环境的变化而做出相应的调整。有时，房地产营销组织也被理解为各个营销职位中人的集合。由于房地产企业的各项活动总是有人来承担，所以，对房地产企业而言，人的管理比组织结构的设计更为重要。正是在这种意义上，判断营销组织的好坏主要是指人的素质，而不单单是组织结构的设计。这就要求营销经理，既能有效地制订营销计划和战略，又能使下级正确地贯彻执行这些计划和战略。

房地产企业的市场营销部门是为了实现企业目标，实施市场营销计划，以市场为中心，以顾客为服务对象的职能部门，是企业内部连接其他职能部门的核心。

（二）房地产市场营销组织的目标

(1)对房地产市场需求作出快速反应。开发企业房地产营销组织应该不断适应外部环境，并对市场作出积极的反应。当了解到市场某一需求后，企业的反应涉及整个营销活动，因而应尽量缩短项目的开发周期，尽快推向市场，以抢占先机。

(2)使房地产市场营销效率最大化。从项目开发到销售过程中，可能要选择一个或多个中间商，这时开发企业的营销组织部门要充分发挥好协调和控制功能，确定自己和中间商的权利和责任。

(3)代表并维护消费者的利益。房地产开发企业要把消费者的利益放在首位，不能一味地赚取最大利润。事实上，房地产企业的利润是在得到消费者认可并购买的基础上，只有达到开发商、代理商、消费者和社会多赢的局面，才能获取较大的利润。

二、房地产市场营销组织的类型与特征

（一）房地产市场营销组织的类型

1. 职能型组织

职能型组织是最古老也是最普遍使用的市场营销机构组织形式，如图 8-1 所示。这种营销机构由各种营销职能专家组成，他们分别对市场营销副总经理负责，市场营销副总经理负责协调他们的活动。

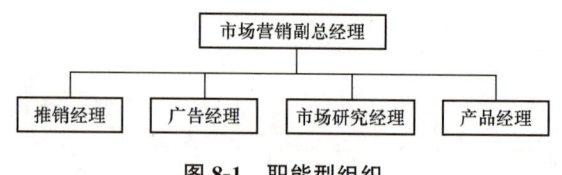

图 8-1 职能型组织

这种组织形式的优点是结构简单,管理方便,比较适合房地产产品品种少或房地产开发、销售地区集中的企业。但是,随着产品品种的增多和平均范围的扩大,这种组织形式可能会造成某些房地产产品或地区被忽视,或各职能部门都强调本部门的功能作用而使组织协调工作复杂化,从而影响房地产企业整体功能的发挥和房地产企业目标的实现。

2. 产品型组织

当房地产企业经营多种产品而且各种产品之间差别很大时,往往建立产品型营销组织,即在职能型组织的基础上,增设产品经理。产品经理的主要任务是制定产品发展战略和营销计划,激励推销人员及经销商推销产品,监督产品计划的执行,促进产品改进和新产品开发,适应和满足市场需求,如图 8-2 所示。

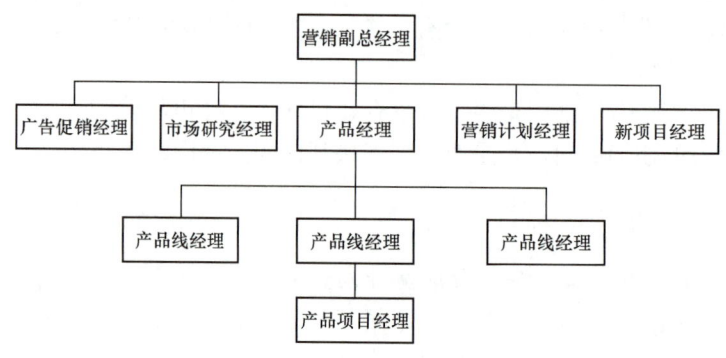

图 8-2 产品型组织

产品型组织的优点是各类产品责任明确,能对各类产品的市场问题作出灵敏的反映,能统一协调各种营销职能,并对各种产品进行集中管理;其缺点是成本费用高,因为由专人负责一种或少数几种产品,会造成销售人员增加,从而增加费用开支,在一定程度上提高成本费用;缺乏整体观念,各位产品线经理只专注于具体产品的生产,易忽视整体市场需求;部门冲突,由于过多地强调产品销售的个人负责制,有时会造成推销与计划、促销等部门的冲突。

3. 市场型组织

如果目标顾客可按其特有的购买习惯和产品偏好予以细分,就要建立市场型组织,如图 8-3 所示。市场型组织也称顾客式组织,是指由专人负责管理不同市场的营销业务,企业按照产品的不同销售市场设置市场营销组织机构,是由市场主管经理管理若干个细分市场经理,细分市场经理要为自己负责的市场制定中、长期营销计划和年度计划,分析市场趋势。该组织形式适合于销售市场种类较多且差异较大的企业。

根据物业市场类型,来划分市场型组织结构。如将居住物业市场分为别墅、公寓和普

模块八　房地产营销管理

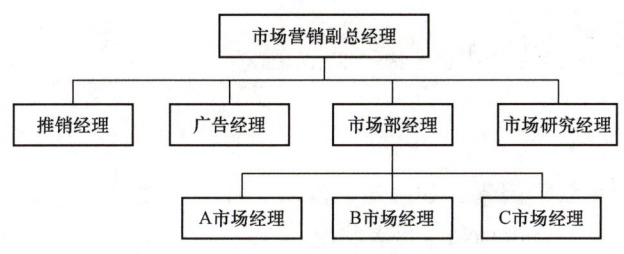

图 8-3　市场型组织

通住宅等。这种组织模式的最大优点是：各种营销活动通过营销经理被组织起来，满足不同消费群的需求，充分体现了顾客需要为导向的营销观念。但这种组织形式也存在一定的不足之处，当房地产企业生产多种产品时，易产生责权不清和多头领导等矛盾。

4. 地区型组织

在全国范围内从事房地产开发的企业通常按地区组织其营销力量。地区经理掌握一切有关该地区的市场环境的情报，为在该地区打开市场销路制订计划并负责执行，如图 8-4 所示。

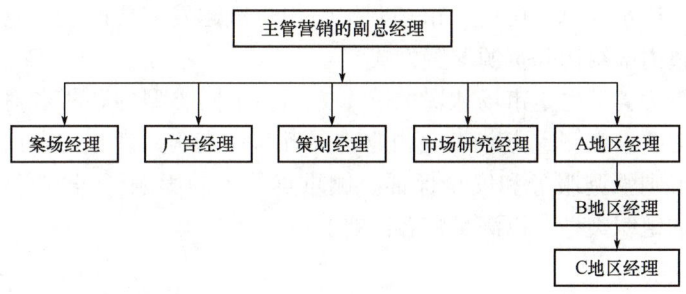

图 8-4　地区型组织

地区型组织的优点是有利于发挥每个地区部门熟悉该地区情况的优势；其缺点是当房地产企业经营的品种较多时，很难按照不同产品的使用对象来综合考虑，而且各地区的活动也难以协调。

(二) 房地产市场营销组织的特征

一个有效的房地产市场营销组织应具备灵活性、协调性和高效性等特征。

(1) 灵活性。灵活性就是房地产市场营销组织能够根据营销环境、营销目标和营销策略的变化，迅速调整自己的行动。

(2) 协调性。协调性要求房地产营销组织要与房地产企业的总体发展战略和经营目标相协调，与其他职能部门相协调，营销组织内部的各部门之间要相互协调，共同实现企业营销目标。

(3) 高效性。高效性要求房地产市场营销组织要精干高效，能以较少的投入获得较大的产出。

三、房地产市场营销组织的影响因素

(一)外部环境因素

外部环境包括很多复杂因素,如政治、经济、社会、文化、科技等,而对房地产营销组织影响最为明显的主要是市场和竞争者状况。

1. 市场状况

市场状况,首先是指房地产市场的稳定程度、房地产市场供需变化的趋势。如果房地产企业的市场规模大、范围广,则需要设置庞大的市场营销组织。反之,房地产企业的市场规模小、范围窄,则可设置简单的市场营销组织。如果房地产企业的市场可以根据消费者需求的差异细分成若干子市场,则应设置市场型营销组织;如果房地产企业的市场地理位置分散,则应设置地区型的营销组织;如果房地产市场稳定程度高,则市场营销组织也相对稳定。反之,房地产市场需求变化快、市场多变且不稳定,市场营销组织就越需要调整,稳定性也越差。

在不同的区域背景条件下,房地产市场千变万化。同时,由于房地产行业正面临着体制的变革,福利分房等措施的取消,货币分房制度的相继出台,房地产的置换、典当、按揭、拆迁等市场的逐步成熟,房地产市场营销组织也就越发需要改变,它必须随着房地产市场变化及时调整内部结构和资源配置方式。

另外,购买行为类型也是市场状况的一个方面。不同类型的购买者对企业提供的产品及服务有着不同的要求和侧重点。工业物业购买者和住宅购买者相比,前者侧重于产品的技术性能,而后者则强调服务和安全保证。侧重点的不同影响了房地产企业的推销方式,从而要求有相应的组织类型,以满足顾客需要。

2. 竞争者状况

营销组织必须从两个方面来对付竞争者:一是竞争者是谁,他们在干些什么;二是如何对竞争者行为作出反应。为此,房地产企业就要使其营销组织结构不断地加以改变和调整。另外,企业在搜集到有关情报后,还必须制订相应的措施,并经由营销组织贯彻实施。如果经调查发现,加强售后服务是提高企业竞争能力的主要方面,那么,房地产企业就可能将销售部门和服务部门合并在一起。

(二)内部影响因素

1. 企业的经营目标与战略

市场营销组织是服务于企业经营目标和战略的,高层管理者的经营思想对企业营销组织的设计影响较大。有的管理者强调稳定,有的则试图成为行业领导者。经营思想的不同势必造成营销组织的差异。同时,企业发展与产品相似,也有一个周期过程。不同的经营目标和战略要求有不同的营销组织结构。企业的目标市场、战略重点都会对市场营销组织结构产生重大的影响。

2. 房地产公司经营权的集权与分权的问题

房地产是高投入、高风险、高回报的行业,正确处理好营销组织的集权与分权关系，无疑对企业目标的完成至关重要，也就是说决定着决策的权力是集中在上级管理者手中或是下放给下级管理者行使。对一个组织来说，不可能绝对地集权，也不会绝对地分权。

3. 产品生命周期

产品的生命周期阶段不同，房地产企业的市场营销组织形式也不相同。在产品的介绍期，企业冒着很大的危险向市场投放新产品，往往建立临时性的营销组织，如销售小组，以便对市场做出快速反应；在成长期，市场需求扩大，利润上升，竞争加剧，企业要建立有效的市场营销组织，如复合型组织，以确定自己的竞争地位；在成熟期，需求稳定，利润下降，应建立高效率的营销组织，如职能型组织；在衰退期，需求减少，利润大幅度下降，应精简机构，建立临时性组织。

4. 营销组织的内部活动

营销组织内部的活动主要有两种类型：一是职能性活动，它涉及营销组织的各个部门，范围相当宽泛，房地产企业在制订战略时会确立各个职能在营销组织中的地位，以便开展有效的竞争；二是管理性活动，涉及管理任务中的计划、协调和控制等方面。

5. 房地产销售方式

如果房地产产品以直销为主，则企业要自己负责市场调研、广告与促销、产品销售、物业管理等工作，营销组织的设置要全面复杂；如果将产品委托给代理商销售或由经销商销售，市场营销组织则要简单得多。

6. 营销组织人员的素质

房地产企业战略追求的最高目标，始终是企业整体效益的最优。从一个战略的制订与执行到修改直至新战略的形成，其根本目的都是为提高企业效益，很少或较少考虑个人利益，这是企业战略的本质所决定的。因此，营销组织中人员的政治素质、技术素质、文化素质、管理经验等都将会影响房地产营销组织的正常运行。

市场营销部门与其他部门之间主要的不同观点

单元六　房地产市场营销执行与控制

一、房地产市场营销执行

（一）房地产市场营销执行的概念

市场营销执行是将营销计划转化为行动和任务的部署过程，并保证这种任务的完成，以实现营销计划所制定的目标，是一个艰巨而复杂的过程。分析市场营销环境、制订市场营销战略和市场营销计划是解决企业市场营销活动应该"做什么"和"为什么要这样做"的问题；而市场营销执行则是要解决"由谁去做""在什么时候做"和"怎样做"

的问题。

管理人员常常难以诊断市场营销工作执行中的问题，市场营销失败的原因可能是由于战略战术本身有问题；也可能是由于正确的战略战术没有得到有效的执行。

(二)房地产市场营销要素

房地产市场营销要素包括很多，主要有楼盘、售楼人员、客户三种。

1. 楼盘

营销策划基于楼盘的硬件，如楼盘的建筑设计风格、建筑质量、外立面、户型格局、面积大小、建筑材料、景观设计、树种、楼间距、小区布局公用配套设施、位置、交通、自然景观等因素。作为置业代表，必须了解要销售的产品——房子或商铺的特性，必须深信要销售的房子能够满足潜在客户的基本要求，甚至可能还会带来超值，这样才能达到营销的目的。

2. 售楼人员

要让客户感到你是他们的朋友，是他们的置业顾问，是他们最愿意与之交谈的人。获得销售成功最首要的条件还是自信。要建立自信心，必须把握住三个关键要素：一是专业知识；二是反复的演练；三是售楼经验。

首先要推销自己。真正的专业售楼人员对顾客该说什么，不该说什么把握得极准，而且能够吸引客户听下去，使客户感觉到你非常真诚，而不是夸夸其谈。推销了自己，即让客户相信你，进而相信你所推销的楼盘。

3. 客户

(1)售楼人员要有正确的观察力和判断力，要能找出要服务的客户。用最快的时间发现自己客户并最快成交，用最快的时间过滤掉并无实际需求的客户，这样，才能提高销售业绩和销售效率。

(2)推销开发商。如果该项目的开发商很有实力且守信誉，这方面做得比较好，那么销售人员就可以十分自豪地向客户推销该项目的开发商，这样，可以让客户感到更安心，更可靠，更踏实，也会使开发公司的形象牢牢地记在客户的脑海里。

(3)推销楼盘。售楼人员要满怀热情地推销，要让客户感到，你是在为他着想，像朋友一样关心他，给他提出一些可行的建议。千万不要让客户认为你是在泛泛而谈。

当客户觉得能了解新鲜有趣的信息时，就会愿意花时间去听。销售人员应给客户提供详尽的信息，并尽力突出楼盘的优点和独到之处。

(4)让客户购买楼盘。这是最后一步，也是最关键的一步。销售人员在向客户介绍楼盘时，要让客户知道，你是在营销他所需要的超值的物质价值、精神价值和社会价值，而且随着时间的推移，这种超值的物品还会升值。要想让客户现在就购买你的楼盘，这时就必须熟练地运用销售技巧——制造紧迫感。紧迫感来自两个因素，即现在买的理由及投资回报。要制造紧迫感，最重要的是让客户想要你的东西，否则就不可能有紧迫感。

大定或结单是你精心运筹、周密安排、专业推销、辛勤努力的必然结果。当客户已来看过几次，足以让他做出明确购买决策时，随时都可能拍板成交。此刻，就是决定"买"还是"不买"的时候了，如果你使客户信服了，并成功地运用上述要素，结单的可能性就在80％了。

（三）房地产市场营销执行过程

1. 制定行动方案

为了有效地实施市场营销战略，必须制定详细的行动方案。这个方案应该明确市场营销战略实施的关键性决策和任务，并将执行这些决策和任务的责任落实到个人或小组。另外，还应包括具体的时间表，定出行动的确切时间。

2. 设计和选择组织结构

组织结构的设计和选择同职位类型密切相关。房地产企业如果采用矩阵组织，就要建立大量的协调性职位；如果采用金字塔形组织，则又要求有相应的职能性职位。因此，设计组织结构的首要问题是各个职位与所要建立的组织结构相适应。房地产销售机构的组织结构形式可以多种多样，根据基本的市场营销活动的需要，可以是职能型的组织形式，也可以是市场型的组织形式，还可以是产品型的组织形式，或者是地区型的组织形式。无论何种形式，在销售机构的组织设计时，都必须充分考虑销售管理的基本要求，而且要结合房地产企业和项目特点。

3. 设立评价和酬劳制度

为实施房地产市场营销战略，还必须设立相应的评价和酬劳制度，使规划、信息收集和分配、预算、招收和训练、业绩衡量和控制以及人员评价及酬劳等活动都能有明确的方针和标准。设计不良的制度会妨碍策略的执行。反之，设计良好的制度则可推动有效方案执行工作。因此，严格执行考核制度，考核尽量全面、客观，并利用数据说话。

4. 配备组织人员

在分析房地产营销组织人员配备时，必须考虑两种组织情况，即新组织和再造组织（在原组织基础上加以革新和调整）。相比较而言，再造组织的人员配备要比新组织的人员配备更为复杂和困难。但是，无论哪种情况，房地产企业配备组织人员必须为每个职位制定相应的职责要求，从受教育程度、工作经验、能力特征及身体状况等方面进行全面考察。而对再造组织来讲，还必须重新考核现有员工的水平，以确定他们在再造组织中的职位。

5. 开发人力资源

市场营销战略最终是由公司置业代表来执行的，所以人力资源的开发至关重要。这涉及人员的考核、选拔、培训和激励等问题。同时，为了激励员工的积极性，必须建立完善的工资、福利和奖惩制度。另外，企业还必须决定行政管理人员、技术人员和一线工作人员之间的比例。

6. 建设企业文化和管理风格

企业文化是指一个企业内部全体人员共同持有和遵循的价值标准、基本信念和行为准则。企业文化对企业经营思想和领导风格、对职工的工作态度和作风均起着决定性的作用。塑造和强化企业文化是执行企业战略中不容忽视的一环。

与企业文化相关联的，是企业的管理风格。有些管理者的管理风格属于集权型，他们发号施令，独揽大权，严格控制，坚持采用正式的信息沟通，不容忍非正式的组织和活动；

另一些管理者的管理风格属于分权型,他们主张授权给下属,协调各部门的工作,鼓励下属的主动精神和非正式的交流与沟通。这两种对立的管理风格各有利弊,不同的战略要求不同的管理风格。

企业文化和管理风格一旦形成,就具有相对稳定性和连续性,不易改变。因此,企业战略通常是为适应企业文化和管理风格的要求来制订的,企业原有的文化和风格不宜轻易改变。

7. 加强控制

为了进行控制,必须经常和定期对计划执行情况认真地检查,以便及时发现和解决问题,或进一步挖掘新的潜力,对计划进行补充或调整,同时强化控制,搞好协调调度工作。

(四)影响房地产市场营销执行的因素

房地产市场营销执行是将营销计划转化为行动的过程,并保证这项任务的完成,以实现计划的既定目标。一般来说,在营销计划执行过程中,策划人员和案场经理应注意影响有效执行房地产营销方案四个方面的因素,并具有解决这些问题的能力。

1. 发现及诊断问题的技能

当房地产市场营销计划的执行结果不能达到预期目标时,策略与执行之间的内在紧密关系会造成一些难以诊断的问题。如销售率低,究竟是由于策略不当,还是因为执行不当呢?应确定采取什么行动及怎样补救?对每个问题都有不同的管理技术组织与不同的解决方法。

2. 评定在公司层次上存在问题的技能

房地产营销的执行问题在营销政策层次、营销方案层次和营销功能层次等三个层次中任一层上都会发生。

(1)营销政策层次。管理部门所关心的是:引导从事营销工作的人去理解本组织的主张及其在营销活动中的作为。营销方案能否有效地执行,主要取决于能否制订和执行健全的政策。

(2)营销方案层次。即将各种营销功能协调组合在一些,构成一整体活动的效果。如代理商通过定价、促销和配销的整体功能活动将房屋售给顾客时的客户定位不当。

(3)营销功能层次。广告、公关活动、促销活动、配销渠道、销售人员专业素质和专业能力、沟通能力、抓客户能力、办理许可证、按揭贷款等功能,还有其他方面的功能。

3. 执行计划的技能

市场营销执行问题常常出现于企业的三个层次:一是市场营销职能,即基本的市场营销职能能否顺利实施,如企业怎样才能从某广告公司获得更有创意的广告;二是市场营销方案,即把所有的市场营销职能协调地组合在一起,构成整体行动;三是市场营销政策,例如,企业需要所有雇员对待所有的顾客都用最好的态度和最好的服务。为了有效地执行市场营销方案,无论开发商还是代理商,企业的每一层次(即职能、方案、政策等)都必须善于运用以下四种技能。

(1)配置技能。配置技能是指营销部经理给功能、政策和方案三个层次分配时间、资金和人员的能力。如按何种方式来有效配置销售人员是每个公司都面临的一个共同问题。

(2)调控技能。建立和管理一个对市场营销活动效果进行追踪的控制系统,控制有年度计划控制、利润控制、效率控制和战略控制四种类型。

(3)组织技能。组织技能涉及营销人员之间为实现公司目标而应具有的关系结构,常用于发展有效工作的组织中,非正式系统和正式系统的交互作用将影响许多执行活动的效率。所以,理解正式和非正式的市场营销组织对于开展有效的市场营销执行活动是非常重要的。

(4)相互影响技能。相互影响技能指公司人员之间相互影响,尤指经理影响他人把事情办好的能力。主要营销人员不仅必须有推动本组织的人员有效地执行理想的策略的能力,还必须有推动组织外的人或企业,如广告代理商、媒体执行制定的策略的,尤其是互相配合的能力。

组织内每个问题出现的频率,可能与企业的规模、市场位置和与之竞争的楼盘有关系,而卓越的营销执行需要有掌控功能、方案、政策等几个方面(配置、监控、组织、相互影响)的管理技能。

4. 评价执行效果的技能

在市场上取得良好的销售绩效,也并不一定能证明营销执行得好。因为,这很难用绩效来区分"策略好/执行差"和"策略差/执行好"的情况。但是,我们可为评价一个公司的执行效果做一些基本的准备工作。

二、房地产市场营销控制

(一)房地产市场营销控制概念

市场营销控制是房地产企业市场营销管理过程的重要组成部分,是通过对市场营销计划执行情况的监督和检查,发现和提出计划实施过程中的问题和错误,提出纠正和防止错误重犯的对策建议,以保证市场营销目标的实现。由于市场营销计划在实施过程中总会发生一些意外的事情,营销部门必须对市场营销活动进行控制。营销控制是营销计划有效实施的基本保证。营销控制有助于企业及早发现营销过程中存在的问题,以便及时采取措施,防患于未然;营销控制还对营销人员起着监督和激励的作用。营销控制是营销管理的一个重要环节,主要包括以下几点:

(1)制定标准。即确定营销控制的目标。营销控制就是监督任何偏离计划和目标的情况出现,因此,房地产营销控制的中心是目标管理。

(2)绩效测量。即房地产营销控制必须监督计划的实际执行情况。

(3)因果分析。即通过营销控制过程,找出偏离计划的行为产生的原因。

(4)改正行动。市场营销控制者必须采取改正行动,使房地产市场营销活动步入预定轨道,必要时需要改变行动方案,甚至改变目标本身。

(二)房地产市场营销控制流程

在营销组织中,有效的控制是有科学、严格的工作步骤来保证的,如图8-5所示。

1. 确定控制对象

确定应对哪些市场营销活动进行控制。房地产市场营销控制的内容多、范围广,可获

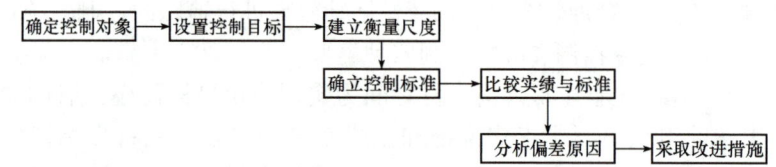

图 8-5　营销控制流程图

得较多信息,但任何控制活动本身都会引起费用支出。因此,在确定控制内容、范围、额度时,管理者应当使控制成本小于控制活动所能带来的效益或可避免的损失。

房地产市场营销最常见的控制对象是销售收入、销售成本和销售利润,但对市场调查、推销人员工作、消费者服务、广告等营销活动,也应通过控制加以评价。

2. 设置控制目标

营销控制目标是将控制与计划联结起来的主要环节,通常指企业的主要战略目标以及为达到战略目标而规定的战术目标。如利润、销售额、市场占有率、顾客满意度等指标。不同的房地产企业控制目标不同,而且控制目标也不是固定不变的。如果在计划中已经认真地设立了目标,那么,只需借过来就可以了。

3. 建立衡量尺度

多数情况下,企业所制定的营销目标决定了它的控制尺度,如目标销售收入、利润率等,但还有些比较复杂的问题可以特殊处理,如广告效果可以用来电、来人量来表示。

最基本的方法是企业建立并积累营销活动及与此相关的原始资料,如营销信息系统中所储存的信息,包括各种资料、报告、报表、原始账单等。它们能准确、及时、全面、系统地记载并反映企业的营销绩效。另外,还可以通过直接观察法评价营销绩效。

房地产企业采用哪种检查方法,应根据实际情况而定。由于大多数企业都有若干管理目标,所以,在大多数情况下,营销控制的衡量尺度也有很多种。

4. 确立控制标准

评价工作要有一个总的尺度,借以衡量营销目标和计划的完成情况。企业在制定目标和计划时,就要考虑到如何衡量完成工作的好坏。控制标准是指以某种衡量尺度来表示控制对象的预期活动范围或可接受的活动范围,即对衡量尺度加以定量化。控制标准一般允许有一个浮动范围。

确立标准可参考外部其他企业的标准,并尽可能吸收企业内多方面的管理者和被管理者的意见,以使其更切合实际,受到各方面认可。确定控制标准通常要考虑三个方面的因素:一是本企业的实际情况;二是同类企业的标准;三是市场环境因素。

为使标准具有激励作用,可采用以下两种标准:一种是按现在可接受的水平设立;另一种用以激励营销人员的工作达到更高水平。

确立标准还须考虑项目、地区、销售阶段、竞争情况不同造成的差别,使标准有所不同,并且考虑到广告强度、商品房的具体情况等因素,不可能要求每人都创造同样的销售额或利润。

需要注意的是,不同房地产企业有不同的控制标准。另外,控制标准也不是固定的，同一企业不同时期的控制标准可能不一样。总之，控制标准要根据具体情况需要而设立。

5. 比较实绩与标准

将销售效果与实际执行的效果进行比较时，需要决定比较的频率，即多长时间进行一次比较，这取决于控制对象是否经常变动。若比较的结果是实绩与控制标准一致，则控制活动至此结束；否则，就要进行下一步骤。

6. 分析偏差原因

执行过程中可能产生的偏差有两种情况：一是实施过程中出现了问题，发生了偏差，这种偏差比较容易分析；二是计划本身的问题，确认这种偏差比较困难。例如，某推销员未完成销售定额，可能是推销员自身原因造成的，也可能是销售定额过高造成的。况且还可能两种情况交织在一起，使分析偏差的工作成为控制过程中的一大难点。

7. 采取改进措施

通过对产生偏差的原因进行分析，就可以制定相应的改进措施，或者修订控制标准或者制定补救措施。如果在制订计划的同时，也制订了应急计划，改进就能更快。但在多数情况下并没有这类预定措施，这就必须根据实际情况，迅速制订补救措施，或适时调整营销计划目标。

（三）房地产市场营销控制方法

常用的房地产营销控制的方法主要有年度计划控制、盈利能力控制、效益控制、房地产市场营销审计。

1. 年度计划控制

年度计划控制是房地产企业常采用的主要控制方法，是由房地产企业高层管理者和中层管理者负责控制的，其目的是确保年度计划所确定的销售、利润和其他目标的实现。它是一种短期的即时控制，中心是目标管理。

年度计划控制的主要目的在于：第一，促使年度计划产生连续不断的推动力；第二，控制的结果可以作为年终成果评估的依据；第三，发现公司潜在问题并及时予以妥善解决；第四，高层管理人员可借此有效地监督各部门的工作。

（1）销售分析。销售额分析是统计分析与年度销售目标有关的销售额，有总量与个别之分。

1）销售差额分析。销售差额分析用于决定各个不同的因素对销售绩效的不同作用。例如，年度计划要求在第一季度售出同等质量、户型的商品房80套，每套75万元，即销售额为6 000万元，到季末后，每套只以70万元卖出，只卖出70套即4 900万元，则实际销售差额为1 100万元，则这个差额中有多少是由于降价造成的？有多少是由于销量下降造成的？

分析计算方法如下：

降价影响 = (75－70) × 70 = 350（万元）（占实际销售差额的31.8%）

销量下降影响 = 75 × (80－70) = 750（万元）（占实际销售差额的68.2%）

结论：销售额下降的主要原因是由于销售量未达到目标而致，该企业应密切注意它未

达到预期销售量目标的原因。

2)个别销售分析。这是着眼于个别产品或地区销售额未能达到预期份额的分析。

例如,假定某企业分别在 3 个地区销售某种商品房,期望的销售目标分别是 120 套、180 套和 230 套。实际销量分别达到 140 套、165 套和 180 套。则:

地区Ⅰ:较期望销量高 17%;

地区Ⅱ:较期望销量低 8.3%;

地区Ⅲ:较期望销量低 22%。

显然,问题出在地区Ⅱ和地区Ⅲ的销售上,尤其是地区Ⅲ的销售。因此,企业要查明未完成年度计划目标的主要原因,并及时采取改进措施。

(2)市场占有率分析。销售额的绝对值并不能说明企业与竞争对手相比的市场地位怎样。有时一家企业销售额上升并不说明它的经营就成功,因为这可能是一个正在迅速成长的市场,企业的销售额上升但市场占有率却反而下降。只有当企业的市场占有率上升时,才说明它的竞争地位在上升。市场占有率正是剔除了一般的环境影响来考察公司本身的经营工作状况。为此,管理部门需要追踪其市场份额。如果公司的市场份额增加了,则可能是因为战胜竞争者而获利;如果下降了,相对竞争者而言,公司就损失了一部分市场份额。不过,通过市场份额分析得出的结论必须满足一定的条件。

市场占有率分析,首先必须明确市场占有率的度量方法,一般有以下四种不同方法:

1)全部市场占有率。以企业的销售额占全行业销售额的百分比来表示。使用这种度量方法必须作两项选择:一是要以单位销售量或以销售额来表示市场占有率;二是正确认定行业的范围,即明确本行业所应包括的产品、市场等。

2)可达市场占有率。以其销售额占企业所服务市场的百分比来表示。所谓可达市场:一是企业产品最适合的市场;二是企业市场营销努力所及的市场。企业可能有近 100% 的可达市场占有率,却只有相对较小百分比的全部市场占有率。

3)相对市场占有率(相对于三个最大竞争者)。以企业销售额对最大的三个竞争者的销售额总和的百分比来表示。

4)相对市场占有率(相对于市场领先者)。以企业销售额相对市场领先竞争者的销售额的百分比来表示。相对市场占有率超过 100%,表明该企业是市场领先者;相对市场占有率等于 100%,表明企业与竞争者同为市场领先者;相对市场占有率的增加表明企业正接近市场领先者。

(3)费用/销售额比分析。年度计划控制要确保企业的利润水平,关键是要对市场营销费用/销售额的比率进行分析。市场营销管理人员的工作,就是密切注意这些比率,以发现是否有任何比例失去控制。当一项费用对销售额比率失去控制时,必须认真查找原因。

例如,在某一家公司中,这一比率为 24%,它包括五种费用对销售额的比率:即销售人员费用与销售额之比(12%);广告费用与销售额之比(3%);促销费用与销售额之比(4%);市场调查费用与销售额之比(2%);销售管理费用与销售额之比(3%)。

管理部门必须监控这些费用比率,它们可能出现一些容易被忽视的小波动,但是超过正常波动幅度时就需加以注意。

(4)广告费用/来访量比分析。有时候,通过营销费用/销售额还不足以说明营销费用的分配是否合理,或者说是否能达到最优。因此,我们引入广告费用/来访量比作为参考。由于实现销售的影响因素非常多,并不单纯是依赖于广告创意的优劣和费用投入量,所以,在实际工作中,用广告费用/来访量作为控制营销费用的办法更有效。

(5)顾客满意追踪。年度计划控制除以余额、数量或相对值作为衡量标准外,还需要对市场营销的发展变化进行定性分析和描述,以便向管理部门提供市场份额即将发生变化的早期预警。为此,公司需要建立一套系统来追踪顾客、开发商以及其他市场营销系统参与者的态度,如果发现顾客对本公司和产品的满意度发生了变化,公司管理者就能较早地采取行动,争取主动。公司一般主要利用以下系统来追踪顾客的满意度。

这个系统包括顾客投诉和建议制度、固定顾客样本和顾客调查三部分。一般来说,房地产企业的用户数量不会很多,用户定期随机调查系统的建立具备可能性。建立完善的顾客满意度控制系统,能够提高企业在用户心目中的形象,促进企业新房的销售,并为企业开发新项目提供有利的建议。

1)顾客投诉和建议系统。即对顾客的书面或口头抱怨应该进行记录、归类、分析,对意见比较集中的问题要查找其原因,加以改进。企业应该鼓励顾客提出批评和建议,使顾客经常有机会发表意见,这样可能搜集到顾客对其产品和服务反映的完整资料。

2)固定顾客样本。建立由一定代表性的顾客组成的固定顾客样本,定期由公司通过电话访问或邮寄问卷了解其态度。

3)顾客调查。企业定期让一组随机顾客回答一组标准化的调查问卷,其中涉及的问题包括职员态度、服务质量等。通过对这些问卷的分析,企业可及时发现问题,并及时予以纠正。

通过以上分析,当公司绩效偏离计划目标过远时,营销部门就需要采取校正行动。通常公司采取一些小的校正行动,无效时则采取更严厉的措施。

2. 盈利能力控制

除年度计划控制外,企业还需要衡量不同产品、不同销售区域、不同顾客群体、不同渠道以及不同购买规模的盈利能力,以表明企业获利水平的高低,以及获利的稳定性和持久性。盈利能力控制所获取的信息,有助于管理人员对各种房地产市场营销活动采取或扩展或压缩或取消的决策。

(1)营销成本分析。营销成本是指与营销活动有关的各项费用支出,市场营销成本直接影响企业利润,它由以下因素构成:

1)直接推销费用。主要包括直销人员的工资、资金、差旅费、培训费、交际费等。

2)促销费用。主要包括各种广告媒体成本、产品说明书、楼书印刷费用、赠奖费用、展览会费用、促销人员工资等。

3)运输费用。主要包括运输工具折旧、维护费、燃料费、牌照税、保险费、司机工资等。

4)辅助促销费用。主要包括售楼处装饰费用、销售道具如沙盘模型、谈判桌椅以及电器费用等。

5)其他市场营销费用。主要包括市场营销管理人员工资、办公费用等。

上述成本中与销售额直接相关的,称直接费用;有些与销售额并无直接关系的,称为间接费用,但有时二者很难划分。这些成本连同企业的生产成本构成了企业的总成本,并直接影响到企业的经济效益。

(2)盈利能力的指标考察。企业盈利能力历来为市场营销管理人员高度重视,因而盈利能力控制在市场营销管理中占有十分重要的地位。盈利能力主要用以下指标来反映:

1)销售利润率,即利润总额与销售收入净额的比值是评估企业获利能力的主要指标之一。其计算公式为

$$销售利润率 = 本期利润/销售额 \times 100\%$$

但是,在同一行业各个企业间的负债比率往往大不相同,而对销售利润率的评价又常需通过与同行业平均水平来进行对比。所以,为了较准确地评价市场营销效率,在评估企业获利能力时最好能将利息支出加上税后利润,这样将能大体消除由于举债经营而支付的利息对利润水平产生的不同影响。其计算公式为

$$销售利润率 = 税后息前利润/产品销售收入净额 \times 100\%$$

2)资产收益率。指企业所创造的总利润与企业全部资产的比值。其计算公式为

$$资产收益率 = 本期利润/资产平均总额 \times 100\%$$

该指标主要揭示企业所有者投入资本的获利水平,也可以说明营销投入资本的盈利水平。这里的获利水平是税后利润净额的获利水平。该比值越高,说明所有者投入资本的获利水平越高;反之则说明所有者投入资本的获利水平越低。与销售利润率的理由一样,为了在同行业间有可比性,资产收益率可以如下公式计算:

$$资产收益率 = 税后息前利润/资产平均总额 \times 100\%$$

其分母之所以用资产平均总额,是因为年初和年末余额相差很大,如果仅用年末余额作为总额显然不合理。

3)净资产收益率。指税后利润与净资产的比率。净资产是指总资产减去负债总额后的净值,这是衡量企业偿债后的剩余资产的收益率。其计算公式为

$$净资产收益率 = 税后利润/净资产平均余额 \times 100\%$$

注意:式中分子所以不包含利息支出,是因为净资产已不包括负债在内。

4)资产管理效率。该指标可以通过资产周转率和房地产产品周转率来进行分析。

资产周转率是指一个企业的房地产销售收入净额与资产平均占用额的比值。该指标可以衡量企业全部投资的利用效率。资产周转率高,说明投资的利用效率高。其计算公式为

$$资产周转率 = \frac{房地产销售收入净额}{资产平均占有额} \times 100\%$$

房地产产品周转率是指房地产销售成本与平均存量占用资金余额之比。这项指标说明某一时期内房地产周转的次数,从而考核销售的流动性。平均存量占用资金余额一般取年初和年末余额的平均数。一般来说,产品周转率越高越好,说明产品存量水准较低,周转快,企业资金使用效率较高。其计算公式为

$$房地产产品周转率 = \frac{房地产销售成本}{平均存量占用资金余额} \times 100\%$$

资产管理效率与获利能力密切相关。资产管理效率高,获利能力相应也较高,这可以从资产收益率与资产周转率及销售利润率的关系上表现出来。资产收益率实际上是资产周转率和销售利润率的乘积。其计算公式为

$$资产收益率 = 产品销售收入净额/资产平均占用额 \times 税后息前利润/产品销售收入净额$$
$$= 资产周转率 \times 销售利润$$

另一个影响盈利能力分析的判断因素更为重要，即在评价销售实体的绩效时，是按完全成本还是仅按直接成本或可追溯成本来分摊费用。实际中应区分直接成本、可追溯的共同成本和不可追溯的共同成本三种不同的成本。

3. 效益控制

假如盈利能力分析显示企业关于某一产品、地区或市场所得的利润很差，那么紧接着下一个问题便是有没有高效率的方式来管理销售人员、广告促进分销。效率控制是依据效率指标，通过效率分析来实施的，其目的在于提高劳动效率，并提高市场营销实体中的销售队伍、广告销售促进等营销活动的效率。

(1)销售人员效益控制。销售经理要记录反映本地区内销售人员效益的几项主要指标有：每个销售人员每天的销售访问次数、每次会晤的平均访问时间、每次销售访问的平均收益、每次销售访问的平均成本、每次销售访问的招待成本、每百次销售访问所订购的百分比、每期间流失的顾客数、销售成本对总销售额的百分比。

企业通过以上分析，可以发现一些非常重要的问题，例如，销售代表每天的访问次数是否太少，每次访问所花时间是否太多，每百次访问中是否签订了足够的订单。当企业重视销售人员的效率后，就可以提高销售人员的效率。

(2)广告效益控制。广告费用效果是很难测定的，公司主要应统计和分析如下指标：每一媒体类型、每一媒体工具接触每千名购买者所花费的广告成本；顾客对每一媒体工具注意、联想和阅读的百分比；顾客对广告内容和效果的变化测定；受广告刺激而引起的咨询次数。

公司管理部门可采取多种措施来提高广告效率。其包括进行更加有效的竞争定位、确定广告目标、广告媒体的选择、购买以及广告后效果测定等。

(3)促销效益控制。为了改善营业推广的效益，管理者应对每一次营业推广的成本及其效果进行统计和分析，具体注意做好如下统计：由于优惠而销售的百分比、每单位销售额的陈列成本、赠券收回的百分比、因示范而引起的咨询的次数。另外，企业还应观察不同销售促进手段的效果，并使用最有效的促销手段。

4. 房地产营销审计

所谓房地产营销审计，是对房地产企业的市场营销环境、目标、战略、组织、方法、程序和业务等做出综合的、系统的、独立的和定期的核查，以便确定企业体制改革的困难和各项机会，并提出行动计划的建议，改进企业营销管理的效果。市场营销审计实际上是在一定时期对企业全部市场营销业务进行总的效果评价，它不限于评价某一些问题，而是对全部活动进行评价。房地产营销审计是加强房地产营销管理的一个有效工具。

审计工作开始时，通常由公司内部人员和外部审计专家共同组成审计小组，拟订关于审计目标、范围、资料来源、报告形式、所需时间和费用的协议。然后通过调查访问、收集资料、评价比较等工作，做出审计报告，进而提出公司营销工作的改进意见。访问对象不仅包括企业内部员工、顾客和代理商，其他有关团体也都应该访问。最后，最高主管应参与审计工作的主要过程，并听取汇报，协助审计专家的工作。

(1)市场营销审计的特性。

1)全面性。市场营销审计涉及企业所有重大的房地产营销活动，而不单单是少数有问题的活动。如果市场营销审计只包括销售人员、定价或其他一些市场营销活动，则可称之为功能审计。尽管功能审计很有用，但它们有时会误导管理部门，而找不到问题的真正原因。

2) 系统性。市场营销审计包括一系列有次序的诊断步骤，覆盖了组织的宏观和微观市场营销环境、市场营销目标和策略、市场营销制度及具体的市场营销活动。

3) 独立性。市场营销审计可通过六种途径来执行，包括自我审计、交叉审计、上级部门审计、企业审计、办公室审计、企业项目小组审计、外部审计。最好的审计可能是来自公司外部的顾问，他们具有必要的客观性，在许多行业有广泛丰富的经验，并对这一行业颇为熟悉，同时能集中时间和精力进行审计工作。

4) 定期性。一般来说，市场营销审计只是在销售衰退，销售人员士气低落，且公司发现了一些其他问题后才进行的。值得注意的是公司陷入困境的境况，正是因为企业在经济景气时，没有检查市场营销工作的执行情况而导致的。

(2) 市场营销审计的基本内容。营销审计内容由评价企业营销工作的六个主要方面组成，即营销环境审计、营销策略审计、营销组织审计、营销系统审计、盈利能力审计和营销职能审计。

1) 市场营销环境审计。由于市场营销环境的不断变化，原来制定的市场营销策略可能不再适用，需要经过市场营销审计来进行修订。审计的主要内容包括：市场规模、市场增长率；顾客与潜在顾客对企业的评价；竞争者的目标、战略、优势、劣势、规模、市场份额等。

2) 市场营销策略审计。市场营销策略审计的内容主要包括以下几项：

①企业是否能按照市场导向确定自己的任务、目标并确定企业和楼盘的形象；

②是否能选择与企业任务、目标相一致的竞争地位；

③是否能制定与产品寿命周期、竞争者战略相适应的市场营销策略；

④是否能进行科学的市场细分并选择最佳的目标市场；

⑤是否能合理地配置市场营销资源并确定合适的市场营销组合；

⑥企业在市场定位、企业形象、公共关系等方面的战略是否卓有成效等。

3) 市场营销组织审计。主要是评价企业的市场营销组织在执行市场营销战略方面的组织保证程度和对市场营销环境的应变能力。

市场营销组织审计的内容主要包括以下几项：

①企业是否有能力很强的市场营销主管、人员及其明确的职责与权力；

②是否能按产品、用户等有效地组织各项市场营销活动；

③是否有一支训练有素的销售队伍；

④对销售人员是否有健全的激励、监督机制和评价体系；

⑤市场营销部门工程部门、财务部门以及其他部门的沟通情况等。

4) 市场营销系统审计。市场营销系统审计的内容主要包括以下几项：

①市场营销信息系统，主要是审计企业是否有足够的有关市场发展变化的信息来源；是否有畅通的信息渠道；是否进行了充分的市场营销研究；是否恰当地运用市场营销信息进行科学的市场预测等。

②市场营销计划系统，主要是审计企业是否有周密的市场营销计划，计划的可行性、

有效性以及执行情况如何;是否进行了销售潜量的科学预测;是否有适当的销售定额及其完成情况如何等。

③市场营销控制系统,主要是审计企业对年度计划目标、盈利能力、市场营销成本等是否有正确的考核和有效的控制。

5)市场营销盈利能力审计。它是在企业盈利能力分析和成本效益分析的基础上进行的,其审计的内容主要包括:企业的不同市场、不同地区以及不同渠道的盈利能力;市场营销费用支出情况及其效益。

6)市场营销职能审计。企业的市场营销组合因素(即产品、价格、地点、促销)效率的审计。市场营销职能审计的内容主要包括:楼盘建筑质量、特色以及顾客对楼盘品牌的欢迎程度;企业定价目标的有效性;代理商、供应商等渠道成员的效率;各种广告预算、媒体选择及广告效果;销售队伍的规模、素质及能动性等。

(3)企业的社会责任审计。企业还需要对自己的市场营销活动进行评价,看其是否符合道德规范和对社会负责。企业的成功在于不断地使顾客获得满意,同时,在开发高质量楼盘满足社会需求上与进行市场营销过程中创造社会利益。

激励房地产营销人员
工作热情的方式

单元七　房地产营销流程

根据房地产营销时间及进度,可将房地产销售分为预销期、强销期、持续销售期、尾盘期四个阶段。

(1)预销期。房地产市场的发展越来越理性,置业者在购房时都会反复比较和挑选,寻求性价比最高的物业,注重眼见为实。对比于现楼,置业者对期房的信心相对不足。因此,入市的时机一方面取决于当时市场的竞争状况,更重要的取决于入市时的工程形象和展示是否到位。

(2)强销期。强销阶段一般为项目正式进入市场开始销售,在此阶段项目会投入大量的广告费、推广费用,一般还配合有开盘仪式以及其他各种促销活动等,相应此阶段的销售数量及能力需求也较高。

(3)持续销售期。当项目通过大规模广告及促销后,逐渐进入平稳的销售期,此阶段即为持续销售期。此期间上门客户量逐渐趋于平稳,广告量也不如前段那么大,因此该阶段应根据项目特点和所剩房源挖掘个性进行销售。

(4)尾盘期。项目进入尾盘,销售速度明显减缓,一般剩下的销售额即为开发商利润,因此解决这部分的销售对开发商特别关键。

房地产营销流程包括寻找客户、现场接待、销售谈判与签约。

一、寻找客户

要想把房子销售出去，首先要寻找到有效的客户。客户的来源有许多渠道，如咨询电话、房地产展示会、现场接待、促销活动、上门拜访、朋友介绍等。要了解不同来源客户的特点，做好接待工作。接听电话必须态度和蔼，语音亲切；客户在电话中问及价格、地点、面积、格局、进度、贷款等问题时，销售人员应扬长避短，在回答中将产品的卖点巧妙地融入。

二、现场接待

现场接待作为销售环节中最为重要的一环，应引起销售人员的重视。所有的前期工作都是为了客户上门做准备。客户进入案场，销售人员带领客户参观模型、看样板房，向客户介绍产品信息，并回答客户的提问。销售人员在判定客户有购买意向后，要抓住时机促使成交，可以与其签订认购书，并告知签约须知。若客户无预定的意向，销售人员可以放弃，并要总结原因；若客户意向不明，销售人员需跟踪，与客户继续保持联系。最后，无论成交与否，每接待一位客户后，立刻填写客户资料表。

三、销售谈判

样板间及现场参观完毕后，可引导客户到谈判区进行初步洽谈，针对客户的疑惑点，进行相关解释，适时制造现场气氛，强化其购买欲望等。客户已完全认同本物业各种情况之后进行的工作，介绍客户中意单元的价格及付款方式、各种相关手续费用等。折扣问题上，应尽可能守住目前折扣，以留一些余地给销售主管，切忌一放到底；在付款方式上，一些客户会提出希望延迟交款或提交按揭资料时间，对此种要求，业务员应酌情处理，处理前应征求销售主管意见，无法解决时可由销售主管协助解决。

四、签约

由客户挑选房源，然后根据其选中的房源打印认购单，并由销售人员给客户解释《签约须知》。客户需认真审核认购单内容和《签约须知》，确认无误后在认购单上签字。客户根据销售人员或案场助理开具的解款单，到案场结算处付款。

1. 收取定金

收取定金不在于金额大小，其主要目的是使客户关注该楼盘，因此，当客户未带足资金时，鼓励客户支付小额定金是一个行之有效的办法；订单填写完后，应仔细检查户别、面积、总价、定金等是否正确；折扣或其他附加条件，应报现场经理同意备案；收取的定金须确实点收。

2. 退订

客户提出退订，销售人员征询原因，然后由客户填写《退订申请》，并注明理由。销售人员陪同客户办理相关事宜。项目部副总经理和开发商负责人要对《退订申请》审核确认，然后出具《退款通知书》，收回《认购书》并加盖作废章，收回原《定金收据》等相关资料。

模块八　房地产营销管理

3. 定金补足

定金补足交齐后，应在定金栏内填写实收补足金额；将签约日期和签约金填写于订单上；详细告诉客户签约时的各种注意事项和所需带齐的各类证件；填写完成后，再次检查户别、面积、总价、定金等是否正确；将详尽情况向现场经理汇报备案。

4. 换房

客户提出换房意向，销售人员交给客户换房申请单，客户填写申请并注明理由。由案场经理审核确认，收回原认购书(已签《预售合同》的，收回签订的《预售合同》)，打印新认购书(已签《预售合同》的，重新签订《预售合同》)。根据两个房源的差价补齐，新房价值大的由客户补足，否则退还差价。之后需办理换房的相关手续，及时通知销控人员，打开旧房源，调整价格，重新上市销售。

5. 签订合约

签约时应核对客户身份证原件，审核其购房资格；出示商品房预售示范合同文本，逐条解释合同的主要条款；签约成交后，按合同规定收取第一期房款，同时相应抵扣已付定金；对签约后的合同，应迅速交房地产交易管理机构审核，并报房地产登记机构登记备案。

6. 退房

客户提出退房意向，销售人员交给客户退房申请单，由客户填写并写明理由。开发商和项目经理共同审核，确认并予以批准，收回合同和购房发票等相关资料，出具《退款通知书》，将信息输入计算机。客户在规定的日期和地点领取退款。一旦退房，应马上通知销控人员，打开该房源，调整价格，重新包装销售。

7. 权证办理

客户须带齐购房合同、登记资料、贷款资料等到贷款中心，填写相关资料，提交相关证明文件。银行办证人员、公证人员到场，客户签署贷款合同，并支付保险费用和其他相关的费用，开发商在贷款合同上盖担保章。《预售合同》需交银行一份，银行也需交一份《贷款合同》给开发商。开发商代理人员带齐客户的资料，到交易中心办理交易，并到房地产管理部门办理住房贷款抵押登记，再带交易、抵押登记等资料到银行申请放款，款项可直接转入开发商的账户。开发商需将相关的资料存档，通知客户领取《预售合同》《贷款合同》等。

8. 入住

客户凭入住通知书、身份证明、合同副本、交款证明到物业公司办理入住手续；发展商向客户出具房屋质量检验合格书、验收项目说明(可选项)、房屋使用说明书；客户补足房款总额；物业公司与客户签署物业管理公约；物业公司向客户提供物业管理收费标准；客户缴纳物业管理费、公共维修基金、车位租金(可选项)、装修质押金(可选项)；领取所购房屋钥匙。

五、终结成交的技巧

1. 成交步骤

居家买房往往是人们家庭中前所未有的最大的投资，当购房者被说服购买的时候，他

模块八 房地产营销管理

们也往往很自然地开始担心决定是否正确。对销售人员总存有一点疑虑。他们不是对销售人员本人有怀疑，他们是担心买到不应该买的东西。销售人员如果清楚地对顾客的需要做出反应，就会减少这种自然的顾虑。

销售人员可以按照下列步骤来商谈成交：
(1) 总结一下房屋如何能满足客户的需要；
(2) 总结一下房屋能给客户带来的利益；
(3) 该房屋区别于其他可供购买房屋的独到之处；
(4) 商谈成交。

2. 成交时机

当售楼员结束了对自己产品的销售介绍或已经就使用的许多细节问题与客户进行了讨论，并发现双方的让步都已经达到极限，无法再取得新的进展，这时，客户对房屋已有购买意图，销售人员就没有必要按部就班完成预先计划好的展示工作，而应及时成交。

诚然，何时结束比较合适呢？这是需要靠自觉或事实来告诉我们的，重要的是双方的愿望都基本得到满足，条件基本谈妥，此时就可以成交了。

销售人员不能完全按照自己的感受决定何时应该尝试成交，客户常常会给销售人员一些提示，表明他们已经准备听销售人员的成交建议。这时，售楼人员应及时抓住终结成交的时机，即使认为有非常重要的问题尚未和客户讨论，也应终结成交，而在以后的见面中，以销售服务的方式向客户再进行阐述与指导，反而能增加与客户的关系。

总之，在销售过程中，客户会从表情、体态、语言三个方面向售楼员暗示购买信号，只要能及时抓住它，成功的机会会多一些。

3. 实现成交

在交易中，最重要的是实现签约，但签约困难多半是前几个步骤初次接待、看房及异议处理没有做好，实际上签约应该是整个销售过程的自然结果。优秀的销售人员在签约阶段，表现得十分平和从容，仿佛一切都顺理成章，这样，客户才会在没有压力及相当信任的气氛中欣然下单签约。

所有的销售行为都是为终结成交而准备的。一家公司需要的不是沟通能手及处理客户异议的能手，而是需要能通过使用这些手段，有效快速达成终结成交的销售能手。

单元八　房地产销售的实施

一、房地产销售分类

1. 商品房预售

为规范商品房的预售行为，加强商品房的预售管理，保障购房人的合法权益，《中华人民共和国城市房地产管理法》明确规定了"商品房预售实行预售许可制度"。商品房预售的条件如下：

(1)已交付全部土地使用权出让金，取得土地使用权证书。

(2)持有建设工程规划许可证和施工许可证。

(3)按提供预售的商品房计算，投入开发建设的资金达到工程建设总投资的 25% 以上，并已确定施工进度和竣工交付日期。

(4)开发企业向房地产项目所在地的人民政府房地产管理部门办理预售登记，取得商品房预售许可证明。

2. 商品房的现房销售

现房销售是指房地产开发企业将竣工验收合格的商品房出售给买受人，并由买受人支付房价款的行为。同预售房相比，现房的价格往往更高，对购房人来说，相对风险小，可以随时交购房款、随时入住。现房销售的条件如下：

(1)出售商品房的房地产开发企业应当具有企业法人营业执照和房地产开发企业资质证明。

(2)取得土地使用权证书或使用土地的批准文件。

(3)持有建设工程规划许可证和施工许可证。

(4)已通过竣工验收。

(5)拆迁安置已落实。

(6)供水、供电、供热、供气、通信等配套设施设备具备交付使用的条件，其他配套基础设施和公共设备也具备交付使用条件或已确定施工进度和交付日期。

(7)物业管理方案已落实。

二、房地产销售控制

在房地产销售过程中，控制的范围主要包括销售进度控制和销售成本控制两部分。销售进度控制就是平时人们常说的售控，它是当前控制在房地产销售领域中最常见、最重要的应用。

1. 房地产销售控制的措施

(1)销控表：以直观的方式显示单个楼盘的销售进展情况，可以提供需要了解房屋的详细资料及销售情况，并可以根据客户选择的模拟付款方式生成付款时间表和按揭供款表，方便客户进行详细了解和分析，分为项目销控表和总销控表。

(2)销控总表：以直观的方式显示所有楼盘的销售进展情况，在掌握全局的同时，也可以查看单个楼盘及业主的信息。

(3)销售登记：管理和登记房间销售的情况，包括认购资料、合同资料、产权资料和付款资料等，在合同资料录入完成后，就可以通过网上申报的"上送合同资料"将合同资料传送到国土资源行政管理部门进行合同登记，并取得预售合同，在取得预售合同号后，就可以利用本模块的合同打印来打印预售合同，而不需要再到国土资源行政管理部门的网上进行预售合同打印。

(4)换退房管理：管理销售过程中换退房处理及查询。

(5)催交欠款：处理销售过程中的楼款催交及欠款催交处理，并可以打印清单。

(6)成交客户管理：登记和管理成交客户的详细资料，方便公司对成交客户进行分析和了解，从而最大限度地提高对成交客户的服务质量。

(7)销售统计：将公司的销售情况进行统计，以图形方式直观显示。

(8)销售统计报表：查看和打印销售过程中需要的各种报表，房地产公司可以根据自己的需要来制定各种报表。

2. 销售成本控制的实施

通常，房地产开发项目的销售成本主要包括广告费用、销售资料成本、销售道具成本、销售环境成本、销售活动成本、销售人员工资及佣金、交易费用及其他费用等几部分内容。其中，广告费用、销售道具成本、销售环境成本、销售人员工资及佣金所占比例最大，是销售成本的主体；销售活动成本存在极大变数，往往会成为销售成本上升的主要原因；交易费用主要依据政府部门、金融等相关行业的政策执行，较为死板，变动较小；而销售资料成本相对比例较小，其变化对销售成本不会有较大的影响。

销售成本控制应先考虑重要的销售道具、主力媒体费用、销售人员工资及佣金等重点支出项，保证其资金，同时要避免成本分流。

(1)关于销售道具。销售道具成本的控制主要在于设计方案的选择以及工程造价的管理。其设计方案选择须适合下列标准：一次性投入少；建设进度快；切合主题定位，避免盲目追求高档、豪华；材料可由本地获得；维修保养容易，成本低。

(2)关于广告成本。广告成本的主要控制方法是：确定主力媒体，切忌全面开花；重视媒体组合，形成多媒体叠加效应；重点销售阶段集中使用，切忌平均分配。

(3)关于销售环境成本。销售环境成本的主要控制方法是：采用先定成本，后设计施工的方式；不急于一次到位，可分阶段实施；基于功能体现的前提下追求品质提升。

(4)关于销售活动成本。销售活动成本的主要控制方法是：活动具有明确的目的性，而非乱造气氛；以客户参与式活动为主，减少使用明星效应；结合销售广告、DM 直邮等销售活动进行，提高效费比。

三、销售日常管理

1. 人员管理

销售的日常工作可以划分为销售任务与服务任务两部分。执行销售任务的人员主要面对顾客、接待顾客、推荐楼盘、实现成交；执行服务任务的人员主要包括售楼经理、售楼主任及当值售楼人员、保安、财务等，为销售工作提供必要的后勤服务。

2. 物品管理

包括销售资料的管理(设立资料台账，专人管理，有计划派发，尽量做到有效利用，减少浪费)，日用品的管理和样板房及示范单位的管理(专人管理，设立资产账，做好日常维护及每季盘点工作)。

3. 财务管理

及时完成催款、收款事务，收款要完善签收制度及证明人制度；专人专档管理销售合同；客户定金应到财务处交纳，不得私自收取；临时定金收据应交销售主任签收保管，退订单据由销售人员签字证明。

四、销售人员薪酬管理

房地产产品价值得以最终实现，在于销售人员自身的努力和团队的协同作战，而这种努力和协作除了需要有好的组织架构来安排，更需要有合理的报酬激励制度来维护。现行营销人员的报酬制度，一般有薪金制、佣金制和底薪加奖金混合制三种。其中，底薪加奖金的混合制各取所长，弥补了薪金制和佣金的不足，目前采用较为普遍。底薪加奖金的混合报酬制度通常有四种形式，它们各自适合于不同的情况，见表8-5。

表 8-5　底薪加奖金的混合报酬制度常用形式

序号	薪酬形式	内　　容	适用范围
1	高薪低奖	行政人员因为工作性质不同，个人主观能动的发挥与业绩成效关联不是最直接，高薪低奖可以调动其工作积极性；新进人员因为对业务不熟，工作开展尚有一段孕育期，高薪低奖可以稳定他们安心学习，迅速掌握工作技能	该报酬制度适合于工作二线的一般行政人员和刚进公司不久的新进人员
2	低薪高奖	以低薪给予基本生活保障，让高额奖金刺激其扩大销售业绩。因为销售业绩的好坏直接和企业的收入多少、个人的奖金高低密切相关，所以低薪高奖是双方都乐意实行一种薪金制度	该报酬制度适合于一线的销售人员
3	高薪高奖	这是偏重于个人利益的一种薪金制度，一般很少采用	经济发展景气很好，或是个人去留对公司至关重要
4	低薪低奖	这是偏重于公司利益的一种薪金制度。但于销售公司而言，不易激励员工不断开拓的进取心，更不容易形成良性循环的工作绩效	经济发展不景气，企业需维持现状，一般很少采用

必须强调的是，房地产销售是销售人员个人技能发挥的大舞台，同时又是一项团队的活动，它更需要相互之间的支援合作。适当的激励机制应该是着重鼓励这种个人努力，并且保证这种个人努力与团队间的良好配合。因此，销售人员的个奖往往会提留一部分作为团奖的分发。事实证明，也只有这样，个人的努力才能充分发挥，团队的力量才能加强。

房地产三维营销体系

单元九　房地产促销策略

房地产企业要将自己开发建设的产品成功地销售出去，除产品本身适销对路、价格制

模块八 房地产营销管理

定适当、销售渠道选择合理外，还需要与现时和潜在的消费者进行沟通，以引发消费者对本企业产品的注意和兴趣，激发消费者的购买欲望及购买行为。房地产企业与消费者之间的这种沟通，就是房地产促销。

房地产促销是指房地产营销者将房地产企业、产品及其服务的有关信息，通过人员促销和非人员促销的方式，传递给目标顾客，帮助其认识、了解并信赖本企业的产品和服务，达到扩大销售的目的。

一、房地产促销的作用

（1）传播信息，沟通供需。在市场经济条件下，房地产企业与消费者达成交易的基本条件是信息沟通。如果房地产企业能够通过一定的沟通渠道，向目标市场传递有关企业背景、物业产品的位置、户型、质量、价格和服务等信息，就可以诱导消费者对产品和服务的兴趣并采取购买行动，密切自己和消费者之间的联系，进而获取来自消费者的信息反馈，在持续的交流与沟通中实现双赢。

（2）突出特点，增强竞争能力。在竞争激烈的市场上，除质量外，产品差异性往往能够帮助房地产企业出奇制胜。有效的促销活动可以准确、快速地向消费者传导本企业在产品和服务上所具有的优势及所带来的利益等方面的信息，令消费者对本企业的产品和服务产生偏爱。

（3）刺激需求，引导消费。在房地产交易活动中，因为消费者也需要营销人员帮助他们增加对房地产基本知识的认识和理解，所以，房地产企业合理安排促销活动，可以有效地激发消费者的需求欲望，扩大销售或者稳定市场。

（4）树立企业形象，拓展市场。房地产企业通过开展一系列促销活动不断提高知名度，塑造良好的企业形象，就可以赢得消费者的信任，形成不断拓展市场的良性循环。

二、房地产促销的方式

房地产促销有人员推销、广告促销、公共关系促销和营销推广等方式。

1. 人员推销

房地产人员推销是指房地产推销人员根据掌握的客户信息，向目标市场消费者介绍房地产企业及其房地产的情况，促成买卖成交的活动，它是一种传统的推销方法。

房地产人员推销可以发挥重要的作用，可以寻找目标消费者、传递各种信息、促成交易、提供配套服务、建立长期关系、及时反馈信息和进行市场调研。

人员推销具有信息表达灵活、易与消费者沟通、易与消费者建立关系、促销目标明确的优点。但是单位接触成本高，对销售人员素质要求较高，难以进行大面积推销。

2. 广告促销

房地产广告是为促进房地产租售，房地产企业或房地产广告代理商通过一定的媒体向潜在的买家或租客就欲租售的物业进行宣传的一种促进销售的方式。它是现代市场经济条件下间接促销的一种重要方式，也是房地产企业用来直接向消费者传递信息的最主要的促销方式。

广告是房地产企业为达到提高市场占有率的目的，通过各种媒体，有计划地向广大消

费者传递商品信息和劳务信息的一种促销形式。

房地产广告的形式多种多样，根据广告媒体的不同，房地产广告可供选择的形式见表8-6。

表 8-6 房地产广告的形式

类别	主要内容
印刷广告	利用印刷品进行房地产广告宣传相当普遍，这也是房地产产品进行营销的主要手段之一。报纸、杂志、有关专业书籍以及房地产企业或其代理商自行印刷的宣传材料等，都是房地产广告的有效载体
视听广告	电视、电影、霓虹灯、广告牌以及电台、广播等传媒方式都是宣传房地产产品的有效视听广告
现场广告	在施工现场竖立的现场广告牌以及工地四周围墙上的宣传广告，都可以用来介绍开发项目的情况
信函广告	商品房目录和说明书等广告资料都可以通过信函邮寄送达选定的人群

3. 公共关系促销

公共关系促销是房地产企业为了获得消费者依赖，树立企业或房地产的形象，用非直接付款的方式，通过各种公关工具所进行的宣传活动。公共关系促销是企业在市场经营中一种促进销售的手段和管理职能。其特点是不以直接的短期促销为目标，而是通过公共关系活动，使潜在的消费者对房地产企业及其产品产生好感和信任。

公共关系促销具有可信度高，易建立企业和房地产的形象的优点。但是也有针对性较差，企业难以进行控制的缺点。因此，房地产企业应当完全从消费者的角度安排经营策略，充分研究消费者需求，努力加强与消费者的沟通，注意关系营造。同时，房地产企业还要注意与地方政府、金融机构和其他社会组织的合作，更要注意房地产企业之间的合作。

4. 营销推广

营销推广是为了在一个较大的目标市场上刺激需求、扩大销售而采取的鼓励购买的各种措施，通常用于一定时期、一定任务的短期的特别推销。营销是直接针对房地产商品本身采取的促销活动，具有促销刺激直接、易引起消费者的注意与反应、易迅速产生效果的优点。但是易引起竞争，促销效果难以持久。

营销推广主要有房地产交易展示会、样板间展示以及赠送三种主要方式。

(1) 房地产交易展示会(简称房展会)。房地产交易展示会可以在短时间内聚集更多的潜在消费者，是房屋销售的好时机。房展会由于花钱少、收益大、见效快，已成为房地产企业卖房的最佳营销方式之一。房展会不但为购房者提供了看房的场所，同时，也为房地产企业提供了一片展示楼盘，展示企业形象的天地。

(2) 样板间展示。传统的样板间展示是房地产企业推出楼盘的某一层或某一层的某套户型进行装修，并配置家具及各种设备，布置美观的装饰品，以供消费者参观，使其亲身体验入住感受的促销方式。样板间不仅能将消费者今后的家居生活活灵活现地勾画在面前，让消费者看到前沿的设计潮流，而且可以将新房的房间空旷感缩小，使消费者更真切地感受以后的生活空间。

(3) 赠送。房地产企业为了吸引消费者购买，通常推出买楼赠物等赠品活动。这种形式如能配合房展会来进行，效果更佳。

另外，房地产企业还可以通过开展大规模的住房知识普及活动，向广大消费者介绍房屋建筑选择标准、住宅装修知识、住房贷款方法和程序以及商品房购置手续和政府相关税费，在增加消费者房地产知识的同时，也可以增加消费者对房地产企业的认同感。

三、房地产促销的组合策略

1. 房地产促销策略的基本形式

房地产促销组合是指为实现房地产企业的促销目标而将人员推销、广告促销、公共关系促销、营业推广等不同的促销方式进行组合所形成的有机整体。

由于各种促销方式各有侧重，它们的作用也就各不相同、各有优劣。房地产企业应该在实际工作中对四种促销策略灵活掌握，配合使用，扬长避短，发挥协同效应。

实际上房地产企业不但要雇用广告公司设计广告，也要雇用促销专家设计销售奖励计划，聘请公共关系顾问来塑造公司形象，还要对销售人员进行严格培训，使其既懂礼仪又懂专业，以便于有效地与消费者沟通。因此，为获得更好的促销效果，房地产企业通常会根据企业和产品的特点，结合营销目标和影响促销的各种因素，对广告、销售促进、公共关系和人员推销四种促销方式进行选择、编配和运用，即所谓的房地产促销组合。

2. 制定房地产促销组合策略应考虑的因素

（1）市场条件。市场条件主要是指产品所在区域的市场状况。在房地产销售中，目标市场的范围决定了广告和公共关系的促销范围，人员推销则始终是有效的房地产促销策略之一。

（2）房地产的类型。如一般普通住宅的促销时，广告促销是促销组合中最重要的促销方式，然后才是人员推销、营业推广、公共关系促销。

（3）促销组合的预算。房地产企业开展促销活动是要支付费用的，尤其是人员推销和广告促销。用于促销的资金必须是企业有能力承担的，并且能够适应竞争的需要。企业应做好预算，然后根据预算选择组合中的促销方式，以便于高效地使用促销资金。

（4）房地产开发的不同阶段。房地产建设各阶段都需要使用促销组合策略，而在每一阶段应使用不同的促销组合。在项目开工的前期阶段，通常采用公共关系及广告的促销组合，以提高企业及房地产的知名度；在项目施工阶段，应使广告和营业推广相结合，同时加强人员推销的力度；项目竣工以后，应增强人员推销的作用，同时，广告、营业推广、公共关系等促销方式也要调整并组合使用。

房地产传统营销与网络
营销整合应用探讨

单元十　房地产营销技巧

促销的目的是试图改变消费者的购买行为。房地产促销技巧包括广告促销技巧和非广

告促销技巧。前者是指电视、报纸、广播、张贴广告和其他宣传技巧；后者是指促销行动和运作。

促销的核心有以下几点：房地产开发商应注重广告宣传，树立品牌形象；住宅小区应设施完备、环境优美；住宅小区应管理先进、安全、清洁；住房结构设计必须合理、灵活，让用户有自我选择的余地。

房地产营销技巧有以下几点。

一、与客户初步接触技巧

接触的成功与否决定销售的胜败。在与客户的初步接触时，第一印象是非常重要的。销售人员应着装得体，以最佳的精神面貌接待客户，并给客户安排良好的会客环境。

1. 抓住接近的技巧

售楼人员在什么时候与客户进行第一次接触而不显得唐突，这是有讲究的。下面介绍几个接近客户的最好时机：

(1)客户打电话了解情况。如果他还没有固定的联系人，销售人员应积极对待顾客的电话，在倾听完顾客的要求或者问题后，不要急于回答，应该比较委婉地告诉顾客这些问题需要认真落实或者询问公司管理人员后才能够回复顾客，并记得留下顾客的姓名和联系方式，与顾客约定回复顾客问题的时间。销售人员在接完电话后要认真分析顾客的问题，并精心设计好回答的方法，争取和顾客见面洽谈的机会。

(2)客户走进售楼中心。当客户来到现场，销售人员不能急于进入推销状态，这种迫不急待会使客户对销售人员产生戒备，因而缺乏感召力，结果是欲速则不达。如果客户走进售楼中心的时候，就开始东张西望，看上去似乎是在寻找什么，这一定是客户要寻求帮助。这时，售楼人员应该主动接近客户，并热情地同客户打招呼。当看到有顾客驻足观看或是很出神地观看房屋模型或者楼盘介绍材料时，销售人员应该抓住时机接近顾客，他很有可能就是销售人员要找的目标顾客。

2. 做好开场白

开场白是售楼人员与客户进行接触的第一句话，这关系到客户对售楼人员的第一印象如何。因此，售楼人员必须做好开场白，赢得客户的好感。

(1)了解客户。从客户目前的职业开始，对客户的习惯、爱好、性格和收入等有一个大概的了解，然后了解客户的家庭，有助于销售人员了解和把握顾客的需求。

(2)利益刺激。客户购买楼房是因为楼房能满足他们的某些需要，因此售楼人员与客户见面时即应告诉他，该楼盘能给他带来何种好处，能满足他的哪些需要，这样客户就会对楼盘产生兴趣。

(3)介绍楼盘。如果顾客已经到达销售中心，那么销售人员所代理的楼盘的情况将是顾客最关心的内容。在没有找到其他合适的开场话题时，销售人员不妨首先向顾客介绍楼盘或者房屋的情况，并穿插了解顾客的需要。

(4)适度的赞美。人都有虚荣心，售楼人员贴切的赞美往往能引起客户的好感，所以，售楼人员要把握住不同客户的心理需求，巧妙而得体地赞美客户，但过度夸张的吹捧则会令人讨厌。

3. 注意礼节

售楼人员见到顾客的第一件事就是问候顾客。一个恰到好处的问候，会给顾客留下良好的印象。问候要根据顾客的身份、年龄、职业等特征，使用不同的称呼；称呼要恰当，使对方有亲切感；对顾客的称呼要根据销售场合的不同而有所区别，如果不顾场合随便称呼，会给对方留下不好的印象，导致销售失败。另外，在向顾客问候时，必须注意和顾客在一起的其他人员，并且要一一问候。因为这些人往往是顾客的亲属、朋友、同学或者同事，能够影响顾客的购买意向并可能成为销售人员的潜在顾客。最后，还要注意使用名片的礼节和握手的礼节。

二、说服销售的技巧

说服销售是售楼人员了解客户的需求，为客户需求匹配适当的利益，通过沟通技巧将客户的需求和能得到的利益介绍给客户并使他认可、购买的过程。说服销售开始于对顾客的深入了解，只有了解了顾客的需求，才能有针对性地提供顾客所需要的服务和产品。

1. 了解客户的需求

人们总是讨厌向他们推销，但又总是喜欢购买。当他看到自己自愿购买的行为时，他的心情是愉快的，兴致勃勃的，尤其是经过一番艰苦的讨价还价而购得所需物品时，其胜利者的心态更自不待言。售楼人员应该设身处地想一想，自己和他人喜欢以何种方式进行交易。同时，售楼人员必须牢记：事前最好能对顾客的需求和希望获得的"利益"有所预见。但是，仅仅了解顾客的需求和愿望是不够的，售楼人员还应该将顾客的需求与自己代理销售的楼盘特点联系起来，在客户需求和产品特性之间建立紧密的联系，并将之介绍给顾客。

如果要想深入、透彻地了解客户，销售人员则必须在日常的销售中牢记以下四点：

（1）明确顾客的目标。这可以使售楼人员以较好手段与顾客沟通去迎合客户。

（2）认识顾客的观点。售楼人员要积极、巧妙地了解顾客对房地产行业发展的主要观点及其购买偏好，以避免与顾客在销售沟通时发生概念上不必要的冲突，从而引出更多的异议和障碍。

（3）认识客户的现状。售楼员应全面掌握自己客户的现实状况，这需要能够仔细观察。

（4）认识产品在客户中的表现。无论是主流还是非主流品牌，售楼员都应留意客户对自己品牌的每一细微态度和要求，不应将客户先前的良好评价当作终身评价，以免客户自觉不受重视而转向其他楼盘。

2. 说服销售的步骤

说服销售的步骤是根据对实际销售过程的观察所发展出来。这种步骤被证实能够提高销售成功的概率。

（1）陈述情况。必须使客户知道我们在提出建议时已经考虑并了解他的情况，最佳方法就是做一个简单的情况说明。我们必须要做到引起客户的兴趣，以继续下一步。

（2）提出建议。售楼人员在向顾客提出建议时，要注意做到简单、清楚，符合顾客的需要，把握合适的机会。

（3）解释建议。说明售楼人员提出的建议，以及其能够为顾客带来的利益。

（4）请求成交。

3. 说服销售的一般技巧

单单有销售技巧而没有好的产品支持是很难达成销售目标的，过分注重技巧是不好的，但销售技巧的合理使用确实可以提高同一产品的销售效果。具体来说，销售过程中经常使用的销售技巧如下。

（1）断言的方式。售楼员如果掌握充分的商品知识及确实的客户的情报，在客户面前就可以很自信地说话了。没有自信的话是缺乏说服对方的力量的。有了自信以后，售楼员在讲话的语尾可以作清楚而强劲的结束，由此给予对方确实的信念。

（2）反复。销售人员讲的话不会100%地留在顾客的记忆里，因此对需要说明的重点内容最好能反复说出，从不同的角度、用不同的表达方式，使客户明白重点说明的内容，以使顾客相信并加深印象。

（3）感染。要消除不安和疑问，最重要的是将心比心，坦诚相待。因此，对于公司、产品、自己本身都必须应有自信去讲，这样的态度及语言表现出的内涵，自然会感染对方。

（4）倾听。销售人员在销售过程中，应尽量促使顾客讲话，不能打断顾客的讲话或者抢着发言。销售人员必须有这样的心理准备和意识，让顾客觉得其购买决策是完全按照他自己的喜好，依自己的知识和经验做出的。做忠实的听众是促成销售非常重要的手段之一。

（5）巧妙提问。好的售楼员会采用边听也边让对方听的谈话方法。高明的商谈技巧应使谈话以客户为中心而进行，为了达到此目的，销售人员应该善于发问，而销售人员的优劣可以决定发问的方法及使用好坏。

通过提问可从顾客回答中获取需要的信息，巧妙地问一些顾客感兴趣的问题，还能取得顾客的好感。有时提问也是一种手段，将顾客从偏离的话题中拉回正题。

（6）利用在场的人。优秀的销售人员会把多一些的心思用在怎样笼络在场顾客的友人上，将顾客的亲戚、朋友、同事引向销售人员的立场（或不反对）会促进销售。事实也表明，让顾客亲近的人接受销售人员的意见或者建议，对销售的成功有很大帮助。

（7）利用资料。销售人员是一个双向沟通的过程，在向顾客提供服务的同时，也要做好市场信息收集员，为企业收集可靠的市场信息，以便于企业了解市场，提高决策水平。熟练准确的运用能证明自己立场的资料。一般来说，客户看了这些资料会对你销售的商品更加了解。所以，售楼员要收集的资料不限于平常公司所提供的内容，还有通过拜访记录、竞争对手、相关报道也应加以收集、整理成宗，在说明介绍时，拿出来利用，或复印给对方看。

（8）心理暗示。销售人员的心态会在态度上表现出来，好的态度是良好心态的证明。业绩良好的销售人员在商谈时，常表现出肯定性的身体语言。点头动作是表示肯定的讯息，而摇头则表示否定的讯息。

处理异议的技巧

在说服销售的过程中不仅仅是这些方法的应用，而且各种方法的组合、创新也会达到出人意料的效果。但熟悉固有的一般方法会对实际销售有所帮助和助益。

模块小结

　　房地产营销是指营销机构通过提供房地产相关商品和服务，满足消费者的生产、生活或投资需求，并获得一定利润的经济活动。房地产企业自行建立销售部门，直接将房地产商品销售给消费者，在我国现行的房地产销售渠道中，直接营销仍是主导的营销渠道。制订营销计划是房地产营销工作的前提，制订房地产营销计划的方法主要有自上而下法、自下而上法、上下结合法和小组计划法四种。房地产销售可分为预销期、强销期、持续销售期、尾盘期四个阶段。房地产营销过程中应注意运用有利于产品销售的营销策略、技巧，并注意销售进度控制和销售成本控制。

思考与练习

一、填空题

1. _____是房地产间接营销渠道的主要销路形式。
2. _____是由房屋生产经营过程中的社会必要劳动时间形成的价值的货币表现形式。
3. _____是指取得房地产开发用地所必需的费用、税金等。
4. 房地产销售价格制定有三种方法，即_____、_____和_____。
5. 需求导向定价方法可以进一步划分为_____、_____和_____三种方法。
6. 新产品定价策略可分为_____、_____、_____三种策略。
7. 一个有效的房地产市场营销组织应具备_____、_____和_____等特征。
8. 年度计划控制除了以余额、数量或相对值作为衡量标准外，还需要_____，以便向管理部门提供市场份额即将发生变化的早期预警。
9. 房地产营销流程包括_____、_____、_____与_____。
10. 房地产促销有_____、_____、_____和_____等方式。

二、选择题

1. 下列关于成本加成定价法的优、缺点分析错误的是(　　)。
　　A. 优点之一是简单易行，有利于保本求利
　　B. 优点之一是对买卖双方都比较公平
　　C. 缺点之一是忽视了市场需求和竞争状况对价格的影响
　　D. 缺点之一是对总成本和销售量的预测要求较高，预测不准会使制定的售价不合理
2. 企业所创造的总利润与企业全部资产的比值称为(　　)。
　　A. 资产收益率　　　　　　　　　　B. 净资产收益率

  C. 资产管理效率   D. 销售利润率

3. 一个企业的房地产销售收入净额与资产平均占用额的比值称为（　　）。

  A. 资产收益率   B. 净资产收益率

  C. 资产管理效率   D. 销售利润率

三、问答题

1. 房地产营销渠道的特点是什么？
2. 影响房地产营销渠道选择的因素有哪些？
3. 影响房地产价格的因素有哪些？
4. 什么是竞争导向定价法？有哪些表现形式？
5. 调整房地产价格的方法有哪些？
6. 简述房地产营销计划的制定步骤。
7. 房地产企业营销成本由哪些因素构成？
8. 说服销售的步骤是什么？
9. 商品房预售应满足哪些条件？
10. 商品房的现房销售应满足哪些条件？

参 考 文 献

[1] 陈林杰. 房地产开发与经营实务[M]. 4版. 北京：机械工业出版社，2017.
[2] 张嘉卿. 房地产传统营销与网络营销实战全案[M]. 北京：化学工业出版社，2018.
[3] 余洁. 房地产营销策划与执行[M]. 2版. 北京：化学工业出版社，2018.
[4] 余源鹏. 二线城市综合体项目开发经营策划[M]. 北京：化学工业出版社，2017.
[5] 谭芳. 销售员开发客户口才与技巧[M]. 北京：中国纺织出版社，2017.
[6] 赵延军. 房地产策划与开发[M]. 2版. 北京：机械工业出版社，2017.
[7] 吕萍等. 房地产开发与经营[M]. 4版. 北京：中国人民大学出版社，2016.
[8] 谭术魁. 房地产开发与经营[M]. 3版. 上海：复旦大学出版社，2015.
[9] 应佐萍. 房地产营销与策划（房地产经营与评估专业适用）[M]. 北京：中国建筑工业出版社，2016.
[10] 夏联喜. 房地产项目入市与开盘[M]. 北京：中国建筑工业出版社，2016.